을의 언어

변학수 지음

박문사

Prof. Cho in memoriam

나의 이야기를 늘 즐겁게 들어주셨던
존경하는 스승, 고 조철제 교수님께 이 책을 바친다.

젊은 날 나는 볼프 비어만이라는 독일 시인이 쓴 「어느 남자에 대한 발라드」라는 글을 읽었다. 자못 충격적이었고 지금도 그 영향이 사뭇 지속된다. 그 내용을 산문으로 풀어보면 이렇다. "옛날에 어떤 남자가 있었는데 그 사람이 발로, 맨발로 똥 무더기를 밟았다네. 그는 몹시 구역질을 했고, 자신의 발로는 조금도 더 걷고 싶지 않았다네. 그런데 거기엔 그 발 씻을 물이, 그 한 쪽 발조차 씻을 물이 없었다네. 그래서 그 남자는 도끼를 들어 그 발을 잘랐다네. 황급히 도끼로 잘라 버렸다네. 그런데 너무 서두르다가 그 남자는 그만 깨끗한 발을, 그러니까 다른 쪽 발을 잘라 버리고 말았다네. 화가 머리 끝까지 치민 그 사람은 그만 결심을 해 버렸다네. 다른 발까지도 도끼로 자르겠다고."

　　나는 이 이야기의 끝을 모른다. 그 남자는 다른 발까지도 잘라 버렸을까? 아니면 결심만 하고 안 자르지는 않았을까? 여하튼 난 이 발라드를 읽고 한참 동안 충격을 받았다. 그리고 지금까지도 이 시의 그로테스크함은 사라지지 않는다. 그런데 떠올릴 때마다 느껴지는 신선함은 무슨 연유일까? 그것은 아마도 알레고리로 읽혀지는 이 시의 구조가 나의 삶, 나의 환경을 잘 은유하고 있기 때문일 것이다. 한

번 실수한 사람은 다시 실수하게 마련이다. 잘못은 누구나 언제든지 할 수 있는 일이다. 그런데 이 남자는 그것이 용서가 되질 않는다. 그래서 성한 발마저 잘라 버렸다. 그것도 화가 나서.

돌아보면 내 인생이 그렇고 내 주위 환경이 그렇다. 난 평생을 화를 내면서 살아왔던 것 같다. 세상과의 불화는 생각보다 깊었다. 급기야 나는 늘 화내는 나 자신에게 화풀이를 하고 말았던 것이다. 이 책에는 '을의 언어'라는 이름을 붙인다. 세상이 갑의 것이 된 만큼(아니 처음부터 세상은 갑의 것이었다) 을은 부지런히 그들의 울타리에서 벗어나는 노력을 해야 한다고 믿었다. 돈을 벌려고 애썼고 화목한 가정을 위해 애썼고 훌륭한 자식 교육을 위해, 직장에서 창의적으로 살기 위해 애썼다. 하지만 모든 것은 수포로 돌아갔다. 대체로 을은 갑의 포획에서 벗어나지 못한다. 자본주의 사회에서 자본가가 아닌 사람은 행복을 얻으려 하면 할수록 불행해진다. 『적과 흑』의 쥘리앙 소렐이 그랬고 베르테르가 그랬으며, 햄릿이 그랬고 『운수 좋은 날』의 김첨지가 그랬다. 그들처럼 나도 한결같이 갑을 해체하고 을이 행운을 얻는 방법을 꿈꾸었다. 그러나 언제나 승자는 갑이었다. 갑을 조심하라, 그렇게 이 책은 말한다. 그러니 이 책은 때로 무례하기도 하고 무식하기도 할 것이며, 때론 스마트하기도 하고 때론 슬프기도 할 것이다. 그러나 책을 읽는 독자들이여, 당신들은 행복한 사람이 아니라 행복을 꿈꾸는 자들이라는 것을 믿어 의심치 않는다. 나는 이제 부끄럽기 그지없는 이 책을 여러분들에게 과감하게 내민다. 문제는 이제 남은 성한 발마저 도끼로 자를 것인가 말 것인가 하는 것이다.

글을 쓰라고 늘 압박을 하셨던 전 대구교육대학교 총장 강현국 시인께 감사드리고, 누구보다 이런 보잘것없는 책을 출판하도록 용기를 주고 추천해주신 전 국립국어원장 이상규 교수께 감사드린다. 책을 흔쾌히 출판해준 박문사에도 감사한다. 특히 감사드리고 싶은 분들은 책을 재미있게 읽어준 나의 아내와 『앉아서 오줌 누는 남자』의 독자들이다. 그들의 비타민 Ppraise가 나를 춤추게 했다.

2014년 또 힘겨운 가을

변학수

7

을의 언어

/ 제1부 /
파이다고고스

본질적으로 독서나 논술은 교육할 수 없는 것이다. 우리가 그저 파이다고고스처럼 데려다 주면 되는 것이다. 아니 데려다 줄 수 있을 뿐이다. 교육은 책이 하거나 철학자가 하거나 스스로 하면 된다. 교사란 사실 내용을 교육하는 것이 아니라 그냥 데려다 주는 사람이다.

― 본문 중에서

1

을의 언어

대구에 산 지도 어느새 20년이 넘었다. 인생의 절반을 이곳에 살게 된 나의 운명 또한 내 팔자와 무관치 않으리라. 예비고사(지금의 수능)를 치르러 오게 된 대구 모 고등학교에서 애들이(나는 대구 사람이 아니었다.) 시험과 시험 사이의 중간 중간에 떠들던 말들이 아직도 선명하게 기억이 난다. 그 말들은 대충 다음과 같다. "맞나?", "됐나?", "머꼬?", "글나?", "쥑인다!", "머카노!", "괘안타!", "모한다!" 아, 이 '단순하고 명료함'은 마치 데카르트가 그의 유명한 방법서설에서 내세웠던 '분명하고 확실한 원칙'처럼 보이지 않는가?

하지만 간단한 것처럼 보이는 대구 말을 '단순하고 명료한' 말로 이해했다간 큰 코 다친다. 지난 몇 달 동안 대구 경북 지역의 라디오 시청자는 들었으리라. "이렇게까지 안 해도 되는데 뭘 선물까지 하고 그래"를 한마디로 하면 "머꼬~!" 그런데 이 말을 다시 돌려서 하면 그

어의는 더욱 다양하다. 좋다는 느낌을 전달하는 것 외에도 상황마다 다르게 사용될 수 있다. 부정적인 반응 "이게 도대체 무슨 일이야?" 외에도 "그것이 무엇이냐?", "왜 그런 행동을 하느냐" 등등 수도 없이 많다. 그러니 대구 사람은 무슨 말을 하는가가 중요한 것이 아니라 어떤 상황에서 어떤 톤(어조)으로 그 말을 하느냐 하는 것이 중요하다.

예를 들어 "니 밋살이고?"라는 말도 1. 넌 참 참하다(예쁘다) 2. 버릇없다(나잇값을 못한다) 3. 대단하다(나이에 비해 참 훌륭한 행동을 한다) 4. 나이가 몇 살이냐 등등 수도 없이 다양하게 사용되므로 어디서 어떻게 누가 무엇 때문에 사용하는지를 파악하지 못하면 그 사람은 소통이 되지 않는다. 난 대학 때부터 이런 대구 친구들을 많이 만났지만 소통하기가 아주 불편했다. 대구에서 살아남기 위해서는 빨리 이 비표출 언어non-expressive에 적응해야 한다. 오죽하면 이런 개그가 발생했을까! 버스 안에서 대구 아이 둘이 오랜만에 만나 반가워서 큰 소리로 떠든다. 그 앞에 있던 서울 학생이 버스 안에서 조용히 하라고 한다. 그러자 대구 아이가 큰 소리로 "이기다니끼가?" 하고 화를 낸다. 잠시 후 그 옆에 앉아 있는 서울 여학생들이 다른 서울 학생에게 "얘~ 쟤들 일본 애들인가봐⋯⋯."

질문에 대해, 또는 불평에 대해 대구에서는 이러쿵 저러쿵 상세하게 설명하거나 감정을 설명하거나 해명하지 않는다. 이런 태도는 그 말을 알아들을 수 있고 그 말로 소통할 수 있는 사람들끼리는 즐겁고 유쾌한 일이다. 그러나 그 문화권 밖에 있는 사람들에게는 고통이자 당혹감 그 자체다. 버스 안에서 조용해 달라고 하면 싫다든지, 너희들도 떠들지 않느냐고 하든지, 사과하든지 할 일이지 "이기다니끼가?", 즉 "이 차가 다 네거니?"라고 뚱딴지같은 말을 할 게 뭐람! 서울 애들이 이해 못하는 것은 단순히 대구 애들의 사투리 때문만은 아니다. 이 상황에서 나올 수 없는 말투 때문이고 나아가 그 단순성 때문이다. 대구에서는, 특히 특정한 세대에서는 말을 복잡하게 하면 안 된다.

예들은 얼마든지 많이 있다. 내 친구 중에 서울 토박이가 있다. 그는 내가 유학할 때 독일에서 만났는데 내가 대구 사람인 줄 안다. 한번은 "대구 사람들은 참 말하기 편리한 점이 많아요."라며 운을 뗐다. 왜 그러냐고 물었더니, 서울 사람들은 어떤 갈등이 있었던 사람들끼리 화해를 하려면 많은 말들이 필요하다는 것이었다. 예를 들어 "사실은 그때 내가 몸이 좀 불편했어. 사실 그 말을 할 수도 없었고 미안해.", "아, 그랬구나. 난 또 그걸 몰랐네. 난 네가 그럴 사람은 아니라고 생각했어……" 등등 이렇게 화해가 이루어진다. 그러나 대구에서는 단 한 마디로 끝난다는 것이었다. 화해가 되든지 안 되든지 "됐다마!" 화해가 되었는지 안 되었는지 용서가 되었는지 안 되었는지는 아무도 알 수 없다. 그저 신만이 알 뿐이다.

일반적으로 복잡한 말은 아래에서 위로, 단순한 말은 위에서 아래로 한다. 가령 왕들은 신하들보고 세종대왕처럼 "나랏 말쑴이……" 하고 상세하게 말하지 않는다. 신하가 상소문을 작성하면 이에 대해 "허許하노라", "알아들었다"라고 하지, 개발새발 복잡하게 말하지 않는다. 왕이 왕비나 후궁들에게 복잡하게 이야기하는 것 보았는가? "성상의 은혜를 입은 소녀가 어찌하여……" 이건 을의 말이다. 구약의 야훼도 마찬가지다. "아브라함아!", "아들을 바쳐라!"라고 하지 무슨 이유를 대고 복잡하게 말하지 않는다. 오늘날 CEO들도 마찬가지다. "김부장, 처리하세요!"라고 말하지 무슨 기획을 잡아 이렇게 저렇게 하는 것이 어떻겠습니까? 그렇게 갑이 을처럼 복잡하게 말하지 않는다.

그렇다면 대구 말은 왕의 말, 신의 말, CEO의 말, 갑의 말과 닮은 것이 틀림없다. 이제 알겠는가? 왜 대구 학생들이 기를 쓰고 서울에 있는 대학으로 가려 하는지! 그것은 정말로 대학 자체가 좋아서 가려는 게 아니다. 지금 아무짝에도 쓸모없는 '왕'의 말로는 취업도 못해요, 장가도 시집도 못가요, 즐거움은 더더욱 얻을 수 없어! 다시 말해 평민의 말, 사랑하는 을의 말, 그것을 배우기 위해 서울로 간다. 거기도 아니면 대전이나 광주, 하다못해 갑의 말이긴 하나 사실상(!) 을의 말을 하는 부산으로 간다.

을의 말이 이 시대 한국에서 가장 바람직한 말이라는 것은 현재 한국 정치가 말해준다. 부산(경남) 출신의 정치가는 정말 많은데……. 김무성, 안철수, 문재인, 박원순, 노회찬, 김정길 그리고 정치인은 아니더라도 조국, 강호동……. 정말 많은데 대구는 (대구 출신도 아닌) 박근혜 대통령뿐이니……. (김제동? 김제동은 대구 사람이 아니다. 김천 사람이다.) 정말 대구가 정치적으로 박해를 받아서 그런 것인가? 한번은 대구에 정동영이라는 사람이 대구 사람들은 정치적으로 계몽이 되어야 한다는 취지로 발언을 했다가 뭇매를 맞은 일이 있었는데 (그땐 나도 기분이 나빴다.) 그것이 맞지 않나? 이명박 전 대통령도 경북 출신(일본 출신이라고는 할 수 없고)이지만 갑의 말만 하셔서 소통에 문제가 있다고들 하지 않았나!

이제 말을 마치자. 대학의 교수라 해서, 말을 담당하는 교수라 해서, 그것이 논술을 가르치든 정신분석을 가르치든 수사학을 가르치든 간에 중요한 것은 학생들에게 무엇을 배웠는지 대답할 시간을 주는 것은 상식일 터, 오늘도 묻는다. 지난 시간에 무엇을 배웠습니까? 그러면 대구의 학생들은 이렇게 대답한다. "기억", "동화", "스토리텔링" 이런 단답형으로. 이 말을 들은 옆의 학생은 "맞나", "글나", "캤나". 가끔 TV에서 인터뷰를 하는 어린 아이들도 단답형인 갑의 언어로 대답한다. "오늘 가족들과 야외로 놀러오니까 어때요?" 아이는 대답한다. "좋아요." 그나마 대답하는 경우는 다행이다.

아무도 대답하지 않는 지방 사람, 대답 안 하는 것을 교수에 대한 대단한 예절로 생각하는 지방에서 친절한 을의 말을 하는 사람이라면 "대답은 명사를 중심으로 한 주어로 하는 것이 아니라 동사를 중심으로 한 술어로 하는 것이라고!" 하며 추천하는 것이 옳다. "지난 시간에 우리는 대구 말의 유연성에 대해 배웠는데 그 폐해가 만만치 않다는 것을 알았습니다." 이렇게. 대구는 나의 갑이다. 하지만 대구가 갑의 말을 포기할 때 대구에 사람들이 모여들 것이다. 대구에 훌륭한 정치가나 개그맨이 나올 것이다.

2

갑의 언어 또는 영화 〈명량〉

우리가 널리 알고 있지만 사실관계를 따져 보면 잘못 알려진 이야기들이 이 세상에는 수두룩하다. 가령 모세는 실제 역사적 인물이 아닌데도 수많은 사람들은 모세를 실제 인물로 기억하고 있다. 독일의 이집트 학자 얀 아스만은 모세가 아크나톤으로 알려진 아멘호테프 4세일 것이라 추론한다. 그러나 모세는 없었다. 서동요의 무왕 또한 실제 인물이 아닌데도 우리는 그와 선화공주의 존재를 굳건히 믿고 있다. 심지어 그들의 무덤으로 추정되는 곳도 있다. 이런 사실적인 믿음은 한 걸음 더 나아가 믿음의 체계라는 방식에 의해 또 다르게 굴절된다. 일본인들에게 안중근 의사는 테러리스트로 기억되지만 한국인들에게 "안중근은 사형 판결을 받은 인물"이라는 아베의 '발언'은 '망언'일 뿐이다. 과거 우리 역사의 인물들도 마찬가지다. 역사는 5.18 광주민주화 운동으로 기술하지만 어떤 특정한 집단에게는 아직도 '광주사

태'일 뿐이다. 맥아더는 대한민국을 있게 한 '영웅'이자 동시에 한반도를 분단시킨 '주범'으로 다르게 기억된다. 이순신의 관점에서 본 배설裵楔의 '도망'은 배설의 후손 입장에서는 '병가를 얻어 신병을 치료'한 것이다. 이런 특정한 관점은 누가 어떤 힘(또는 권력)을 가지고 있느냐에 따라 그 위상이 달라지고 역사로 기록될 수도, 역사에 편입되지 못하고 집단적 기억에만 머물 수도 있다.

서구의 근대, 프랑스 시민혁명, 그리고 계몽 이후의 문학은 종종 이렇게 역사적 기억에 편입되지 못한 문화적 기억들을 복원하거나 (악에서 선으로) 다른 관점에서(선에서 악으로) 보려고 애쓴다. 문학성이란 어쩌면 이런 상상력의 다른 표현일 것이다. 선화공주와 무왕은 만날래야 만날 수 없는 존재들이다. 서로 원수가 되는 나라에 속해 있었으니까! 그렇다면 이런 집단적 기억이 설화로 만들어진 이유는 무엇일까? 그것은 보상의 원리로서 필경 그 후대에 화해와 용서를 위해 만들어졌을 가능성이 높다. 이런 예는 병자호란 이후에 쓰인 박씨전에서도 충분히 엿볼 수 있다. 여기에도 이시백이나 용골대와 같은 실존 인물이 등장하지만 박소저라는 여성이 청나라 군대를 무찌른 것이 사실이라고 보는 이는 아무도 없을 것이므로 다른 인물도 자연히 신화소일 뿐 역사의 인물과 동일인이라고 보지는 않는다. 이 작품은 인조와 남한산성의 굴욕을 보상하려는 심리가 엿보인다. 이와 같이 문학의 구조가 뚜렷이 허구임을 보여주는 경우는 아무도 역사와 기억의 문제에 이의를 제기하지 않는다. 더구나 박씨전은 그 이후 한동안 외적을 무찌르려는 조선인 모두의 열망이기도 했다.

병자호란을 소재로 한 집단적 기억의 한 면을 보여주는 박종화의 『대춘부』에서는 주로 대신들이 자신의 이익만을 좇다가 임금을 섬기지 못하고 나라가 망했다는 관점을 싣고 있는데 이는 당시 제국주의 사관(조선인은 그래서 망했다)을 보여주기도 한다. 후세에 작품의 등장인물들이 작가의 관점에 동의했을 리 만무하다. 등장인물들(최명길 vs 김상헌)의 어느 쪽도 편들지 않고 사건의 진행을 냉정한 관점으로 재구성한 김훈의 『남한산성』은 역사와 기억의 아슬아슬한 경계선을 택함으로써 독자의 상상공간을 충분히 활용하고 있다. 또 『칼의 노래』에서도, 비록 이순신에 대한 역사에서 완전히 벗어나지 못하고 있긴 하지만 그는 다른 인물들(이를테면 배설)의 역사와 기억의 한계를 충분히 활용하고 있다. 예를 들자면 이순신이라는 인물에 대한 관점도 기존의 '그냥 영웅'(그냥 영웅이란 뜻은 무조건 이기고 위대하고 도덕적으로 선한 프레임)에서 벗어나 '고뇌하는' 인물, 그렇게 선하지 않은 인물, 즉 자기 백성의 목을 자주 치고 여자 관계가 있으며 임금에게 대항하고 외롭고 쓸쓸한 인물로 묘사한다. 그와 상대하는 인물도 일방적으로 그리지는 않는다. 이 소설에서 배설의 주장은 오히려 그간 '도망자' 또는 '배반자' 등으로 묘사된 배설과는 판이하게 다른 그야말로 반기억(대안기억)의 성격을 띤 인물로 묘사된다. 말하자면 그의 전쟁에 관한 견해(물러설 때 물러설 줄 아는 것도 병법 중의 하나)가 존중되고 있다.

　이렇게 외관상 아주 비슷한 기억과 역사는 경우에 따라 서로 반대되는 측면을 가지고 있다. 말하자면 역사는 보편적 진리에 관심을 가지는 데 비해 기억은 어떤 집단의 정체성과 관련을 맺고 있고, 역사가 기억의 보유자(이를테면 후손들)로부터 분리되어 있지만 기억은 그 기억의 보유자와 관련을 맺고 있다. 역사가 현재, 미래, 과거를 철저히 분리하지만 기억은 이 셋 사이를 연결한다. 기억은 선택적이지만 역사는 모든 것을 동등한 관심으로 바라본다. 그러니까 단종을 옹호하는 사람들은 세조는 '악'으로 규정하지만, 역사는 그의 '선'(가령 치적)에도 관심을 둔다. 역사보다는 기억의 성격을 띠고 있는 문학(영화)은 그래서 하나의 관점을 가지게 마련이다. 그러나 아버지 없는 자식이 있을 수 없듯이, 기억은 반드시 역사라는 것을 토대로 하고 있다. 기억은 역사의 이본이거나 대안이기 때문이다. 그런데 영화 〈명량〉은 소위 말하는 기억의 코드를 왜곡해서 사용한다. 이순신에 관해서는 역사적 사료를 사용하고, 앞서 말한 배설의 경우는 마음대로 왜곡한 사실을 조작하고 있기 때문이다. 엄밀한 의미에서 기억은 그 자체가 왜곡이기 때문에 역사의 왜곡인 기억을 조작이라고 말할 수는 없다. '내가 말하는 배설은 네가 말하는 그 배설이 아니다'라고 하면 그만이기 때문이다. 그러나 앞서 설명하였듯이 박씨전의 독자가 허구 지시성에 의해 독서 행위의 정향성을 갖는 데 비하여, 영화 〈명량〉의 관객은 오히려 스토리의 역사 지시성에 따라 움직이게 되므로 조작과 왜곡의 의도가 짙게 배여 있다.

이제 다른 관점을 보자. 영웅주의, 교훈, 우화적 경향성은 현대의 문학과 영화가 배격해야 할 것들이다. 왜냐하면 이런 식으로 역사와 인간의 삶을 파악하는 것은 거의 2000년 전의 호메로스 서사시 수준이기 때문이고 반계몽적이기 때문이다. 모두가 전형적인 갑의 언어일 뿐이다. 몇 년 전 상영된 〈트로이〉라는 영화는 신화의 서사를 왜곡하지 않으면서도 다른 관점에서 영화를 볼 수 있는 장치들을 해두었다. 영웅 헥토르와 그의 아버지 프리아모스는 원작 일리아스에서는 크게 중요한 역할을 하지 않지만 현대적 재해석(즉 기억)에서는 더 중요한 요소가 되고 이것이 허구성과 예술성을 띠게 된다. 아직까지 우리 문학은 특히 아동 청소년 문학은 수사학적이고 교훈적이며 감정적인 성격을 벗어나지 못하고 있다. 갑甲인 영웅을 조명하기 위해 하나의 을乙, 한 사람의 배신자, 즉 공공의 적을 만드는 것은 더 이상 불필요하다. 해석의 가능성(이는 기억 왜곡과 관련이 없다)을 열어두고 그 허구적 미학을 즐기는 독자를 창조하는 것은 곧 작가이자 감독이고, 거꾸로 독자 또한 이런 맹랑한 작품을 허용하지 않을 때(이런 졸작에 1,700만의 관객이 동원되다니!) 좋은 작가와 감독이 탄생하는 것이다.

독자들도 알다시피 나는 이름이 변학수라 허구적 인물인 춘향전의 변학도와 비슷하다고 선생님들과 친구들, 처음 보는 인물, 지인들, 심지어는 제자들로부터도 끊임없이 조롱당하였고 지금도 그런 편이다. 그뿐 아니다. 변씨를 두고 똥씨라고 하면서 나뿐 아니라 자녀들까지 조롱을 당하는 현실, 같은 성을 가진 흉악범이라도 나오면 얼굴을 못 들고 다니는 것도 억울한데 하물며 역사의 보유자인 후손들이 살아서 그 역사를 곱씹을 때, 이미 발생한 역사는 어쩔 수 없다 하더라도 없는 역사를 허구라는 이름으로 왜곡하고 기억의 정치에 편입시키는 일은 다분히 누군가를 공공의 적으로 몰고 가려는(필경 그것이 미필적 고의로 보이기는 하나) 의도로밖에 보이지 않는다. 서구에서 허구라면서 쿠란(코란)이나 무함마드(마호메트)를 어떤 사악한 인물로 설정하여 영화를 찍는다고 하자. 모세를 사람을 죽인 살인자(실제로 그는 사람을 죽였다)로, 예수를 막달라 마리아의 남편으로 묘사한다고 하자. 아마도 이슬람은 전쟁을 할 것이고 기독교인 또한 참지 않을 것이다.

기억은 역사와 다르다. 그것이 허구일 수 있지만 허구의 코드를 잘 지키지 않을 때 집단적 기억에 저촉된다는 사실을 예술 창작자들은 분명히 알아야 한다. 이순신을 소재로 한 다른 영화나 소설에 비해 영화 〈명량〉이 아주 맹랑한 이유가 여기에 있다.

3
정치가

앰브로스 비어스는 『악마의 사전』으로 유명한 사람이다. 그의 서늘한 냉소를 들으면 이것이 오히려 진짜 진리가 아닌가 하는 생각이 든다. 가령 그는 행복을 '다른 사람의 불행을 곱씹어 볼 때 드는 유쾌한 감정'이라 했고, 신문기자를 '추측에 의해 진실을 찾아가며, 말의 홍수로 그 진실을 흐리는 작가'라고 비꼬았다. 이런 비어스가 기업과 부정한 동맹을 맺고 타락한 정치에 대해 말을 아낄 리가 만무하다. 그는 정치를 '사적 이익을 위해 공적 이익을 운영하는 것'으로 정의했고, 국회는 '법률을 무효로 하기 위해 회합하는 사람들의 집단'이라고 보았으며, 보수주의자는 '현존의 폐해에 마음이 사로잡힌 정치가'로, 진보주의자는 '현존하는 폐해를 새로운 폐해로 대체하는 정치가'로 희화화하였다. 이런 말 풀이가 100년이 지난 오늘날에도 속이 시원하리만큼 통쾌하지 않은가?

2011년 월 스트리트에서 시작하여 세계 각국으로 퍼져나갔던 시위는 정치나 정치가와 깊은 관련을 맺고 있다. 이들이 시위한 이유는 정치가들이 사적 이익을 위해 월 가에 존재하는 자들과 부정한 동맹을 맺고 있는 것처럼 느꼈기 때문이다. 우리가 피부로 느끼는 돈이라는 게 뭔가? 누구나 잘 알겠지만 가령 한 달에 300만 원 정도 수입이 있는 가정이 있다면 자녀들 교육하고 먹고 살고 50만 원 저축하기가 매우 힘들다. 50만 원! 그 돈으로 2억 짜리 아파트를 마련하려면 평생 저축해야 하고 겨우 집을 사고 나면 죽을 때가 된다. 그 과정은 얼마나 험난한가. 빌린 돈 이자 내야지, 자식 학자금 대야지, 세금 내야지, 그러다 보면 이 시간이 점점 늘어나는 것이다. 정말 불안하고도 지긋지긋한 현실이다.

노벨 경제학상을 수상한 미국의 저명한 경제학자 스티글리츠는 월 스트리트의 금융기관들이 투기 행위의 실패 등으로 파산 지경에 이르렀을 때는 국민이 내는 세금으로 손실을 보상 받고, 반면 투기로 이익을 보았을 때는 자기들의 이익으로 챙겨가는 기형적이며 불공정한 경제구조를 지적하고 있는데 이것이 어디 미국에서만 일어나는 일인가? 한국인들에게 그러니까 꼭 그들이 월 가처럼 서울의 여의도에 집중하여 사는지는 모르지만, 그들 또한 기형적인 경제구조의 상위 1%에 속하는 것은 분명하다. 그러니 우리들 99%는 이제 더 이상 1%를 위한 정치가들을 믿을 수 없다는 결론에 도달한다.

일종의 공무원인 나도 최근에 알았지만 개인은 4천 6백만 원 이상의 소득에 대해서는 24%의 소득세를, 그리고 8천 8백만 원 이상의 소득에 대해서는 35%의 소득세율로 세금을 납부한다. 작년에 한국연구재단에서 회의할 때마다 시간당 거의 10만 원 정도 받은 게 있다면

서 경산 세무서에서 전화를 받았는데 그 부분이 당신의 소득에서 35% 소득세에 해당한다고 하길래 꿀 먹은 벙어리처럼 알겠습니다 하고 치웠는데 생각하면 할수록 울화가 치민다. 나는 직장생활 시작할 때부터 빚이 많았다. 그런데 아이들이 거의 다 성장하니 세금감면 혜택 받을 것도 없다. 그러니 번 돈은 거의 은행 이자로 다 나가고 실제로는 이름만 교수직을 가지고 있지 빈털터리 생활, 즉 99%에 속한다. 그럼에도 무슨 소득세를 35%나 가져가고 있는가. 재산이 얼마나 있는가에 따르는 세제가 아니라(내가 아는 사람들만 해도 재산이 수(십)억 대 되는 사람들도 많다.) 단지 눈에 보이는 숫자에만 매기는 세제란 무엇인가!

그에 반해 실제 재벌 기업들은 어떠한가? 각종 조세혜택을 받은 재벌들이 실제 납부하는 유효 법인 세율은, 삼성전자 6.5%, SK Telecom 15.2% 등을 필두로 평균적으로 16%를 넘지 않는다. 우리나라 24만 개 흑자기업의 평균 실효세율이 19.4%임을 감안하면, 우리나라의 재벌들은 중소기업이나 일반 개인보다 훨씬 낮은 비율의 소득세를 납부하고 있는 것이다. 어디 모순된 일이 이것뿐인가! 우리나라에 예금자 보호라는 제도가 있다. 지난번 부산 저축은행이나 토마토 저축은행 부도 같은 사건을 보자. 저축은행에 예금을 하면 5천만 원 한도 내에서, 금융기관이 부도가 나더라도 예금 지급을 보증해주는 제도이다. 언뜻 보면 참 서민들을 보호해주는 바람직한 제도인 것 같다. 하지만 그 뒤를 자세히 들여다보면, 금융기관들이 정부의 보증을 받아 끌어 모은 돈을 자기 투자에 사용하고 있는 것이므로 결국은 다시 99%가 1%의 놀음에 놀아나고 있는 것이다.

은행이란 것이 원래 땅 짚고 헤엄치기라는 것은 이미 우리 모두가 다 아는 사실이다. 자기 돈 10% 정도만 있으면 정부의 보증을 받아 국민의 돈을 모으고 그 돈을 다시 높은 이율로 국민들에게 빌려주고 부도나면 국민의 혈세로 막아 넣고 돈 남으면 자기들끼리 흥청망청 배분하고, 노벨상 받지 않는 우리도 그 정도는 안다. 그러다 보니 99%는 언젠가 자기도 모르게 99% 속에 포함되어 버렸다. 그러고는 빚을 돌려 막느라고 헐떡인다. 이에 대해 그 누가 떠들기라도 한다면 마르크스주의자 또는 더 심하게 공산주의자로 몰려 사회적으로 떠들수도 없는 경우가 허다하다. 그러나 우리 냉정히 살펴보자. 이런 사회가 계속 지속될 수 있을 것이라 보는가? 어느 순간에 국민 모두가 빚에 허덕이다가 모두 돈을 못 낼 경우, 다시 말해 모라토리움이 벌어질 경우 그것을 누가 감당한단 말인가? 그래서 1%는 다른 나라에 있는 1%들과 짜고 소위 통화스와프란 짓을 하고 있다.

　몇 해 전 서울시장 후보가 하나는 몇 억짜리 피부관리실을 다녔다느니 소문이 나고 다른 하나는 협찬 인생에 목숨을 건 사람이었다고 시끄러웠다. 꼭 법에 저촉된다 안 된다 상관없이 우리네 99% 인생의 삶과는 거리가 멀어 보인다. 이 글을 읽을 때쯤이면 서울시장 선거도 독자들의 뇌리에서 사라지겠지만 전자는 '현존의 폐해에 마음이 사로잡힌 자'가 아니고 무엇이며, 후자는 '현존하는 폐해를 새로운 폐해로 대체하는 자' 이외에 그 어떤 정치가란 말인가? 스스로 의식 있는 국민이라면 제발 정치가들 집단이 만들어내는 진보냐 보수냐라는 파벌에 얽매이지 말아야 한다. 그 이유는 둘 다 모두 '사적 이익을 위해 공적 이익을 운영하는 것'을 원칙으로 삼는 자들이며, 동시에 자신들의 치부를 감추기 위해 보수니 진보니 하는 파벌을 조성해 국민들로 하여금 불안을 느껴 어느 편에 속하게 만들려 하는 자들이기 때문이다.

　헤겔은 '주인과 노예의 변증법'이란 철학적 틀을 만든 철학자로도 유명하다. 누가 처음에 주인이었고 노예였는가? 없었다. 다만 어느 날 주인이 식량난에 지쳐 들어온 사람에게 생명(양식)을 주고 그에게 노동을 제공받으면서 이 불평등한 관계가 시작되었다. 우리는 어느 날 내가 은행에 돈을 빌리면서, 또는 사채 이자를 쓰면서 이 불평등한 관계에 빠지고 말았다. 그러나 잘 생각해 보자. 거친 자연을 대하면서 사물을 가공하는 노예 없이 주인이 주인으로서 행세할 수 있을까? 만약 노예가 고양된 정신으로 이 기막힌 정치가를 위한, 그들과 부정한 동맹을 맺은 기업가(자본가)를 위한 제도를 청산할 때만이 노예는 주인의 주인이 되고 동시에 주인은 노예의 노예가 된다. 국민의 공복公僕, 즉 국민의 노예라는 정치가들이 하물며 주인인 99%를 지배해서는 안 된다. 문제는 대부분의 노예가 '사적 이익과 공적 이익'을 구분하지 못하는 데서 발생한다. 오늘 유난히도 붉게 물든 가을은 앰브로스 비어스가 그립기 때문이리라.

4

룸펠슈틸츠헨의 황금노역

한 방앗간 주인이 왕을 알현하는 자리에서 자신의 딸은 물레로 황금실을 자아낼 수 있다고 거짓말을 했다. 왕은 그렇게 하라고 명했고 만약에 그렇게 하지 못할 때엔 살려두지 않겠다고 했다. 시름에 빠진 딸 앞에 난쟁이가 나타나 황금실을 만들어 줄테니 만약 왕비가 되어 첫 아기를 낳으면 달라고 요구했고 딸은 결국 그 제의를 받아들였다. 왕비가 된 딸은 아기를 낳았고 난쟁이는 약속했던 아이를 받으러 갔다. 왕비는 아기를 데려가지 말라고 사정했고 난쟁이는 그러면 사흘 내에 자신의 이름을 맞추면 아이를 데려가지 않겠다고 말했다. 왕비는 자신이 아는 모든 이름을 말해 보았고, 신하를 시켜 나라 안의 희귀한 이름도 찾게 시켰지만 난쟁이의 이름을 맞출 수가 없었다. 사흘째 되는 날, 왕비의 신하는 숲에서 이상한 노래를 부르는 난쟁이를 발견했다고 보고했다. 그 난쟁이가 부르고 있었던 노래에는 자신의 이름 룸펠슈틸츠헨이 들어 있었다. 결국 왕비는 이름을 알았고 화가 나 땅을 쿵쿵 찧었던 난쟁이는 몸이 찢기고 말았다.

요즘 '황금노역'이라는 뉴스를 대하면서 그림 동화의 룸펠슈틸츠헨이 떠오르는 것은 우연이 아니다. 그 룸펠슈틸츠헨은 바로 508억 원의 탈세를 지시하고 100억 원을 횡령한 혐의로 기소된 허재호 전 대주그룹 회장이다. 광주지검은 2008년 당시 기소한 뒤 징역 5년에 벌금 1,000억 원을 구형하면서, '탈루 세금을 납부했고 횡령금도 변제 공탁했다'며 이례적으로 벌금을 선고유예에 해달라고 요청한 바 있다. 광주지법 형사 2부(당시 이재강 부장판사)는 이 사건에 대해 징역 3년에 집행유예 5년, 벌금 508억여 원을 선고했다. 벌금을 내지 않을 경우 2억 5천만 원을 1일로 환산해 노역장에 유치하도록 했다. 2년 뒤인 2010년 광주고법 항소심 재판부(당시 장병우 부장판사)는 허 전 회장이 벌금 낼 돈이 없다고 버티자 소위 말하는 광주의 향판인 장병우 광주지법원장이 유·불리한 사정을 반복적으로 열거하면서 벌금을 절반인 254억여 원으로 줄이고 노역 일당은 두 배인 5억원으로 늘렸다.

당시 이에 대해 여론이 들끓었다. 더욱 놀랄만한 일은 소를 잡거나 돼지를 잡거나 보일러 청소를 하거나 노예선에 실려가 멸치잡이를 하는 것도 아니고 고작 하는 노역이란 게 종이봉투를 붙이고 쇼핑백을 만들거나 청소하는 일로서 물레를 잣는 방앗간 주인의 딸과 같은 일이었다. 이렇게 하여 수감되자마자 며칠 만에 벌써 30억 원어치의 황금실을 자았다고 한다(탕감 받았다고 읽어야 한다!). 그런데 그렇게 돈이 없다고 주장한 이 룸펠슈틸츠헨(원래는 난장이였고 아무도 그 이름을 몰랐다)은 자기 이름이 아닌 차명으로 지금 뉴질랜드에서 아파트 분양사업을 하고 있고 가족들 명의 재산을 은닉하고 그 재산을 도피하려고 돈이 없다고 잡아떼고 노역을 선택한 게 아니냐는 의혹을 받고 있다. 그러자 언론에서는 이 난쟁이 룸펠슈틸츠헨 주변에 사람을 풀어 그가 부르는 노래를 조사해 보고 그가 막강한 법조 가족이었다는 사실을 밝혀냈다. 즉 '황금 노역' 선고를 받은 허재호 씨의 가계에는 막강한 토착 세력들이 진을 치고 있었다.

사건이 여기에 이르게 되자 애초 1심에서 허재호의 벌금을 선고유예 해달라고 요청했던 검찰은 자신들에게 비난여론이 쏠리는 것을 두려워해 노역 중단이라는 사상 초유의 노래를 불렀다. 또 한 번의 K-Pop 스타가 탄생한 순간이다. 일반적으로 노역 중지는 일종의 형 집행 정지로서 수형자가 죽거나 건강상의 이유를 들어 수형자가 직접 형 집행 정지를 신청한다. 검찰이 형 집행을 정지하겠다고 나선 것은 사상 초유로서 검찰 스스로도 이해할 수 없는 어처구니없는 짓이다. 또한 '노역 중단 후 벌금 집행'이라는 경우는 결국 검찰 스스로 자초한 춘치자명春雉自鳴(봄 꿩이 울어 포수에게 자신의 위치를 알림) 같은 일이 되어 버렸다. 이제 우리 국민의 법 감정대로라면 법에 명시된 대로 허재호 씨가 하루 노역 댓가 최대 5만원을 기준으로 원래 구형한 대로라면 2740년 동안, 그것이 안 된다면 감형한 1397년 동안 노역장에 유치되어야 한다.

법의 해석이란 차원에서 벌어지는 이런 희한한 일은 원래 문화적 소산물로 이해할 때만 상상해 볼 수 있는 기막힌 일이다. 막스 베버가 말한 것처럼 인간이 "자신이 뿜어낸 의미의 그물망"에서 살아가는 거미 같은 존재라면 우리의 법문화는 가진 자, 권력 있는 자가 멋대로 쳐놓은 거미줄에 걸려 한통속인 권력자들이라는 거미들에게 뜯어 먹히는 꼴이다. 일당 5만원에 속하는 계층은 이 거미줄에 걸리면

천 년 동안 빠져나오질 못하는 그런 문화 속에 우리가 산다. 이미 한국의 사법제도와 그들의 사회적 실천은 수도 없이 도마 위에 올랐다. 고무줄 판결, 막말, 여성비하, 비행 등이 대표적인 것들이다. 이번에도 5억 황금노역이라 불리는 향판 판결이 일어났다. 말도 안 되는 약속을 걸어 자식까지 뺏길 위기에서 농부의 딸이 벗어날 수 있는 길은 돈 많고 권력 있는 자들이 부르는 노래 속에서 룸펠슈틸츠헨이라는 비밀스런 이름을 빨리 찾아내는 길밖에 없다.

5
자동차

독일 철학자 카시러는 "인간은 상징의 동물이다."라고 했다. 만약 인간이 상징의 동물이 아니라면 굳이 삶에 크게 도움이 되지 않는 대통령이 되고자 노력할 필요도 없을 것이고 때로는 질적으로 더 나은 짝퉁 대신 진품인 명품 가방을 가지려고 애쓸 필요도 없을 것이다. 그런데 이런 인간의 상징에는 진화의 과정이 고스란히 담겨 있다는 사실을 간과해서는 안 된다. 진화進化, evolution라는 말을 들으면 가장 먼저 떠오르는 인물이 다윈이다. 대표작인 『종의 기원』에서 그는 "생명체는 모두 자연이라는 환경 속에서 한정된 자원을 차지하기 위해 경쟁하는 존재들이며 따라서 어떤 개체가 자연 속에서 살아가는 데 조금이라도 더 유리하다면 그것을 따르게 되는데 이를 자연선택natural selection"이라 했다.

그런데 이런 자연선택의 한 예가 뉴기니 섬이나 북부 오스트레

일리아에 사는 정자새bowerbird이다. 이 새는 bower, 즉 정자 또는 내실
이라 불리는 공간을 만드는데 그것은 이 새의 둥지가 아니다. 이를테
면 둥지 따로 내실 따로다. 어떤 내실은 터널처럼 양쪽에 벽만 세워
둔 것도 있고, 아주 높게 기둥처럼 장식한 것도 있다. 나아가 정자새
는 내실만을 만들어 두는 것이 아니라 그 안에 온갖 알록달록한 물건
을 물어다 장식을 한다. 심지어는 내실 벽면에 온갖 꽃을 꺾어다 장
식을 하는 수컷도 있는 걸 보면 정말이지 짝짓기만을 위해서 이토록
정성들여 신방을 꾸미는 것은 인간의 예술적 경지를 넘어서는 듯 보
인다.

　　이 정자새의 행동과 비교해 볼 수 있는 것이 인간들의 자동차에
대한 선택이다. 자동차는 원래 편리함을 위한 이동수단이다. 그런데
SBS에서 방영되었던 TV 프로그램 〈짝〉(일반인 남녀에게 만남을 주선하는 리
얼리티 프로그램, 2014년 2월 종영)에서 우리는 자동차별로 여성들의 반응이
확연히 다른 것을 경험했다. 내가 보기에 남성 출연자들의 자동차에
따라 여성 출연자들의 반응이 확연히 달랐다. 한 남성 출연자가 고급
수입차를 타고 촬영장에 등장하자 모든 여성 출연자들의 관심 어린
시선이 모아졌다. 그러나 국산 경차 모닝을 타고 나타난 또 다른 남
성 출연자는 대부분의 여성 출연자들에게 외면을 받았고, 그나마 시
선을 돌린 단 한 명의 여성조차도 "쟤 뭐니?"라는 표정으로 바라봤다.

　　이 얼마나 정자새 같은 일인가! 하지만 집과 벽을 장식하고 온갖
소리를 내며 암컷을 기다리는 정자새처럼 멋있는 고급 수입차를 타고
가야 여성이 다가온다는 일은 철저하게 자연선택의 법칙을 외면하는
일 같아 보인다. 집 말고 또 다른 집이랄 수 있는 자동차를 한 번 짝짓
기를 위해 선택할 때 비싼 수입차로 선택한다면 이는 계몽된 인간의

입장에서는 말할 것도 없고 동물적인 관점에서 보아도 자연선택과는 거리가 멀어 보인다. 인간이 이 환경을 지배하며 살기 위해서는 친환경 고효율의 경차를 개발해 타고 다니는 것이 매우 정상적인(비록 인공선택의 과정이긴 하지만) 일이다. 하지만 정자새나 SBS 〈짝〉의 경우 모두 자연선택의 법칙이 제2의 자연선택, 즉 성 선택sexual selection의 법칙 아래 무참히 무너지고 만다는 점을 확인할 수 있다.

성 선택 앞에서 기회비용이 많은 쪽을 택하는 것은 공작새도 마찬가지다. 다만 그들은 내실을 짓는 대신 자기 외모를 중시하여 적으로부터의 공격을 무릅쓰고 꽁지깃이라는 화려한 외모를 만든다. 공작의 꽁지깃은 공작의 몸집에 비해 너무 크고 불편하기 때문에 그것으로 인해 자신의 행동이 제한되기까지 한다. 그뿐 아니라 특유의 화려한 색채 때문에 적들의 눈에 띄기 쉬워 개체의 생명을 유지하는 데도 결코 도움이 되지 못한다. 그런데도 왜 공작은 이 꽁지깃을 가지고 종족을 유지하는 것일까? 이렇게 진화에는 자연 선택을 넘어서는 특별한 다른 무엇(상징)이 있는 것이다. 어쩌면 공작의 입장에선 차라리 적으로부터 공격당하는 것이 짝으로부터 외면 받는 것보다 낫다는 선택을 했으리라.

왜 애플이 디자인 문제로 삼성을 제소하는가, 왜 취업도 하지 않은 사람이 적어도 기성세대들이 타고 다니는 중형차 이상을 타고 다녀야 하는가 하는 문제는 단순한 경제, 실용성, 생존문제를 넘어서는 일이다. 인간 진화의 첫 번째는 당연히 '생존하라'는 자연선택의 문제다. 그러나 이 문제를 넘어서는 길목에는 반드시 '자신의 유전자를 퍼뜨리라'는 또 다른 자연선택, 즉 성 선택의 문제가 자리를 하고 있다. 이 두 번째 명제가 인간의 상징에서는 첫 번째 명제를 뛰어넘는 힘을 지닌다. 그리고 많은 예술이, 많은 표현이, 많은 기술이 그런 명제를 충실히 수행하고 있다.

한번은 독일 벼룩시장에서 아이들이 그림을 그려놓고 파는 것을 볼 수 있었는데 이들은 그리기 어려운 나비보다 덩치가 큰 코끼리를 더 비싼 가격으로 팔고 있었다. 나비를 그리려면 알록달록한 색칠을 하고 섬세하게 그려야 한다. 그러나 코끼리는 덩치만 클 뿐 회색으로만 칠을 해 놓은 것이다. 그러므로 어른들이라면 당연히 값싸고 아름다운 나비를 살 것이다. 그러나 아이들은 코끼리가 나비보다 (크기에 있어서) 상위의 동물인 만큼 이런 모순적인 행동을 하는 것이다. 이런 모순은 당연히 어른들 사이에서도 발생한다.

차량의 크기 또는 배기량과 차종은 운전자에 대한 사회적 지위를 상징하는 것이다. 어떤 시장조사 전문기관이 몇 달 전 성인남녀 1,000명을 대상으로 한 '차종별 이미지 조사' 결과에는 사람들이 경차 운전자에 대해 검소하고 실속 있는 사람이라는 평가를 내리는 반면, 대형차 운전자는 부유한 사람이라고 인식했다. 또, 소형차 운전자는 검소하고 실속은 있으나 다소 평범하다는 인식을 가졌으며, 준 대형차 운전자는 부유하며 남성적인 사람이라는 평가를 내렸다. 자, 과연 이런 인식이 옳을까? 내 친구는 잘나가는 중소기업 사장이다. 그러나 그는 주로 프라이드를 타고 다닌다. 그러니 우리가 보여준 인식은 다만 상징일 뿐이지 실제 사건과는 관계가 없는 듯하다.

사람들은 자신이 실제 소유하는 차와 바라보는 타인의 차에 대해 각기 다른 기준을 적용시킨다는 것은 바로 상징이라는 것이 생존을 가능케 하는 자연선택의 결과가 아니라 제2의 자연선택 또는 성선택의 가능성을 말해준다. 본인의 차량 구입 시에는 실용적인 측면을 강조하는 반면, 타인의 차량 구입에 대해서는 디자인과 외적 이미지를 중요하게 여긴다고 한다. 그렇다면 SBS 〈짝〉에서 여성들이 수입차를 타고 오는 남성 짝을 경이의 눈으로 바라보던 것이 당연한 일이었던 것이다.

한 여성이 인터넷에 써놓은 글을 본 적이 있다. 잘나가는 대학생은 차가 기본이고, 직장인인데도 불구하고 차가 없으면 여자 친구가 안 생기고 거지취급을 당한다고. 그리고 경차는 무조건 안 된다. 경차를 타는 남자는 그릇이 저것밖에 안 된다고 무시당한다. 두 번째, 소형차는 아무거나 무조건 새 차, 풀 옵션으로 사라. 여자들은 액센트나 클릭이나 다 같은 차인 줄 안다. 여자들한테 중요한 것은 '얼마나 새 차인가?', '얼마나 옵션이 좋은가?' 그뿐이다. 세 번째, 중형이면 OK. 새 차 냄새만 나면 그만이다. 네 번째, SUV는 그냥 짐차다. 차종에 관계없이 여자들 눈에는 똑같은 짐차일 뿐이다. 이렇게.

이제 이런 결론을 내릴 수 있다. 자동차는 인간의 진화과정에서 흔적으로 남아있는 제2의 자연선택, 즉 성 선택의 표출로서 우리가 말하는 상징자본이다. 짝을 찾을 때는 중형차 이상을 사라. 그마저도 안 되면 소형차를 사되 새 차 풀 옵션으로 사라. 그러면 우리는 정자새나 꽁지깃을 자랑하는 공작새처럼 좋은 짝을 만날 것이다. 그 다음에 '짝 찾기'에 성공한다면 그때 가서 자연선택을 하라. 오늘날 젊은 이들이 자동차를 사고 짝을 만날 때 단순히 경제적인 것만을 고려해서는 안 된다. 하지만 이제 나이가 들고 가정이 충실히 만들어졌으면 경제적인 차를 타라. 그것이 무조건적으로 경제적인 차를 타라는 정언명법보다 낫지 않는가.

6
카사노바

애인은 한 권의 책이다. 한 권의 책을 읽고 난 뒤에야 독자는 다른 책을 편다. 책들 사이에는 하나의 망각이 있다. 그런데 한 권의 책이 정녕 잊히지 않는다면 그것을 잊기 위해서 독자는 다른 한 권의 책이 필요하다. 왜냐하면 기억의 기술은 있지만 망각의 기술은 없기 때문이다. 우리에게 망각의 기술이 있다면 이런 말이 가능할 것이다. 그 사람 이제 잊어버려! 하지만 우리는 잊어버리려고 하면 할수록 오히려 그것이 더 기억된다는 사실을 잘 안다. 그러니 나훈아 씨가 노래한 "잊으라 했는데, 잊어 달라 했는데 그런데도 아직 난 너를 잊지 못하네"라는 말이 진정하게 가슴에 와 닿는다. 그렇다. 카사노바도 첫 애인을 잊기 위해 다른 애인이 필요했다. 애인은 그에게 한 권의 책이었기 때문이다.

원래 카사노바Giacomo Casanova(1725~1798)는 파도바 대학에서 법학 공부를 마친 수습신부였다. 그는 베네치아의 토셀로 주임신부로부터 서품을 받았다. 할머니는 집안에 '사도'가 났다고 호들갑을 떨었고 서민들은 신부라고 불렀다. 그는 맨 처음 설교로 호라티우스의 시를 주제로 삼았다. 물론 토셀로 신부는 세속적인 주제를 고르는 카사노바가 마음에 들었을 리가 없다. 그의 첫 설교는 1741년 3월 19일 오후 4시 설교단에 올라 성 요셉을 기리는 축일설교였다. 카사노바는 중세의 수사학에 근거하여 설교를 암기하였다. 중세에는 창안－배열－수식－암기－전달이라는 방식으로 잠자리에 들기 전, 그리고 아침에 일어나자마자 암기하였고 그의 기억력에는 문제가 없었다. 그런데 문제는 그가 속한 사교사회가 일으켰다. 때마침 베네치아의 몬레알레 백작이 그날 점심에 그를 집으로 초대한 게 문제였다.

좋은 음식을 배불리 먹고 포도주를 즐긴 카사노바는 설교를 해야 한다는 사실을 아득히 잊고 있었다. 급기야 교회의 사환이 그를 데리러 와서야 겨우 설교시간에 다다를 수 있었다. 마음속에 중요하다고 생각지 않는 것은 잊기가 쉽다. 그리고 우리 모두가 알듯이 배가 부르고 술기운이 있으면 대체로 무엇인가를 잊기 쉬운 법, 카사노바는 겨우 서론 정도를 이끌고 갈 수 있었지만 설교의 핵심을 잃고 말의 갈피를 잡지 못한다. 청중은 수군거리면서 겨우 웃음을 참고 있는 상황이 되었다. 그러자 카사노바는 당황하게 되었고 결국에는 머릿속에 든 설교의 내용을 잊고 말았다. 그는 마음속으로 졸도를 가장하여 이 위기를 모면해야지 하고 생각하고 행동으로 옮겼다. 그런데 가장한다는 것이 그만 잘못 쓰러져 설교단 모서리에 머리를 심하게 부딪힌다. 의도하지 않는 실수란 없는 법, 결국 설교를 하고 싶지 않다는 생각이 시간도 잊어버리고 술을 마시고 음식을 먹게 만들었을

터, 무의식적으로 머리를 박게 하지는 않았을까 생각해 본다.

실신한 카사노바는 성납물실로 옮겨지지만 의식을 회복한 카사노바에게 이보다 더 큰 수치는 없었으며 결국에는 다시는 설교를 하지 못할 것이라는 생각에 이른다. 그는 신부를 포기했다. 그런데 이제 신부를 하지 않겠다는 생각을 하자 한편으로 섭섭하지만 또 한편으론 서광이 비치는 부분이 있었으니 바로 연애였다. 주임신부 토셀로의 집에 있는 그의 질녀 안젤라와 사랑을 나눌 수 있게 된 것이다. 신부를 하기로 마음먹었을 땐 불가능했던 마음의 보름달이 환하게 피어오르는 순간이었다. 모든 일이 그렇다. 하나를 버리면 하나를 갖는 법! 그런데 이 문제를 어찌하랴. 그녀는 혼전 순결을 지키고 애인인 카사노바에게 조금의 빈틈도 보이지 않는 철옹성이었다. 누구든 상대와 오래 관계를 유지하려면 안젤라의 행동에서 배울지라! 이 안젤라의 양면적 태도는 급기야 카사노바를 금욕의 의무로 몰아넣고 그를 한 없이 고통스럽게 만든다. 결국 상사병으로 비쩍 마르게 된 카사노바는 안젤라를 잊지 않으면 안 되었다.

그러나 문제는 앞에서도 말했다시피 망각의 기술이 없다는 점이다. 사랑하는 사람을 잊으려면 잊으려 할수록 더 기억에 남는 것을! 고대로부터 전해온 가장 손쉬운 망각의 기술은 호메로스에 나오는 방법으로 와인을 마시거나 로토스 열매를 먹는 것(오늘날 마약) 이외에도 오비디우스가 가르쳐준 방법이 있다. 그것은 다름 아닌 애인의 좋은 점을 적극적으로 기억하되 좋지 않은 점도 기억하라는 것이다. 가령 애인이 통통했던가? 그녀는 뚱뚱했다! 애인의 키스가 달콤했던가? 입에서 술냄새가 났었다! 애인의 몸매가 날렵했던가? 개뼈다귀같이 말라깽이였다! 이런 식으로 말이다. 그것도 아니라면 애인과 결부된 장소를 피할 것, 집에 있는 애인의 사진을 죄다 없앨 것, 그리고 이 길로 쭉 가다가 제일 먼저 만난 사람과 결혼을 해 버리는 것이다. 마지막으로 이것도 안 되거든 먼 곳으로 떠나라. 떠나 낯선 곳에서 삶에 부대끼다 보면 애인의 모든 것을 잊어버리게 된다.

애인을 잊기 위해 카사노바는 잠시 시골에 가 있기로 한다. 거기서 그는 주인집 문지기의 딸인 열네 살짜리 루치아를 알게 되는데 그는 그녀에게서 천사의 순진함을 느낀다. 카사노바는 이 천사를 유혹해야 할지 며칠간 고민한다. 결국 순결한 루치아를 사랑스런 말로 위로만 해주고 순결을 범하지는 않은 채 시골을 떠난다. 그런데 베네치아로 돌아오자 잠시 잊고 있었던 안젤라에 대한 그리움이 다시 불타오른다. 내 그럴 줄 알았다. 멀리 떠나라 했지 않았던가! 아직도 역시 완강한 안젤라였지만 어느 정도 누그러진 상태로 친구의 집인 나네테와 마르톤의 집에서 하룻밤 카사노바와 만난다. 불을 끄고 친구들과 카사노바와 숨바꼭질을 한 안젤라는 애교있는 웃음을 흘렸을지언정 잡히지 않고 순결한 밤을 지낸다.

화가 난 카사노바는 다시 베네치아를 떠난다. 그리고 공부하여 파도바 대학에서 박사학위를 딴다. 이제 안젤라는 깨끗이 잊은 듯했다. 하지만 학위만으로는 애인을 완전히 잊는 것이 확실치 않다. 그래서 그는 다시 베네치아로 돌아가 안젤라의 친구 나네테와 마르톤에게서 안젤라를 잊는 방법, 즉 망각의 기술을 듣는다. 다행스럽게도 안젤라를 설득하여 지난날 이루지 못했던 숙원사업을 다시 한 번 반복하자는 데 합의하게 된다. 마침내 그날이 되어 카사노바는 키프로스산 포도주와 훈제 소 혓바닥을 가지고 가 보지만 영리한 안젤라는 오지 않았다. 맛있는 음식과 술을 먹은 카사노바는 안젤라와는 죽어도 안 만나겠다고 맹세한다. 꿩 대신 닭이라는 말이 있듯이, 그나마 그날 밤은 안젤라의 친구 둘과 이불 속에서 즐거운 밤을 보낸다. 카사노바는 그의 자서전에서 인생에서 처음으로 사랑의 즐거움을 얻었노라고 고백한다. 그리고 안젤라를 드디어 잊게 된다.

그는 심지어 망각까지도 기억하는 놀라운 기억력을 갖고 있었는데 그것은 그가 만난 사람을 책을 읽듯이 진정성을 가지고 임했기 때문이다. 그는 오늘날 독자들이 생각하는 것과는 정반대로 자서전의 어느 곳에서도 연애의 횟수를 자랑하지는 않았다. 카사노바는 돈조반니가 아니고 카사노바에게는 끝없는 '정복지'의 명단을 만들어주던 레포렐로도 없었다. 그가 언제든 관능적 쾌락을 구한 것은 사실이지만 그를 매혹시킨 것은 반복적 충동이 아니라 '호기심'이었다. 독서애호가, 신부, 학자였던 카사노바에게 여성은 곧 성서나 책과 같은 것이었다. 카사노바에게는 배울 게 없다 하더라도 우리는 여기서 망각의 기술은 배울 수 있을 것이다.

7

에코남자

결혼자격증이 있는 줄 아는 사람은 별반 많지 않을 것이다. 결혼자격증이란 결혼 적령기의 청춘들이 부부대화법, 부부의 성, 아이를 키우는 법, 권태기를 극복하는 법, 배우자의 직장 등 다양한 결혼의 스킬을 배우고 자격증을 받아야 결혼생활을 원만하게 할 수 있다는 취지일 것이다. 결혼을 그냥 하면 된다고 했다가 그 뜨거움을 맛보았던 사람들은 왜 일찍 이런 프로그램이 없었느냐고 한탄할 일이지만 아직도 '뜨거운 사랑'만을 결혼자격증으로 생각하는 사람들은 별 웃기는 일이 다 있다고 여길 것이다. 하지만 잘 알다시피 사랑이란 필연적으로 갈등적인 것, 자발적인 사랑만으로는 오래가지 못한다. 내가아무리 사랑한다고 해도 밤늦게 잠자리에 들려는데 배우자가 음악을 크게 틀어놓는다고 한다면 참지 못할 것이다. 결국 사랑이란 갈등을 참고 견디고, 의무를 지킬 때에만 지켜지고 유지되는 것이다.

나는 그와 비슷한 자격증이 오늘을 사는 우리 남자들에게 필요한 게 아닌가 생각한다. 무엇보다 첫 번째가 에코남자 자격증이다. 에코가 유행이라지만 자동차도 아닌 사람에게 무슨 에코냐고? 요즘 화석연료 기름값이 끝없이 치솟고 있다. 차를 팔자니 이동하는 데 문제가 있고 유지하자니 비용이 만만치 않다. 그래서 많은 사람들은 에코 자동차(친환경 자동차)를 구입한다. 그런데 아무리 에코 자동차를 구입한다고 해도 사람이 바뀌지 않으면 소용이 없다. 급가속 출발, 급정거, 고속주행은 많은 연료를 먹어치운다. 어디 그뿐인가. 목욕탕에서 샤워기 틀어놓기, 수건 두 개 쓰기, 서서 오줌 누기, 술 많이 마시기, 운동부족으로 병원 신세 지기, 많이 먹기 이런 것은 모두가 많은 비용을 필요로 한다.

자랑이 아니라 나는 절대 목욕탕에서 수건을 두 장 사용하지 않는다. 꼭 한 장만 쓴다. 그리고 물을 틀어놓고 샤워를 하고 반드시 잠근다. 목욕탕에 있는 시간이 30분을 넘지 않는다. 누가 보든 보지 않든 이것은 지킨다. 그럴 때마다 참 기분이 쾌적하다. 학교에서 공부하다가 가장 늦게 집으로 향할 때의 기분이다. 하늘의 별빛이 빛나고 마음은 뿌듯하다. 나는 다른 사람이 수건을 심지어 석 장을 사용해도 참견하지 않는다. 나만 꾸준히 한 장만 쓴다. 오히려 다른 사람이 두 장 쓸 때 더 뿌듯하다. 나는 집에서 서서 오줌을 누지 않는다. 반드시 앉아서 오줌을 눈다. 처음에는 불편했고 솔직히 내가 남자가 아니라는 느낌도 들었다. 하지만 이것도 이젠 뿌듯하다. 언젠가는 맛있는 밥이 있으면 많이 먹었는데 이제는 그것마저도 그렇게 하지 않는다.

오늘 아침에는 차를 서서히 가속하고 최대한 브레이크를 많이 잡지 않고 고속도로에서도 시속 100km 정도로 맨 오른쪽 차선에서 달렸더니 연비가 무려 20%나 상승했다. 정말 기분이 좋았다. 날씨가 아침저녁으로 쌀쌀하지만 난방을 하지 않고 자동차 히터도 켜지 않는다. 그러면 연비는 더욱 좋아진다. 때로는 집 근처에 있는 기차를 타고 다닌다. 경산에서 대구까지 가깝지만 여행하는 기분이 쏠쏠하다. 확 달리고 싶을 때 달리지 못하고 시간에 늦을 수도 있다. 그래서 나는 30분 일찍 출발하고 그러자면 30분 일찍 일어나고, 30분 일찍 잠이 든다. 그러니 전기세도 적게 나간다. 물론 조금 답답하기는 하다. 그렇다고 좋은 기분이 감소되는 것은 아니다. 젊음으로 나라를 세우지 못할 것 같으면 줄여서라도 나라를 지켜야지 그런 마음뿐이다.

이 무슨 자랑도 아닌 자랑을 늘어놓은 것은 우선 내가 자랑할 것이 아무것도 없기 때문이다. 그러나 내가 자랑하고자 하는 것은 분명하다. 우리는 지금 인류 최대의 위기에 직면해 있다. 미국의 화석연료 장사들이 정치에 로비를 하는 바람에 언제 끝날지 모를 화석연료 차량을 우리는 계속 타고 다니고 있고, 정치가들의 생각이 바뀌지 않으므로 한 번 터지면 수십 년 수백 년 우리를 초토화시킬 원자로에 의존해 살아가고 있다. 산과 도시의 나무는 줄어가고 이산화탄소 배출량은 늘어가지만 아무도 우리가 숨 쉬는 공간에 대해 이야기하지 않는다. 얼마 지나지 않아 이산화탄소 배출권이 비쌀 뿐 아니라 언젠가는 산소 생산비까지 내야할 판이다. 산림을 소유하고 있는 사람들이 우리가 값없이 만들어내는 산소세를 내라고 주장할 날도 얼마 남지 않았기 때문이다.

우리가 잘 모르고 있는 것은 이 땅이 우리의 소유라는 생각이다. 미안하지만 이 땅은 우리의 것이 아니라 우리 후손들의 것이다. 그렇기 때문에 우리는 최소한의 것만을 쓰고 최대한의 것을 그들에게 물려주어야 한다. 그래야 그들도 후손들에게 또 그것을 물려줄 수 있지 않겠는가? 그러니 남자들이여 누가 보든 보지 않든 우리 스스로 에코 남자라는 자격증을 만들어 마음에 걸고 다니자. 여자들은 잘 하고 있으니(여자들은 원래 에코적이다.) 남자들 우리끼리만 잘하면 그만이다. 자동차 엔진오일은 5,000km가 아니라 10,000km에 갈아도 된다고 하니 그렇게 하자. 그리고 쓰지 않을 땐 플러그를 항상 뽑자. 항상 1 등을 하려면 꼴찌가 되는 법, 천천히 달려가자. 목욕탕에서 다른 사람이 수건 두 장 써도 비난하지 말자. 다른 사람이 너무 많이 마시고 너무 많이 먹어도 혐오하지 말자. 다른 사람이 엘리베이터 닫힘 버튼을 자주 눌러도 미소로만 답하자.

하지만 이 모든 것을 너무 빨리 이루려고 하면 부작용이 생긴다. 어느 날 갑자기 차 팔고 걸어 다니고, 갑자기 플라스틱 제품을 전부 유리로 바꾸면 힘들어진다. 그러면 편하게 살자라는 구호로 다시 돌아간다. 작은 하나를 바꿀 때 우리 자신을 칭찬해주자. 하나만 실천해도 에코남자라는 자격을 주자. 나도 처음에 앉아서 오줌 누다가 남성으로서의 정체성을 잃을 뻔 했다. 친환경이라는 거대한 구호보다는 오늘 밥그릇 하나 덜 쓰는 습관을 기르자. 다른 나라 사람들에 비해 우리는 물을 너무 많이 쓴다. 우리 남자들은 때로는 옷을 자주 벗어 내놓지 말자. 우리가 쓰는 물 때문에 남태평양의 어느 나라는 바다에 잠기고 없어질 운명에 처해 있다는 것을 알자. 우리 몸도 많이 넣고 많이 쓰면 언젠가는 수명이 빨리 다해진다는 것도 알자.

자, 이제 여자 독자들은 알아차렸으리라. 결혼자격증에 부수로 에코남자 자격증을 하나 더 따야 한다는 것을! 남자를 선택할 때 많은 재산, 덩치, 큰 차, 큰 집은 에코남자와는 거리가 먼 옛일이다. 이제 스펙이 아니라 에코남자라는 자격증이 배우자를 결정할 시기가 올 것이다. 그러면 소위 말하는 루저(마르크스는 룸펜프롤레타리아라고 했다.)라는 남자가 가장 필요하고 의미 있는 결혼 상대자가 될 것이다. 키 작을 것, 몸무게 적게 나갈 것, 밥 많이 먹지 않을 것, 밥 먹을 때 그릇 적게 쓸 것, 목욕탕에서 수건 한 장만 쓸 것, 물 많이 틀어 놓고 샤워하지 않을 것, 차 살살 몰 것, 가급적이면 생식할 것. 이제 자연 선택이 아니라 인공 선택이 우리의 미래를 결정한다. 루저라는 개념에 어울리는 남자는 없겠지만 있다면 그것은 욕구에 매달려 살아가는 남자일 것이다. 여성들이여, 당신은 에코남자를 원하는가? 한 번 생각해 보라.

8

경쟁의 종말

어쨌든 우리는 경쟁을 피할 수 없는 사회에 살고 있다. 실제로 경쟁의 종말이 비참하다는 사실은 나이가 들면 들수록 더 피부에 와 닿는다. 내 스스로 이제 지천명이 넘도록 왜 그렇게 경쟁만 하다가 한 세월을 보냈는지, 왜 그 가치만이 유일한 가치라고 생각하고 살았는지 한심하기 이루 말할 수 없다. 다시 태어난다면 미안하지만 나는 경쟁하지 않을 것이다. 시험에서 살아남기 위해 아등바등 밤샘하고 공부하지 않을 것이다. 그리고 다른 사람보다 더 많이 알려지기 위해 하루 13시간씩 연구실에 죽치고 앉아 연구업적 내고 올대 터져라 외쳐대며 강의하는 그런 짓은 절대 안 할 것이다. 그런 경쟁을 해서 내게 남은 것은 무엇인가? 피골이 상접한 거무죽죽한 몰골의 얼굴에다가 과민성 대장증후군, 그리고 책임처럼 남겨진 아이의 양육, 대출금 갚느라고 허덕이는 인생, 조금만 불안한 일이 있어도 방망이질 해대는 심장, 내가 그 이상 무엇이란 말인가.

"아! 나는 철학도 / 법학도, 의학도, / 심지어는 신학까지도 / 온 갖 심혈을 기울여 철저히 공부하였건만 / 지금 여기 서있는 나는 가련한 바보 / 전보다 나아진 것은 아무것도 없도다! /석사니 박사니 허울 좋은 이름만 들으며 / 그럭저럭 십년이란 세월을 / 위로 아래로 이리저리……" 서재에서 고민하는 파우스트 박사의 한숨 소리 이상의 삶을 나는 살지 못했다. 그것도 경쟁이란 미명하에 나는 내 몸을 얼마나 철두철미하게 감시하고 무시하였던가! 이제 와서 후회해 본들 이미 늦었고 아무 소용이 없지만 그래도 다른 사람들은 이런 삶을 살지 않도록 지혜의 잠언을 여기 남겨 경계하는 것이 학자가 해야 할 일이리라.

눈을 돌려 짐승들을 보더라도 우리는 경쟁이 얼마나 한심한가를 볼 수 있다. 로버트 H. 프랭크의 저서 『경쟁의 종말』의 표지를 보면 암컷을 두고 다른 수컷과의 경쟁에서 살아남기 위해 엄청난 무게의 뿔을 머리에 이고 다니는 수컷 말코손바닥사슴의 사례를 찾아볼 수 있다. 이 뿔은 외부 포식자에 맞서는 무기가 아니라 번식 경쟁에서 승리하기 위한 무기다. 번식 경쟁에서는 뿔의 상대적인 크기가 중요하다. 큰 뿔을 가지게 된 수컷들은 경쟁자와의 경쟁에서 승리할 가능성이 크므로 이런 돌연변이는 빨리 퍼져간다. 그러나 이런 돌연변이의 사슴은 개별자인 말코손바닥사슴의 번식 적합성은 높이지만 그 사슴 종족 전체에는 참담한 결과를 가져온다. 뿔이 커지면 숲이 우거진 지역에서 달아날 수 있는 기동력이 떨어지고, 결과적으로 잡아먹힐 가능성이 높아진다.

이것은 다른 종들도 마찬가지다. 화려한 꽁지깃을 가지고 있는 공작새를 보자. 다른 수컷을 제치고 암컷을 더 잘 유혹하기 위해 더 크고 더 화려한 꽁지깃을 가지는 것은 좋은데 그것이 곧장 천적으로 부터 노출되어 공격당하는 치명적인 결과를 가져오기도 한다. 인간 이라고 어디 다르겠는가! 내가 이미 말했던 사례이지만 좋은 배우자 를 찾기 위해 좋은 차를 산다고 하면, 더군다나 빚을 내서 산다면 결 국은 그 돈을 갚기 위해 죽도록 고생하다가 신용도를 떨어뜨리고 마 지막에 가서는 파산을 신청해야만 할지도 모른다. 좋은 학교에 가기 위해 아침 8시부터 밤 10시 반까지 수업이다, 야간 자율 학습이다, 이 렇게 하다가 건강과 정신건강을 잃어버리면 그것으로 끝장이다. 다 시는 대학을 들어갈 수도 없는 참담한 결과를 초래할 수도 있다.

그렇기 때문에 다시 생각해 보자. 종 내에서, 또는 집단 내에서 무지막지한 경쟁만이 오로지 유일한 가치인가를! 수컷들의 뿔 경쟁 에서는 상대적인 크기가 중요하기 때문에 모든 사슴이 뿔의 크기를 절반으로 줄인다면 개별 사슴들도 손해 보지 않고, 집단에게도 유리 하다. 하지만 아무런 규제도 없는 무한경쟁의 세계에서 어떤 사슴도 그렇게 하지 않는다. 독일 같은 나라에서는 선행학습이다, 야간 자율 학습이다, 이런 것이 없다. 그것은 마치 군비를 서로 축소하는 것이나 다름없다. 한국처럼 공교육 이외에도 무한한 사교육, 어학연수, 야간 자율 학습을 부추기는 사회라면 결국은 그것이 사회적 비용으로 부 메랑처럼 되돌아온다. 기저귀 찰 아이들에게 영어교육을 하는 유치 원이 하나 생기면 정신병원이 하나 더 생겨야 한다고 심리학자들은 우려한다.

동물들 가운데는 산양처럼 머리의 뿔을 달팽이처럼 구부려서 뿔 이 크다고 위협하는 수준으로 만족하는 개체들이 많다. 종 내에서 암컷을 차지하기 위해 투쟁은 하지만 날카로운 뿔을 세워 다른 개체를 죽이지 않는 동물들도 많다. 이런 개체의 경우 같은 종족의 다른 개체와 경쟁하는 데 도움이 되는 특징은 진화하면서도 이런 특징이 종족 전체에 피해를 주지는 않는다. 그러나 말코손바닥사슴의 뿔은 다른 경우다. 그들이 만들어내는 '군비경쟁'은 모든 단계에서 개별 말코손바닥사슴의 상대적인 우위에서는 상쇄되고 이런 경쟁이 끝나고 안정을 찾을 때는 종족 전체가 절대적인 손해를 보는 것으로 마무리된다. 다시 말하자면 암컷과의 짝짓기 이외에는 뿔이 아무런 효과를 가질 수 없다. 마치 연애할 때 샀던 중형 세단이 결혼하면 아무런 효과가 없는 것과 마찬가지다. 아마 연비 좋은 소형차가 훨씬 유익할 것이다.

결국 다윈의 이런 통찰은 경제 자유주의자들의 주장에 담긴 근본적인 문제점을 깨닫게 한다. 애덤 스미스의 '보이지 않는 손'에 대한 경제자유주의자들의 믿음은 한 사람의 소비가 본질적으로 다른 사람들의 소비와는 무관하다는 가정에 근거하고 있다. 때로는 다른 사람들의 소비가 결정적인 인센티브가 되어 엄청난 낭비를 초래하는 데도 말이다. 예를 들어 수십 년 동안 대기업 임원들의 임금은 폭발적으로 늘어났고 이들 중 많은 이들은 점점 더 넓은 주택과 점점 더 좋은 차를 구매하였다. 그러나 이런 주택과 자동차는 추가적인 효용을 전해줄 절대적인 규모를 이미 크게 초과하였다. 하지만 그들은 '넓은 집'이라는 기준을 항상 바꾸고 오히려 더 넓은 주택을 가진다. 이것은 일반인도 마찬가지다. 소형차에서 중형으로, 중형에서 대형으로, 국산에서 수입차로, 이렇게 하여 1:99의 사회가 만들어진 것이다.

승리한 1등이 모든 부를 독차지하는 자본주의 사회가 되었다고 주장하는 프랭크의 말이 아니더라도 우리는 경쟁의 치명적 결함을 사회 곳곳에서, 개인의 삶 곳곳에서 찾아볼 수 있다. 우리는 이제 경쟁이 '군비의 축소', '소득의 분배'에 초점을 맞추어야 한다는 사실을 알아야 한다. 역사에서 보다시피 경쟁은 자연선택이라는 큰 명제 아래서 반드시 좋은 결과만을 가져오지 않았기 때문이다. 종족 내에서의 지나친 경쟁은 결국 종말을 가져왔다. 경쟁을 위해서 우리는 필요 이상의 비용과 에너지를 낭비하고 경쟁에서 우위에 서기 위해 부와 권력이 편중되는 일을 당연시해온 것이다. 그러자니 자연 개개인의 이익이 집단의 경쟁력을 저하시킬 뿐 아니라 절대적 손해를 끼치는 경우도 많았다.

일찍이 찰스 다윈은 "공작새의 깃만 보면 기분이 우울해진다"고 고백했다. 그 이유는 이렇다. 공작새처럼 적의 눈에 쉽게 띄고, 또 도망을 치기에도 거추장스러운 꽁지깃을 가진 종은 생존경쟁에서 방해가 되어 이미 멸종했어야 마땅했다. 그러나 공작새는, 또 공작새와 유사하게 거추장스런 장식을 가진 개체는 다양한 환경변화에도 불구하고 여전히 존재하고 있다. 그것을 어떻게 설명할까? 아름다움은 언제나 좋은 가치라고 이해할까? 분명, 경쟁을 무조건 나쁜 것이라고 볼 수는 없다. 모든 생물은 나름대로 생존에 유리하게 진화되었기 때문이다. 그러나 산양의 뿔이 아니라 말코손바닥사슴의 뿔처럼 경쟁에서만 유리하게, 그리고 집단의 이익에 불리하게 진화되어서는 안 된다는 것이다. 이유는 경쟁의 종말은 곧 종의 종말을 의미하기 때문이다.

9
파이다고고스

오늘날 페다고그pedagogue, 즉 교사의 어원이 된 파이다고고스paidagogos
란 고대 그리스에서 귀족 자제의 교육상의 일을 돌보던 노예를 말한
다. 주로 생산 노동이 곤란하게 된 늙은 노예 등이 귀족 자제의 통학
이나 신변을 돌보는 일을 하였으니 우리 조선시대와 별반 다를 게 없
다. 최명희의 『혼불』에 나오는 주인공 강모는 하인의 등에 업혀 전주
의 중학교에 다니지 않았던가! 파이다고고스는 아이라는 뜻의 파이
도스paidos와 인도하는 사람이라는 뜻의 아고고스agogos가 합성된 말
이다. 우리 옛말에는 "몽학선생"이라 번역되어 있으니 보호뿐만 아니
라 인도의 기능도 있었던 말로 사용된 것 같다. 이를테면 『갈라디아
서』 3장 23~24절에 보면 바울이 이 용어를 율법에 대한 비유로 사용
하고 있는데, 그것은 율법 아래 사는 사람들의 열등한 상태를 뜻하였
다. 『갈라디아서』에는 "이같이 율법이 우리를 그리스도에게로 인도

하는 몽학선생이 되어 우리로 하여금 믿음으로 말미암아 의롭다함을 얻게 하려 함이니라. 믿음이 온 후로는 우리가 몽학선생 아래 있지 아니하도다"라고 기록되어 있다. 이때 몽학선생이 바로 파이다고고스를 번역한 말이다. 그런데 원래 파이다고고스의 뜻은 가르치는 것과 상관없는 일이었다.

필자는 독일에서 수학을 하였다. 그러다 보니 자연 우리의 교육이 낯설어 보일 때가 많다. 그중에서도 가장 낯선 것이 독서와 논술 교육이다. 우리나라에서는 독서는 국어에, 논술은 철학에 소속시키기도 하고 모두를 국어에 포함시키기도 하고 가끔 독서는 문학에, 논술은 윤리에 포함시키기도 한다. 그런데 이렇게 할 때는 각기 문제성을 내포하고 있다. 우선 독서를 국어에 포함시키면 독서가 비자율적인 문식성의 해소에 그 목적을 두는 영역처럼 여겨질 수 있다. 그런데 독서는 사실 자율적인 행위로서 책을 읽을 때 주관적 감정과 이성, 그리고 상상력을 중시하는 영역이다. 논술도 마찬가지다. 논술을 철학에 포함시키거나 윤리나 국어에 포함시킨다면 그 또한 문제가 된다. 철학이나 윤리에 포함시키면 철학적 세계관을 말하는 내용학이 될 수 있고, 국어에 포함시키면 글쓰기 훈련이 되어버릴 수 있다.

본질적으로 독서나 논술은 교육할 수 없는 것이다. 우리가 그저 파이다고고스처럼 데려다 주면 되는 것이다. 아니 데려다 줄 수 있을 뿐이다. 교육은 책이 하거나 철학자가 하거나 스스로 하면 된다. 교사란 사실 내용을 교육하는 것이 아니라 그냥 데려다 주는 사람이다. 내 생각에 교육을 할 수 없는 교육과 교육을 할 수 있는 교육이 구분되는데, 교육할 수 없는 교육에는 자전거 타기나 수영 같은 것이 있다. 교육할 수 있는 교육에는 역사적 사료나 수학적 공식 같은 것이 있다. 우리가 '자전거를 탈 줄 안다'고 말할 때 '안다'는 것과 '수학공식을 안다'고 말할 때의 '안다'는 것은 두 개가 상이한 행위를 말한다. 전자는 예지를 말하고 후자는 지식을 말한다. 그런데 독서를 통해 아는 것과 논술을 하는 것 모두가 예지적 행위에 속한다. 대부분의 독서토론이 싸움으로 끝나거나 싱거운 상황으로 끝나는 이유가 여기에 있다. 우리들의 일그러진 영웅에서 한병태가 옳으냐, 엄석대가 옳으냐는 토론처럼 결론이 쉽사리 나질 않는 것이 바로 독서이다. 논술 또한 마찬가지다. 가령 어떤 명제, '폭력이 정당하다/정당하지 않다'는 것은 전적으로 논술에서 논자가 자유롭게 정하는 것이지 '폭력이 정당하지 않다'는 주장을 정당화해야 할 필요는 없을 것이다.

독일에서는 이데올로기가 다른 정당에서, 가령 좌파나 우파의 정당에서 서로의 입장만을 교육할 수 없다는 생각에서 머리를 맞대고 민주시민교육을 위한 보이텔스바흐 합의를 도출했다. 이것이 우리의 독서와 논술 교육에서도 적용이 되어야 하기에 그것을 소개해 본다. 1. 교화와 주입식 교육을 금지한다. 2. 가르치는 사람이 자신의 견해를 학생들에게 강요해서는 안 되며, 학생 스스로 자신의 판단을 내려야 한다. 3. 현재 사회에서 논쟁이 되고 있는 내용은 수업에서도 논쟁적으로 나타나야 한다. 그렇다. 어떤 경우에도 독서와 논술에 이런 원칙이 적용되어야 한다. 그래서 독일의 교육에서는 단답형이 없다. 모든 것이 주관식 서술형이다. 교육하지 않는 교육을 하는 것이다. 교육하지 않는 교육에서는 교육 수혜자의 주관적이고 개성적이며 창의적인 측면이 인정되는 것이다.

그런데 우리의 경우 가끔 독서한 책의 특정한 주제를 말하고, 책을 읽은 사람이 비슷한 관점과 감정을 가지게 되는 경우를 보는데,

그런 독서도 문제이겠거니와 학원 같은 데서 가르치는 패턴식 논술이야말로 주입식 교육과 다를 것이 없다. 위에서 언급한 논술에서 '언제나 폭력이 정당하지 않다'고 말한다면, 우리는 그 사안이 뭔지 모르고 덤벼 도덕적 답변만 하는 경우가 되고 말 것이다. 공권력같이 정당화될 수 있는 폭력이 있을 수도 있기 때문이다. 독서하는 사람에 따라서는 한병태보다 엄석대에게 인간적으로 더 공감하게 되는 경우가 있다. 이렇게 볼 때 우리는 독서나 논술에서 방법론적 접근, 이를테면 역지사지易地思之나 변증법적 접근을 해 보라고 가르칠 수는 있으나, 그들에게 전적으로 교사나 부모의 생각을 가르칠 수는 (더욱이 강요할 수는) 없다. 결론적으로 말하자면 우리는 독서나 논술을 교육할 수 없다. 다만 학생들이 교육받을 수 있도록 좋은 여건을 마련해 줄 수 있을 뿐이다.

다시 처음으로 돌아가 보자. 교사는 자꾸 교육하려 해서는 안 된다. 그냥 교육할 수 있는 환경으로 데려가면 된다. 부모도 마찬가지다. 무엇을 가르치려 하지 말고 아이들이 잘 배울 수 있는 환경으로 데려가라. 성경 『갈라디아서』에 있는 말씀도 마찬가지다. 그리스도에게 그저 데려가라고 했지 그의 말을 가르치라 하지 않았다. 그 말은 성경을 읽다 보면 스스로 깨우친다는 뜻이다. 교육도 마찬가지 전도하듯이 그렇게 애를 쓰고 학원 데리고 다닌다고 되는 것이 아니다. 그렇다고 오늘날도 그리스 시대의 파이다고고스처럼 애를 매일 업어다 주고 자동차로 데려다 주라는 뜻은 아니다. 아이에게 스스로 생각할 공간을 주고 느낄 시간을 주어야지 다그치듯 암기식으로 주입식으로 교육하지 말아야 한다는 뜻이다. 우리 주위에는 교화와 주입식과 강요가 판을 치는 교육이 많다. 당장 한국의 교사가, 학원이, 검사가, 판사가, 소비자가, 조폭이, 대통령이 그렇다. 이런 문화에서 아이들이 제대로 교육을 받을 수 있을까. 한국이 교육 선진국이 되기 위해서, 그리고 우리 아이가 미래 지향적이 되기 위해서 반드시 명심해야 할 점이다.

10
이야기가 원하는 것

영화 〈명량〉에 대해 많은 논란이 있다. 작품성에 대한 시비가 있더니 이젠 역사 왜곡 또는 '사자死者 명예훼손' 문제가 제기되는 것을 보면 이 영화의 인기만큼이나 그림자 또한 크지 않나 하는 생각이 든다. 문학을 전공한 필자로서는 무엇보다 이 영화가 '수작이냐 졸작이냐?' 라는 문제에도 관심이 있지만 여기서는 일단 "사자 명예훼손"과 관련 된 픽션의 한계에 관해 말하고자 한다. 일반적으로 문화학에서는 역 사를 현재의 관점에서 재구성하는 것을 '기억'이라고 하는데 역사를 다룬 사극이 역사가 아닌 이상 사실(즉 역사) 왜곡의 문제를 가지면 '기억' 왜곡의 문제가 된다. 또한 이 '기억'의 문제는 '사자'의 후손에게 영향을 미칠 수도 있기 때문에 명예와 송덕 같은 '기억'의 문제는 역 사적 소재를 다룸에 있어 신중해야 할 것이다.

기억 담론을 다루는 학자들은 기억은 객관적 준거와 일반적 집단을 가지고 있는 역사와는 달리 특정한 집단의 산물이라고 본다. '위안부' 문제에 관해 우리와 전혀 다른 해석을 하는 일본이라는 집단의 기억이 그 대표적인 경우다. 특정한 집단인 일본은 '역사'는 변함이 없는데도 자신들의 '기억'을 받아들이지 않을 기세다. 병자호란이나 장희빈 등의 이야기가 작가에 의해 끊임없이 재창조 되는 것은 '기억'의 변화에 의한 사건의 재구성 때문이다. 이렇게 되니 창조물의 허구성과 사실·역사 사이의 경계는 모호하게 되고 다른 사람에게 피해를 입힐 수 있게 되자 그 문제를 피하기 위해 창작물의 저자는 일반적으로 '이 이야기는 창작한 것으로 그 사실성은 부정한다'라거나 '여기에 등장하는 인물은 허구적 인물로서 사실이 아님을 밝힌다'와 같은 설명을 붙이기도 한다.

오늘날 우리의 작품들은 허구성이라는 이름으로 모든 예술작품이 명예훼손이나 외설 시비에서 벗어날 수 있을까? 그렇지만은 않은 것 같다. 마광수 교수의 '사라'가 처벌을 받고, 서정주 시인의 친일 문제와 관련해서 그의 시의 진실성이 의심 받는 것도 같은 경우가 된다. 그렇다면 허구적 창작물은 경계를 완전히 넘는 경우와 그렇지 않은 경우로 구분된다. 문학·예술 연구에서는 일반적으로 계몽된 사회와 그렇지 않은 사회의 기준을 허구(허위)의식을 기준으로 한다. 가령 신화적 인물과 실제적 인물을 혼동하는 경우가 실제로 역사에서 버젓이 자리하고 있다. 초기 제국주의가 만든 역사는 모두 이런 왜곡에서 비롯되었고 인류의 유산이라고 보는 호메로스의 서사시는 기원전 7세기에 진리였지만 17세기에는 허구로 판명되었다.

초기 역사학의 등장도 이와 무관하지 않다. 신화와 역사, 이야기와 역사를 구분하는 것이 그들의 과제였던 것이다. 그렇다면 그 이후

소위 계몽된 사회에서 허구 의식은 실제와 허구를 분명히 구분하는 가? 그렇지만은 않은 것 같다. 1774년에 간행된 괴테의 『젊은 베르테르의 슬픔』에 매우 재미있는 대목을 찾아볼 수 있다. 괴테는 이 소설에서 사람 이름과 장소에 대해 서술하면서 굳이 이곳은 실재하는 도시가 아니니 찾아가지 말라는 각주를 달아 준다. 작가 이문열은 1986년에 쓴 『그대 다시는 고향에 가지 못하리』란 소설의 서문에서 "먼저 독자들에게 밝힌다. 이 작품의 기록성은 전적으로 부인하겠다. 모든 것을 픽션으로 받아들여주길 바라며, 소설의 주인공과 작가의 동일시는 철저히 사양하겠다."라는 말을 쓰면서 독자들의 허구 의식의 부재에 대한 비판을 가하고 있다.

그 이외에도 영화로든 드라마로든 사극이 만들어질 때마다 역사 왜곡에 관한 시시비비가 있었다. 연산이 공길과 남색을 했다는 실록의 단 한 구절로 이전의 연산군에 관한 영화와는 판이하게 다른 플롯을 가진 『왕의 남자』는 일반적 시각에서 역사를 많이 왜곡한 영화임에 틀림없어 보이지만 그것으로 인해 고소당했다는 말은 들어본 적이 없다. 예술적 측면에서 그 작품성이 떨어진다는 비판을 받을지언정 작품이 역사를 왜곡한 것이라고 비판할 수는 없을 것이다. 김훈의 『칼의 노래』도 이순신과 배설裵楔을 다루고 있지만 그 또한 명예훼손 시비에 걸리지는 않았다. 이것은 마치 '원조교제'를 다루는 김기덕 감독의 영화 〈사마리아〉가 외설 시비에 휘말린 반면 누나와 남동생의 근친상간을 다루었던 영화 〈올드보이〉는 그와 같은 시비에 걸리지 않았던 이유와 같다. 박찬욱 감독이 지향하는 이야기는 상징계에 접점이 있지만 김기덕이 지향하는 플롯은 현실계에 닿아 있기 때문이다. 영화 〈명량〉같이 이야기의 플롯이 약하거나 없는 경우, 즉 단순한 역사 나열은 예술성은 말할 것도 없고 상징계를 보여준 흔적이 전혀 없으므로 일반적 관객들은 그 영화를 역사와 사실로 받아들일 가능성이 크다. 다시 말해『칼의 노래』에서는 이순신과 배설이 내면적 캐릭터로 작동하여 상상력을 가동하게 하지만, 〈명량〉은 설명하고 설득하고 규정하려는 태도를 가짐으로써 작품 속 인물들이 역사적 좌표를 갖게 한다.

저 역사적으로 유명한『마담 보바리』또한 외설 시비에 걸렸다. 그런데 리노 검사의 기소내용은 보바리의 '바람기' 때문이 아니라 플로베르의 문체, 즉 독자로 하여금 '바람기를 들게 하는 분위기'였다는 것을 감안할 때, 작가의 태도나 작품성은 이번 명예훼손 시비의 단초가 될 수 있다는 것을 암시한다. 나도 문학이나 예술작품의 자유로운 상상을 지지한다. 그러나 이런 예술성이나 허구성이 뒷받침되지 않을 때는 이런 시비에 걸릴 수 있음을 작가와 감독은 알아야 한다. 이런 맥락에서 아리스토텔레스는『시학』에서 우리에게 이런 충고를 한다. "사실이지만 믿을 수 없는 이야기를 하지 말고 사실이 아니더라도 믿을 만한 이야기를 하라." 〈명량〉이 허구라고 주장하지만 이야기가 원하는 것이 아닌 작가가 원하는 것을 표현하는 한, 허구적 예술성을 지향하고 있다고 보기 힘들다.

영화의 흥행을 위해 (그것이 비록 악의적인 의도라 생각되지는 않지만) 배설이라는 공공의 적을 만드는 것까지는 어쩔 수 없다 해도 그 플롯이 마치 조폭이야기를 다루는 것 같다. 짐작컨대 이것이 배설의 후손을 오히려 화나게 만들었을 것이다. 허구 의식이 확립된 후 키치Kitsch 같은 예술품에 대해 관심을 두지 않는 서구의 예술적 독자나 관객은 이런 것을 문제 삼지도 않겠으나 우리나라에서 이 문제는 이제 작품이 아니라 관객의 의식으로까지 확대된다. 만약 서구처럼 우리나라에 종손이나 조상 숭배 의식이 활성화되고 있지 않다면 영화는 사자 명예훼손과 아무런 관계도 없을 것이다. 그러나 문화적으로 아직 자기의 뿌리나 친족 관계, 조상의 기억(숭배)이 중요한 가치를 띤 나라에서는 영화가 전적으로 허구이며, 그러기에 사자 명예훼손과 관련이 없다고 주장할 수 없다. 그렇지 않다면 몇 년 전 출판되었던 가와시마 왓킨스의 『요코 이야기』 또한 역사 또는 기억 왜곡과 상관없이 그저 허구이자 예술적 작품이라고 인정해야 할 것이다. 역사가 허구를 통해 옷을 입고 허구는 역사라는 실제를 통해 강화된다는 점을 안다면 작가들은 반드시 예술성을 통해 경계 너머의 상징계를 표현하도록 해야 한다. 그것이 이야기가 원하는 것이고 곧 관객과 독자가 원하는 것이다.

11

독서의 사색, 사색의 독서

채소와 고기, 양념 등 다양한 식재료로 요리한다고 해서 무조건 좋은 음식이 되는 것은 아니다. 많은 그릇을 펼쳐 놓고 갖은 양념과 식재료를 구입했다 한들 요리 못하는 자는 그저 한심한 결과만을 생산할 뿐이며, 그 음식이 그저 자기 입에만 딱 맞을 뿐이다. 좋은 요리사에게는 내면에서 끓어오르는 음식에 대한 욕망이 있어야 한다. 그것이 독서하는 자에게 사색이 필요한 것과 같다. 독서 자체만으로 사색을 기대하기는 힘들다. 그저 독서한 것에만, 작가가 쓴 말에만 집중하는 자는 쇼펜하우어의 말대로 "광활한 실제 자연보다 식물도감에 기재된 동판화를 더욱 아름답게 여기는 바보"에 지나지 않기 때문이다.

같은 라면을 끓이더라도 라면 포장지에 있는 조리법대로, 즉 끓이라는 대로 끓이는 사람은 바보에 속한다. 내가 물의 양과 첨가물에 따라 다르게 끓일 시도를 할 수 있다면 그것이 바로 사색의 결과로 동일한 라면 조리의 과정이라도 그 모태가 다른 결과물을 만든다. 자신의 식성에 따라 콩나물 라면을 끓인다면 그것은 콩나물의 아삭하고 시원한 맛을 즐기는 라면이요, 라면에 토마토를 넣어 끓이면 나트륨을 줄여 건강을 지키고 토마토의 영양을 즐기게 하는 라면이다. 이렇듯 독서란 그저 지식을 채우는 과정이 아니라 사색을 통해 처해진 환경을 극복해 나가는 것이다. 조리법대로 라면을 끓이는 사람은 독서에서 얻는 지식에 눈이 먼 나머지 내면에서 끓어오르는 사색의 충동을 억누르는 데 여념이 없는 삼류 독서가일 뿐이다.

에리히 프롬은 이러한 독서가의 양상을 이렇게 비판한다. "독자는 호기심에 이끌려서 줄거리를 알고 싶어 한다. …… 이런 경우 소설 텍스트는 독자를 흥분시키는 일종의 전희 역할을 하며, 행복하든 불행하든 그 결말이 절정을 이룬다. 결말을 알고 났을 때 독자는 마치 자기 자신의 기억들을 헤집어본 듯이 현실감 있게 이야기 전체를 소유한다. 그러나 그가 획득한 인식은 아무것도 없다. 소설 주인공을 파악하여 인간의 본성을 통찰하는 능력도 심화시키지 못했고, 스스로에 대해서 무엇인가를 깨우친 바도 없다." 사색이 없다면 독서는 그저 습득과 소유의 과정이 될 뿐 창의적 인식과 즐거움을 얻을 수 있는 계기가 되지 못한다.

그렇다면 사색의 독서를 우리는 어떻게 설명할 수 있을까? 사색하는 독자는 객관적인 텍스트를 그저 받아들이는 것이 아니라 자신의 주관적 반응을 중심으로 생각한다. 다시 말하면 텍스트에 강요당하지 않고 자신의 의지에 따라 움직인다. 가령 우리가 "한 송이 국화꽃을 피우기 위해 봄부터 소쩍새는 그렇게 울었나보다"로 시작하는 서정주의 「국화 옆에서」를 우리의 시대가 마련해준 문화제도에서 읽는다고 가정하자. 대체로 이 시에서 '인고의 세월을 거쳐 도달한 생의 원숙미' 같은 인식을 얻을 것이다. 그러나 사색하는 독자는 이런 모범과는 다른 의미를 생각한다. 작가의 전근대적 의미구상, 예를 들어 '엄마는 아들을 위해 평생 희생하고 아버지는 나라를 위해 몸을 바침'과 같은 비장한 원숙미를 느끼거나 생각하지 않는다. 그보다는 이 시에서 누구는 국화꽃이고 누구는 소쩍새인가 라는 의아한 생각을 하게 된다.

알베르토 망구엘이라는 작가는 보르헤스의 제자로서 그에게 책을 자주 읽어준 사람이다. 보르헤스가 눈이 좋지 않아서 그에게 자주 책을 읽어 달라고 했다 한다. 한번은 망구엘이 보르헤스에게 셰익스피어의 『햄릿』을 읽어 주었는데 그 안의 한 대목, "오 예언의 힘을 지닌 나의 영혼이여! 나의 삼촌이여!"란 구절을 듣고 있던 보르헤스가 "'삼촌'이라는 단어는 햄릿이 내뱉기에 문학적이지도 못할 뿐 아니라 적절하지도 않다"라고 지적했다고 한다. 보르헤스는 셰익스피어가 생각 없이 이 구절을 썼음을 한탄하고, "삼촌이란 말 대신에 '나의 아버지의 동생이여!'라든지 '나의 어머니의 친족이여!'라는 표현이 더 적절할 것이라"라고 했다. 자기 아버지를 죽이고 어머니를 가로 챈 글로스터에게 삼촌이란 말이 나왔겠는가!

이런 사색의 독서는 망구엘에 따르면, 이미 아우구스티누스와 그의 제자 페트라르카에서부터 그 흔적을 찾을 수 있는데, 이는 "책에서 사고와 문장과 이미지를 취한 뒤에 그것을 오래 전부터 머릿속에 담고 있던 다른 텍스트로부터 정제해 낸 또 다른 사고나 이미지와 연결시키고, 거기다가 독서가 자신의 독특한 사상을 곁들여서 사실상 전혀 새로운 텍스트를 창조해내는" 과정을 말한다. 아마도 이런 독서법은 (서양이든 동양이든) 텍스트의 권위가 확고했던 중세만 해도 불가능했을 것이다. 독자는 그저 외부 관찰자에 지나지 않았기 때문이다. 하지만 오늘날 모든 것이 허용된 시대에도 우리는 아직 이런 소유와 습득의 방식으로 독서를 하는 것인가! 책에는 거부할 수 없는 권위가 존재한다는 생각, 저자는 독자보다 늘 우월하다는 생각은 사색의 독서를 막는다.

우리는 타인이 행한 사색의 결과에 굴복해서는 안 된다. 우리는 과거 좋은 독서가들, 이를테면 양주동이나 정비석, 김진섭의 산문들로부터, 좀 더 근래에는 김현이나 유종호, 김화영 같은 에세이스트들의 글에서 압도된 적이 많을 것이다. 인간의 정신은 외부로부터 주입되는 문장력에 의해 압도되는 경우가 많다. 이에 저항할 무기가 바로 사색이라는 것인데 사실은 이것이 감정에서부터 출발한다. 너무 많은 글을 읽으면 우리는 자칫 이 감정을 약화시킬 우려가 있다. 책을 많이 읽기만 하고 사색을 하지 않으면 마치 탄력을 잃은 용수철 같이 우리의 정신은 매력을 잃어버리는데 이것은 마치 자신에게 행하는 정신적 자해행위와 같다.

조금이라도 이런 생각에서 벗어날 수 있다면 우리는 셰익스피어의 『베니스의 상인』 또한 기존의 독법과는 다르게 읽을 수 있을 것이다. 나는 영화 〈베니스의 상인〉을 보고난 후에 일상처럼 읽어온 방식, 샤일록=나쁜 놈이라는 공식을 포기하였다. 오히려 샤일록에 대한 무한한 동정심을 가지게 되었다. 그 이유는 문학이 수사적 설득이나 논증이 아니기 때문이다. 사색의 힘은 소외된 유대인의 슬픔과 고통에 대해 먼저 동정심을 가질 수 있게 하였다. 사색하는 독자는 공적 의견 표명과는 다른 개인적 주관성, 개인적 감정, 그리고 내면의 욕구에 더 귀를 기울일 수 있다. 그리고 이런 진화된 독자에게 작품의 의미는 다양하게 만들어진다. 사색하는 독자가 있는 한 그 작품은 시간이 지날 때마다 진화하는 새로운 것이 된다.

　　책을 읽을 때 우리는 그 책을 저자가 말하는 그대로 받아들이려해서는 안 된다. 그보다는 하루, 이틀, 사흘…… . 때로는 몇 달, 몇 년후에 그것이 이해될 수도 있다는 마음으로 사색하는 것이 좋다. 이렇게 시간이 흐르면 비로소 책은 어떤 불빛으로 다가온다. 그러면 책읽는 사람은 그 빛 속에 서게 되고 그 빛의 밝음을 아는 자는 빛의그림자도 사랑할 수 있다. 그림자를 사랑하는 자는 곧 그 그림자 속으로 걸어 들어갈 수 있다. 『모모』에는 이런 독서의 과정이 그림처럼잘 드러나 있는 부분이 있다. "그는(거리 청소부 베포) 천천히 하지만쉬지 않고 쓸었다. 한 걸음 떼어 놓을 때마다 숨 한 번 쉬고, 숨 한번 쉴 때마다 비질을 한 번 했다. 한 걸음, 한 번 숨 쉬고 한 번 비질.한 걸음, 한 번 숨 쉬고 한 번 비질. 그러다가 가끔 잠시 멈춰 서서생각에 잠겨 앞을 우두커니 바라보았다."

　　베포는 "그것은 어렴풋이 기억나는 향기나 꿈속에서 보았던 색깔과 같아서 전달하기가 쉽지 않았다"라고 고백하고 있다. 그리고 이렇게 말한다. "때론 우리 앞에 아주 긴 도로가 있어. 너무 길어. 도저히 해낼 수 없을 것 같아. 이런 생각이 들지.", "그러면 서두르게 되지.그리고 점점 더 빨리 서두르는 거야. …… 그러면 더욱 긴장되고 불안한 거야. 나중에는 숨이 탁탁 막혀서 더 이상 비질을 할 수가 없어.앞에는 여전히 길이 아득하고 말이야." 빨리 이해하고 멋있는 말에밑줄을 긋고 인용하고 실용적인 생각으로 옮기려고 하다간 숨이 턱턱 막혀 버린다. 베포의 말은 책을 천천히 사색하면서 읽으라는 말인데 필경 우리의 삶이 지향하는 독서의 사색, 사색의 독서를 닮아 있다.

12

힐링을 얻으려면 시를 읽어라

요즘 힐링에 관한 관심이 하늘을 찌른다. 음식에서부터 토크쇼까지 힐링이라는 이름을 붙이고 나오니 21세기 부상할 직업이 심리치료와 관련된 영역임은 불을 보듯 뻔하다. 심리치료와 관련해서 EMDREye Movement Desensitization Reprocessing(안구운동 민감 소실과 재처리 요법)이라는 흥미로운 트라우마 치료법이 유행하고 있다. 여기서 트라우마라 함은 심리적 외상 경험들을 말하는 것으로, 이혼, 성적 학대, 자연 재해, 전쟁, 육체적 학대 등을 말한다. 심리치료 이야기를 여기서부터 시작하면 재미있다. 빠른 안구 운동 치료법이라고 하는 이 치료법은 내가 생각하기에 심리치료의 원리를 설명해주는 데 매우 효과적이다. 외상 환자가 설치된 막대눈금을 따라 빠른 안구 운동을 하며 그때 외상의 장면을 떠올리면 트라우마가 치유되는데 이때 생각이 꼬리를 물고 일어나고 이 꼬리를 물고 일어나는 생각이 상처(트라우마)를 치료한다고 한다.

이 과정에서 무엇을 떠올린다는 것은 바로 기억을 떠올리는 것을 의미한다. 그러니까 외상이나 장애는 고통으로 각인된 감정의 기억이다. 막대 눈금의 이동을 빠른 눈 운동을 통해 따라가면서 고통의 기억을 불러내 지워 나간다는 것은 참으로 기발한 생각이다. 그런데 이런 치료법의 원리가 어디에서 출발하였는지 그것은 아직 알려지지 않고 있다. 추측컨대 렘REM(Rapid Eye Movement)수면의 원리와 같은 것이 아닐까 한다. 집에서 잠에 든 아이를 잘 관찰해 보라. 잘 때 눈동자가 움직이는 것을 발견하곤 하는데 이때 아이는 렘수면을 하고 있다. 뇌과학자들은 렘수면 때 사람들이 복잡한 많은 감정들을 정리하고 망각할 것과 기억할 것을 구별해서 정리한다고 한다. 이 치료법과 상당히 비슷한 특성을 공유하고 있다. 이렇게 하여 우리는 심리치료의 첫번째 방법이 기억 지우기와 밀접한 관련이 있음을 알 수 있다.

시를 읽으면서도 이것은 가능한데, 어떤 시의 한 구절을 떠올려보자. '산그늘도 외로워서 하루에 한 번씩 마을로 내려온다.'(정호승의 「수선화에게」) 이 시를 읽으면서 우리는 무엇을 상상할 수 있다. 과거 어린 시절 힘들게 지게질을 할 때라든가 보리 수확을 하며 산그늘이 지는 광경이라든가 어떤 것이 떠오를 것이다. 그와 동시에 시의 언어가 환기하는 빈자리를 우리가 기억의 공간으로 채우며 유비추리를 하게 될 터이고 그 순간 우리의 기억은 이 시가 불러일으키는 상상공간과 겹치게 된다. EMDR보다 훨씬 더 자연스럽고 의미 있는 지우기가 생기지 않는가? 산골 마을에 살면서 채워지지 않는 욕구와 욕망들(고통, 배고픔, 소외 같은 것들)은 "산그늘"이란 말이 대표하고도 남는다. 삶의 고통과 아름다운 언어는 서로 교환되고 서로 삼투압 작용을 한다. 움베르토 에코에 따르면, 인간에게 망각의 기술은 알려져 있지 않다. 그러나 하나의 그림으로 다른 그림을 지우는 것은 가능한데 이게 유일한 망각의 기술이다.

심리적 상처를 치료하는 두 번째 방법은 감정과 관련되는 일이다. 페니베이커는 『글쓰기 치료』란 책에서 감성적 글쓰기가 트라우마 치료에 효과가 있음을 보여주고 있다. 페니베이커는 텍사스 대학의 심리학자다. 명상이나 요가가 주는 치료만큼이나 감성적 글쓰기가 효과가 있음을 여러 경로를 통해 입증하고 있다. 트라우마를 경험한 사람들은 그렇지 않은 사람들보다 스트레스에 견디지 못하고 병에 걸리기 쉽다. 그런데 같은 트라우마를 경험한 사람이라도 그것을 비밀로 간직한 사람들보다 다른 사람에게 털어놓는 사람들이 병에 걸릴 확률이 훨씬 낮다는 사실이 밝혀졌다. 이것은 게이나 레스비언들에게도 적용되는데, 커밍아웃을 한 사람이 하지 않은 사람보다 병에 걸릴 확률이 훨씬 적다고 한다.

이쯤 되면 우리는 왜 미다스 왕의 이발사가 '임금님 귀는 당나귀 귀'라고 소리쳤는지 가히 짐작하고도 남을 것이다. 고통스런 비밀을 마음속에 간직하고 있다는 것은 이런 학문적 실험이 아니더라도 우리의 체험을 통해 쉽게 알 수 있다. 그런데 이야기를 털어놓는다 하여 모든 경우가 다 치료적 효과를 거두는 것은 아니다. 페니베이커에 의하면 감성적 글쓰기 집단과 비감성적 글쓰기 집단(통제 집단), 일반집단을 비교해 본 결과 우리의 기대와는 달리 실험에 참여한 후 1년 간 병원에 간 횟수가 비감성적 글쓰기 집단이 일반집단보다 높았다. 같은 글쓰기라도 르포나 저널 쓰기, 할 수 없이 쓰는 일기, 이성적인 에세이 쓰기 같은 경우에 치료적 관점에서 보면 오히려 글을 쓰지 않는 것만도 못하다는 결과를 얻을 수 있다. 놀이를 통해서 훨씬 쉽게 마음의 기억을 내려놓을 수 있다. 아이들이 어른들보다 빨리 잊어버리는 것과 같은 원리다.

　독일의 작가 무슈크는 문학은 독자로 하여금 "억압된 것을 보이게 하고 말할 수 없었던 것을 말하게 한다"고 했다. 그리고 "글쓰기는 결석한 날을 마치 출석한 날처럼 기록하는 것"이라는 말도 했는데, 결국 치유란 과거의 그 어느 날로 내가 다시 돌아간다면 어떻게 할 것인지를 밝히는 것이라는 뜻일 것이다. 시는 우리에게 말할 수 없었던 것, 다시 말해 (욕구)충족되지 않은 과거를 다시 떠올리고 말하고 (또는 글로 씀으로써) 잊어버리거나 용서하거나 화해함으로써 힐링이라는 과정을 수행하는 셈이다. 어느 시인의 시구가 마음에 와 닿는다.

　　아무도 모른다
　　내 마음의 스치는 바람들을
　　그것들이 파헤치는 젊은 날의 상처들을

　　기다린다, 나는
　　네가 살아있을 때까지
　　혹여 마지막 한 번 만날 수 있을까 해서
　　　　　　　　　　　　　　　－신평 「아무도 모르는」 부분

　그때 그 자리에서는 말할 수 없었던 것을, 내가 그 자리에 만약 있었다면 할 수 있는 말로 대체하는 것, 그것이 힐링이다. 아무도 모르는 바람들, 바람의 길들은 나부끼는 자연 바람으로도 이해되지만, 소망한다는 의미로도 받아들여진다. 그때 우리는 마음의 치유를 얻는 것이다. 상처의 일들을 그대로 곱씹고 되새김질 하는 것보다 시적 상상을 할 때 다시 불러와서 시의 이미지와 맞교환하는 것이 힐링의 기초가 된다. 힐링을 얻으려면 시를 읽을 지어다.

13
기억이라는 것

문학의 힐링은 대체로 글을 읽고 글을 쓰면서 이루어진다. 영화처럼 어떤 실물을 보거나 미술처럼 구체적인 대상의 모방(그리거나 만듦)을 지향하지 않는다는 점에서 큰 차이가 있다. 글을 읽음으로써(독서 치료), 그리고 글을 씀으로써(글쓰기 치료), 자신의 기억을 떠올리고 유추함으로써 우리의 기억을 퇴화시키거나 다른 기억과 결부함으로써 초점을 무디게 한다. 그러나 글을 읽는 것은 수동적으로 자기 기억에 접근할 수 있는 데 반하여 글을 쓰는 것은 직접적으로 자기 기억에 접근하는 일이다. 그러므로 우리는 무언가를 읽고 자극을 받아 자기의 기억을 표현함으로써 치료에 이를 수 있다. 자극을 받는 일을 우리는 환기된다고 하는데 이는 마치 네루다의 「시」처럼 그렇게 다가오는 것이다. '그러니까 그 나이였어……. / 시가 / 나를 찾아왔어. 몰라, 그게 어디서 왔는지, / 모르겠어, 겨울에서인지 강에서인지.' 이렇게 기억은 어떤 연합(연상)이나 유추, 환기에 의해 시작된다.

가끔씩 용기가 있어 직접적으로 자신의 트라우마를 이야기하는 사람이 있다. 그에게는 굳이 문학 같은 작품으로 기억에 접근하려는 노력을 기울이지 않아도 된다. 그러나 대체로 사람들은 "헬벨린 산을 보는 동안 우리는 헬벨린 산을 상상하지 않는다"는 라일의 말처럼 직접적인 트라우마 장면을 보면서 자신의 기억 속의 트라우마의 상황을 연상하지는 않는다. 프로이트는 이와 관련하여 재미있는 질문을 하나 한다. "북극곰과 고래가 싸우면 누가 이기나?" 답은 "북극곰과 고래는 만날 일이 없으므로 싸우질 않는다"이다. 사실 우리가 무의식적 기억을 자주 만나기란 쉽지 않다. 트라우마를 겪은 사람은 과거와 현재의 통합이 되지 않은 상태를 말하는데 이런 경우 기억과 조우하는 일은 더더욱 어렵게 된다. 그것은 그저 꿈에서나 실수행위, 신경증 같은 방식으로 드러난다.

우리가 만약 문학을 몽상, 상상, 백일몽, 놀이 같은 것으로 파악하고 있다면 문학을 통해 우리는 실제적으로 기억할 수 있는 것보다 좀 더 쉽게 무의식적 기억에 접근할 수 있다. 이런 이유 때문에 문학 치료란 말이 가능할 것이다. 그런데 상담에서 자신의 기억을 말해 보라 했을 때 클라이언트가 의식적으로 무엇을 정확하게 또는 왜곡된 상태로 기억한다는 것은 사실적 기억을 말한다. 그러나 우리가 회상하는 기억은 대부분 사실적 기억과 거리가 멀다. 그것은 어느 정도 망각된 상태이며 정확하지도 않다. 라일에 따르면 이런 사실 기억은 '무엇을 할 수 있다'는 뜻이거나 '무엇을 안다'는 뜻과 같다. 그러므로 우리가 문학 치료에서 말하는 잊혀진 또는 어렴풋한 (또는 왜곡된) 기억은 그것이 정확하지 않다는 의미를 내포하고 있다. 그 결과 회상을 한다는 것은 '정확히 기억한다'는 말과 같이 쓰일 수 없다. '회상한다'는 것은 어떤 사람이 무엇을 잊지 않고 있다는 것을 함의하지만, 거꾸로 어떤 사람이 무엇을 잊지 않고 있다는 것은 회상한다는 것을 함의하지 않기 때문이다.

여기서 우리는 기억이라는 말이 여러 가지로 사용된다는 것을 알 수 있다. 나는 알파벳을 기억하고 있다는 것은 메모리로서의 기억을 말하는 것으로 우리는 알파벳을 상기하거나 회상할 수 없다. 그러나 나는 그가 나를 때리거나 놀리던 것을 회상할 수 있지만 정확히 그가 어떤 식으로 때렸는지, 또는 놀렸는지를 기억하지는 않는다. 회상하다는 말이 엄밀한 의미에서 목적어를 사용할 수 없기 때문이다. 문학이 특정한 순간에 무엇인가를 기억해 내거나(즉 상상한다는 의미에서) 어떤 에피소드를 되돌아본다면 그것은 무엇에 자기도 모르는 사이에 빠져 들어가는 것이다. 그래서 서구어(독어, 불어, 이탈리아어)에서는 재귀동사로 표현하고 있는데 자신의 내면을 찾아 들어간다는 뜻을 지닌 매우 의미 있는 말이다.

이는 무엇을 '잊어버리다', 즉 '망각하다'는 말에도 마찬가지로 적용된다. '잊어버리다'라는 동사는 '무엇을'이라는 목적어를 사용할 수 없다. 왜냐하면 무엇인가가 기억에서 의지와 상관없이 소실되어 가는 과정을 망각이라는 말로 표현하기 때문이다. 이런 뜻으로 상기하다의 의미에서의 회상은 '발견하다', '해결하다', '증명하다'는 의미를 가질 수 없다. 그보다는 '묘사하다', '서술하다', '인용하다'처럼 '보여주는' 이라는 동사와 가깝다. 그렇기 때문에 시든 소설이든 '회상하다'의 의미의 기억 행위는 탐구를 잘 한다는 뜻이 아니라 무엇을 드러내 보여주는 데 능하다는 뜻이다. 만약 소설뿐 아니라 시에서도 '서술하다',

'이야기하다'라는 뜻의 'narrative'란 말이 통한다면 그것은 회상한다, 상기한다는 의미, 곧 '이야기하다', '묘사하다'란 뜻이고 그것을 우리는 '상상하다'란 뜻으로 읽는다.

우리가 전통적으로 회상이라고 말한 것을 심리학자들은 보통 장기 기억이라고 하고 무엇을 '기억한다'고 할 때의 기억을 단기 기억이라고 한다. 단기 기억이란 전화번호를 외우는 것과 같은 일이다. 장기 기억은 다시 에피소드 기억과 사실 기억으로 나눌 수 있다. 에피소드 기억은 특별한 트라우마나 생일 파티처럼 체험과 사건에 관한 기억으로서 시간과 장소에 의존한다. 그런 의미에서 르네상스 시대의 화가가 한 일의 의미 같은 사실 기억과는 다르다. 토끼는 여우가 스쳐 지나갔던 특별한 밤을 기억할 가능성이 별로 없다. 여우 냄새나 겉모습에 대한 좀 더 일반적인 기억이 토끼에게 간직되어 있을 가능성이 크다. 이런 토끼의 기억은 에피소드라기보다는 사실에 가깝다. 그러나 인간의 특별한 능력은 바로 더 많은 사건을 에피소드의 형태로 간직할 수 있는 능력이다.

인간의 뇌에서 에피소드 기억을 담당하는 곳은 해마인데 해마가 작은 사람일수록 트라우마에 약하다는 사실은 심리치료에 많은 시사점을 던져준다. 우리가 세 살 이전의 경험을 기억할 수 없는 이유가 바로 해마의 발달이 미숙하기 때문이다. 유아기에 해마는 대뇌피질과 선유線維결합을 구축하고 그를 바탕으로 사건에 관한 기억을 저장하는 능력이 발달하는 데 여러 해가 걸리기 때문이다. 사건을 기억하는 능력을 발달시킬수록 해마가 커진다는 보고가 많다. 해마는 일련의 가정, 개념, 가치 등을 발달시켜 대뇌피질의 다른 자료들과 소통하고 그것을 응용하는 임무를 맡고 있어, 해마를 두고 건물의 비계 같다고 한다. 말하자면 완성된 건물의 뜯어내면 되는 비계 같은 역할 말이다.

　기억이라는 말이 단순히 무엇을 외우고 잊어버린다는 뜻으로만 사용된다면 힐링과 아무런 상관이 없게 된다. 그러나 무엇을 구조하고, 변경하는 구성력이라면 이 부분을 활성화하는 것이 힐링의 기초가 된다. 상처를 치료하고 치매를 예방하기 위해 우리는 지었다 부수고, 또 다르게 짓는 기억의 행위를 열심히 해야 한다. 사랑이라는 말을 내가 보호받는 것이라고 이해해 왔다면 사랑은 남을 보호하는 것이라고 바꿔 보고, 세금 내는 것을 고통이라고 이해했다면 누군가를 살리는 희망이라고 이해하는 작업이 곧 이야기하고 서술하는 행위의 기억 행위와 같은 것이 된다. 내 기억에서 고착된 것을 다르게 바라보는 힘을 키울 수 있어야 한다.

14
감정이라는 것

감정이 무엇인지 우리는 곧잘 알다가도 막상 감정이 무엇이냐고 물으면 당황한다. 그런데 이 감정은 원시시대부터 지금까지 변화된 것이 없다. 감정 때문에 우리는 많은 실수를 하거나 손실을 보기도 하고 감정 때문에 사랑하는 사람을 만나기도 한다. 파스칼이 말한 대로 "우리 마음에는 이성이 모르는 이유가 있다."라고 했는데 그것이 바로 감정일 것이다. 뇌과학을 통해 보면 이성을 담당하고 있는 대뇌피질에 비해 감성과 충동을 담당하는 뇌간이나 대뇌변연계의 역할은 서로 상충되는 일면을 보인다. 폴 메클린이 제일 먼저 제창한 뇌의 기본영역은 뇌간, 변연계, 대뇌피질이었다. 메클린은 뇌간이 반복 충동을 담당하고 있고, 변연계가 감정을 지배하며, 마지막으로 대뇌피질은 논리와 사고를 담당하면서 충동을 제어하는 곳으로 이해했다. 그러나 오늘날 뇌에 대한 이해는 더 이상 그런 고전이론을 따르지는 않는다. 그 대신 대뇌피질이 오히려 감정을 담당하는 변연계와 밀접한 관련을 맺고 있다고 보는 것이 정설이다.

우리는 길을 걸으면서 단순히 여기에 갈대가 있고 저기에 사람이 간다고 생각하는 것이 아니라 그런 생각이 끝없는 감정과의 교류 상태에 있다는 것을 안다. "언제부턴가 갈대는 속으로 조용히 울고 있었다."(신경림, 「갈대」)는 것을 느끼게 되거나, "갈대는 그의 온몸이 흔들리고 있는 것을" 알게 되기도 한다. 이 갈대는 바람에 흔들리면서도 꺾이지 않는다는 것, 저 나무는 벌써 단풍으로 물들었다는 것을 보고 생각하는 순간, 우리는 과거의 시간을 다시 느낀다. 이 순간 우리는 감정이 깨어 있는 매순간 순간에 배어 있다는 사실을 알 수 있다.

폴 에크만에 따르면, 우리는 대체로 생각을 기쁨, 경악, 슬픔, 분노, 혐오, 공포 같은 1차 감정에 담고 있다. 이런 기초 감정은 곧바로 얼굴의 근육을 다르게 변화시키며 그래서 우리는 얼굴을 보고 감정을 곧잘 식별한다. 이런 1차 감정은 대체로 감정, 느낌, 감각, 충동이란 말로 표현되곤 한다. 이런 감정이 오랫동안 지속되면 부정적 정서로 변한다. 예를 들어 슬픔이 반복되면 우울로, 분노는 공격성으로, 쾌감은 중독으로, (정상적) 공포가 (과도한) 불안이나 공포, 공황으로, 누구나 하는 걱정이 일반적 불안장애로 발전된다. 이런 감정은 각성의 상태와 같은데 각성은 원래 경계심을 늦추지 않음을 말한다. 이 상태가 강력한 감정을 동반할 수밖에 없는 것은 인간의 생존과 관련된 정보가 편도체에 전달되었기 때문이다. 트라우마란 위급한 상황에서 제대로 대처하지 못했을 때 발생한 현상이다. 이런 위급한 상황에서 신체는 'fight(싸울 것이냐) / flight(도망갈 것이냐)' 상태로 각성하게 되는데, 이때 심장 박동이 증가하고 소화력이 떨어지며 땀이 나고 기도가 확장된다. 이런 각성 상태는 희열과 기쁨의 경우에도 마찬가지다.

　성적으로 흥분한 상태에서는 도파민이나 옥시토신이 배출되고 개체는 극단의 희열을 경험하는 것이다. 그런데 이런 정서 반응이 사람마다 다르기 때문에 (사람이기 때문에 다르다) 그에 대한 대비책 또한 다양하다. 원시인에게 나타난 호랑이만큼이나 현대인이 체험한 실직失職은 위험한 것이다. 어떤 사람들은 의외로 고통이나 슬픈 감정을 가질 때 쾌감을 느끼는 경우도 있다. 심지어는 성적인 관계 없이도 오르가즘을 느끼는 사람이 있다는 것은 사람들이 동물과는 다른 감정 체계를 발달시킨 결과라 볼 수 있다.

　일반적으로 감정의 배경은 욕구라고 본다. 그 욕구는 고통이나 쾌감의 패턴으로 만들어져 있다. 이미 말한 것처럼 뇌의 부위에 따라 정해진 것은 아니지만, 일반적으로 뇌에서 인간의 감정을 관장하는 영역은 변연계라고 보며 그것을 조절하는 곳은 전전두엽이다. 전전두엽은 관점, 사고, 언어 사용을 조절한다. 그러므로 트라우마를 겪으면(외상 후 스트레스 장애, PTSD) 전전두엽의 감정조절 장치가 작동하지 않는다. 대구 지하철 참사를 기억할 것이다. 이런 트라우마를 겪은 사람은 연기煙氣는 말할 것도 없고 지하철 입구만 봐도 트라우마의 상황이 재연될 수 있다.

　가끔씩 사람들은 편도선이나 엉덩이에 남아 있는 꼬리 흔적, 그리고 여성의 생리만큼이나 감정을 귀찮은 것으로 여기고 감정이 왜 있는지 모르겠다고 말하는 사람들도 있다. 아마도 오늘날과는 달리 위험에 늘 노출되어 있던 원시인들이 빠른(가끔은 복잡한) 결정을 위해 감정을 발달시켰다. 그러므로 인간의 감정은 원시적 흔적이라고 할 수 있다. 그러나 오늘날도 인간의 생존을 위해 감정은 필수 불가

결하다. 가령 공포가 없으면 포식자들에게서 달아날 수 없을 뿐 아니라 영역, 새끼, 먹이를 지킬 수 없다.

　이런 과학적 연구가 있기 오래 전에 이미 감정이 중요하다는 것을 말한 이들이 있다. 로마 제정 시대의 그리스 스토아 학파 철학자 에픽테토스는 "인간은 사건 자체가 아니라, 그 사건을 바라보는 관점 때문에 고통을 당한다."라고 말했는데, 이때 그가 말한 '관점'이란 말은 감정을 의미한다. 지적으로 평가하고 판단하기 이전에 먼저 와 닿는 것, 그것이 바로 인간의 감정 반응이다. 린든은 "감정은 감각에 필수적이고 그 둘은 쉽게 분리되지 않는다."라고 말한다. 그렇기 때문에 감정은 치료에 있어서 필수적이다. 그래서 대체로 문학 치료에서는 이 감각훈련을 중심으로 회복훈련을 한다. 문학을 통한 오감의 활성화는 바로 이런 이유에서 나온 것이다.

　우리의 삶에 있어서 관점이 암암리에 작동하듯이 감정은 과거의 경험에 깊이 뿌리 내리고 있다. 그렇기 때문에 호랑이가 으르렁거리는 소리보다 〈꼬마 니콜라〉에게는 아빠 엄마가 다정하게 지내는 것이 더 큰 위협이 될 수 있다. 왜냐하면 이 아이가 새로 태어날 동생에게 모든 사랑을 빼앗길 수 있다고 생각하기 때문이다. 그렇다면 감정에 변연계만 작용하는 것이 아니라 대뇌피질도 상당히 많은 영향력을 행사하고 있다고 봐야 하지 않을까? 감정이라는 것이 실제적으로 작동하고 있는데도 자기 감정을 느낄 수 없게 되는 것은 감정이 그것을 의식적, 주관적으로 느끼는 대뇌피질을 경유한다는 사실을 말해주고 있다. 그러니 이제 왜 문학 치료가 단지 인지적인 측면이나 감정적인 측면이 아닌 통합적이고 유기적인 측면에서 실행되어야 효과적인지를 알 수 있을 것이다.

15
문해력과 감성 능력

주변에서 대학생들의 읽기 능력이 차츰 떨어지고 있다는 말을 들으면서 나만 홀로 별나게 그런 생각을 한 것이 아니라는 점에 오히려 안도의 숨을 쉬었다. 대학생들의 읽기 능력의 저하가 단지 대중 매체 때문만은 아닌 것 같다. 모든 것을 다 보여주고 해석해주고 설명해주는 대중 매체가 삶에 유익한 방편이 되고 있기 때문에 일어난 문제만은 아니라는 뜻이다. 그 이유 못지않게, 초등학교 이전에 부모가 문학 텍스트 이해에 필요한 감성 능력을 교육하지 않는 것도 중요한 문제점으로 꼽힌다. 그리고 초등학교를 지나 중고등학생이 되면 많은 텍스트를 읽고 감정이입하고 해독하는 능력이 있어야 하는데 주입식 교육이나 단순한 지식 습득 차원의 국어교육 속 독서로는 이런 능력을 기를 수 없다. 그리고 이런 초중등 학교의 독서 교육의 실태는 결국 대학까지 영향을 미친다. 이런 상황에서 감성 능력이라고 할 수 있는 문학 텍스트의 읽기 능력이 더 큰 어려움에 직면하는 것은 당연한 일일 것이다.

전통적 교육을 받은 교사나 부모, 또 그들의 영향하에 있었던 2세대의 교사나 부모는 모두 우리나라의 전통적인 아버지들이 학문하듯 하는 교육을 받았고 그것을 다시 다음 세대에 교육한 결과 모든 독자들이 문장이나 글에서 감정이입하는 즐거움의 독서, 즉 감성적 독서와는 거리가 멀어졌다. 오로지 문학의 허구성, 미학에 대한 연구만이 문학 독서에 중요한 역할을 하지, 문학이 감정과 정동情動의 발현으로 이루어져 인물과의 감성적 동일시에 독서의 즐거움이 있다는 사실에는 무감각하였기 때문에 제대로 된 독서 교육은 거의 이루어지지 않고 있다 해도 과언이 아니다. 이런 폐해는 심지어 외국문학의 번역에서도 찾아볼 수 있는데, 그것 또한 감정을 소홀히 한 결과가 빚어낸 일인 것처럼 보인다.

톨스토이의 『안나 카레니나』의 첫 문장이 어떻게 번역되었는지 살펴보자. 출판사 '펭귄클래식코리아'(번역자는 밝히지 않겠다)는 "행복한 가정은 서로 닮았지만, 불행한 가정은 모두 저마다의 이유로 불행하다."라고 번역하고 있다. 무슨 말을 하는지 독자들은 이해가 가는가? '작가정신'은 "모든 행복한 가정은 닮았고, 불행한 가족은 제 나름대로 불행하다."라고 번역했다. 이건 또 무슨 귀신 씨나락 까먹는 소리인가? '민음사'는 "행복한 가정은 모두 모습이 비슷하고, 불행한 가정은 모두 제각각의 불행을 안고 있다."란다. 요즘 아이들 말로 "헐"이다. '문학동네'도 별반 다르지 않다. "행복한 가정은 모두 고만고만하지만 무릇 불행한 가정은 나름나름으로 불행하다."이다. "고만고만", "나름나름"이란 어휘를 사용하여 감각적으로 접근하는 것 같지만 인간의 깊은 감정을 이해하는 데는 별 도움이 되지 않는다. 그나마 '범우사'의 "모든 행복한 가정은 서로 엇비슷하지만, 불행한 가정은 제각기 나름대로의 불행을 안고 있다."가 좀 낫다. 그러나 이조차도 분명하게 와 닿지는 않는 것은 왜일까?

톨스토이는 이 소설 첫 문장에서 무엇을 말하려 했던가. 바로 우리의 삶, 우리의 감정에 대해서 말하려 했던 것이 분명하다. 그렇지 않으면 이 문장이 무슨 화행話行을 갖고 있는지 알 수 없기 때문이다. 행복한 가정들은 행복한 이유가 필요하지 않으므로 모두 그냥 행복하다고 말하지만, 불행한 모든 가정들에는 저마다 다른 불행한 이유들이 있다는 뜻이다. 자신의 불행과 행복, 고통과 즐거움에 대한 기억을 떠올릴 수 있는 자만이 이 문장을 제대로 번역할 수 있고 또 제대로 읽을 수 있다. 그렇기에 문해력이란 애초에 텍스트와 관계가 없다. 그보다는 기호로만 작동하는 텍스트의 호소 구조가 독자에게 어떤 감정과 체험을 불러일으켜야 가능하다. '브레이크를 밟고 시동을 켜시오! 그리고 P에 설정되어 있는 레버를 당겨 D로 옮기세요!' 같은 문장을 읽기 위해서 문해력이 필요한 것이 아니다.

그러니 학교에서 문해력을 기를 수는 없는 일이고 동시에 독서도 교육을 할 수 없는 일이다. 이제야 우리는 왜 다니엘 페낙이 "교육을 염두에 두지 않았을 때 우리는 얼마나 훌륭한 교사였던가!"(소설처럼, 문학과지성사, 23쪽)라고 한 말에 공감하는지 알 수 있을 것이다. 시가 삶의 목적이라고 말하는 키팅 선생님의 감성이 없고서야 '카르페 디엠carpe diem이라는 말에 밑줄을 쳐라. 그것은 현재를 즐겨라란 뜻이다'는 식의 교육이 무슨 소용이 있겠는가? 아름답고 추하며 혐오스럽거나 쾌감을 탐닉하는 인간의 군상과 자유 의지로 그것을 넘어서는 인간을 추체험하지 않고서, 문장의 구조와 의미, 문학성이나 미학을 논란하는 것이 독서의 즐거움에 무슨 보탬이 된단 말인가! 밤하늘의 별과 바람과 풀잎을 통해 자연의 감성을 독자로서 회복하지 못하고, 인간 사이에 존재하는 행복과 불행의 조건을 이해하지 못하며, 코끝에 스치는 봉골레 스파게티의 마늘 버터 냄새를 맡지 않고 어떻게 우리가 문학이라 일컫는 책들을 읽을 수 있겠는가? 문해력에 감성 능력이 절대적으로 중요하다. 이것은 그저 선언에 지나지 않는 시대적 요청이다.

　　오늘날 학교에서 이루어지는 문학 연구는 오로지 인지적 사실에만 집중한 나머지 감성적 영역들을 심리학에 내주고 말았다. 그 결과는 참담하다. 아이들은 랩이나 영화에 몰입하지 누구 하나 책을 읽으려 들지 않는다. 미국의 문학자 로젠블랫은 "청소년들이 독서를 통해 여러 유형의 상황이나 사람들에게 문화적으로 적절한 감성적인 반응을 배우게 된다."고 지적한다. 이 말은 우리가 독서를 할 때 책 내용만을 기억하고 평가하는 것이 아니라 독서 상황에 몰입하여 무엇인가를 유추하고, 형상화된 것 속에서 쾌감과 즐거움을 얻는다는 것을 말한다. 그렇기 때문에 학교의 문학 교육은 제도로서 어쩔 수 없다 하더라도 책의 내용보다 책을 읽으면서 감성 능력을 촉진할 수 있도록 노력해야 한다. 문학 독서에서 인물의 행동이나 언어적 표현에 대한 도덕적이고 지적인 이해보다는 그것의 증후적 배경, 공감, 감정이입, 저항 같은 것에 방점을 찍어야 한다. 원래 문학이 종교적 제의에서 유래하였던 만큼, 현재에도 문학은 독서 과정에서 유발된 감각과 느낌의 정화의 기능을 하고 있다.

　　그러나 언제부터인가 독서에서의 즐거움과 몰입을 보장하는 감정적이고 심리적인 것에 대한 연구는 점점 더 소홀해지고 있다. 그런 독서를 강요받은 아이들이 자라나면 춤이나 랩, 게임 등에 지나치게 많은 정신적 에너지를 투자하여 자신의 결핍을 보상하려 들 것이다. 감정이 구체적으로 문학에서 어떤 모습으로 드러나고 있는지, 그리고 어떻게 독자를 몰입하게 하는지 그리고 독자들에게 어떻게 그것을 교육할 수 있는지 연구하는 것이 독서 교육의 중심이 되어야 한다. 그러자면 텍스트에 대해 알아야 할 것이고 동시에 수용자인 인간에 대해서도 알아야 한다. 때로는 환영과 이미지, 유머와 아이러니를 동반하는 이 과정은 현실에서 존재하지 않는데도 현실보다 더 큰 영향을 독자에게 미치기 때문이다. 문학의 생명은 독서에 있고 독서의 생명은 즐거움에 있다. 이제 다시 우리는 문학 독서가 제공하는 계몽 이전의 신들의 세계, 자연의 세계, 본성의 세계를 만끽하고, 감성적인 즐거움과 몰입을 위한 문학이 되도록 노력해야 한다.

16
독서의 즐거움

독서가 무목적적 행위란 것은 누구나 다 동의하는 일이다. 그렇기에 우선 문학 독서는 독서과정의 즐거움 또는 독서과정의 쾌감을 전제로 한다. 그렇지 않으면 정치와 의학, 경제, 법률, 기술과 같은 책의 독서와 구별되지 않는다. 문학 독서는 감정을 만드는 쾌/불쾌, 나아가 행/불행에 대한 이야기를 전한다. 그런데도 문학 독서의 즐거움에 대한 논의는 서유럽이나 우리나라의 독서계에서 큰 성과를 못 내고 있다. 그 이유는 무엇일까? 독서가 단순히 문학 연구의 방편인 이성적 판단이 아니라, 프로이트가 말한 대로 "가벼운 마취상태"에 빠진 것을 의미한다. 또한 빅터 넬이 말한 대로 책에 빠져든 "백일몽의 상태"가 된다는 것은 무엇을 말하는 것일까? 쿠르트 투홀스키는 "자주, 오 행복한 순간이여, 너는 책에 몰입해 빠지게 된다. ― 너의 존재는 사라지고 …… 너의 몸은 그 몸의 내면에 있는 손놀림을 일정하게 수

행한다. - 그러는 넌 아무것도 느낄 수 없다. 너를 에워싼 세계를 잊은 채, 너는 듣지 못하고, 보지 못하고, 그저 책 속에 있다."라고 노래하는 상태는 어떤 상태를 말하는 걸까?

우리는 분명 이런 상황을 어디선가 쉽게 본 듯하지 않는가? 그렇다. 스마트폰에 빠진 아이나 게임에 몰두하는 아이에게서도 비슷한 모습을 볼 수 있다. 그러나 이 둘은 비슷하게 보이나 서로 다르다. 칸트나 칙센트미하이는 쾌감과 즐거움을 구별한다. 칸트는 우리가 즐거움을 가지려면, 즉 행복해지려면 결정론에 바탕을 두고 있는 쾌감에서 벗어나는 길이라고 말했고, 칙센트미하이도 "쾌락이란 생물학적 프로그램이나 사회적 환경에 의해 설정된 기대 수준이 충족되었다는 정보를 우리가 의식하게 될 때 느끼는 만족감"일 뿐 그 자체로 행복감을 가져다 줄 수는 없다고 주장한다. 예를 들어서 맛있는 음식을 먹고 쾌감을 느낄 수는 있지만 식도락가는 음식을 즐기기 위해 상당한 노력을 기울이는 것과 같은 차이다. 그렇다면 독서의 즐거움은 단순한 쾌감과는 구별되는 어떤 것이리라. 그러나 분명한 것은 그것이 즐거움이든 쾌감이든 정동적 조건을 통해 동기화 된다는 점은 분명하다.

우리가 초중등 학교에서(대학도 마찬가지지만) 다루는 문학 독서는 우리에게 중요한 개념과 삶의 의미를 더 강조하는 방향으로 이루어진다. 그러나 문학은 이런 진지함과 삶의 의미를 구상하기에 앞서 쾌감과 즐거움이 존재하고, 그 즐거움을 넘어(그래서 철학과는 다르다) 슬픔. 충격과 공포, 그리고 불확실성에 대한 불안을 주기에 의미가 있다. 만약에 우리가 이발사의 놋대야를 기사의 투구로 오인하는 유희적인 돈키호테가 없다면『돈키호테』의 아이러니는 의미 없는 교훈서가 되고 말 것이다(이런 인간처럼 살아서 되겠는가!). 도덕적인 교사는 낯 뜨거워서 『마담 보바리』를 가르칠 수 없고(엠마 보바리 같은 여자는 부도덕해!), 불쾌감을 유발하는 『향수』 또한 교육할 수 (사람을 죽이는 살인마!) 없을 것이다. 수사학적 규칙에 의해 만들어진 그리스의 고전 문학 또한 특정한 관점에 의해 쓰였기 때문에(항상 오디세우스는 이긴다!) 오늘날의 독자들에게 즐거움을 줄 수 없다. 롤리타는 또한 어떤가! 중년 남성이 열두 살 된 어린 아이와 사랑(이건 순전히 원조교제 아냐?)을 하는 세계문학의 의미에 접근할 수 없을 것이다.

그렇게 본다면 문학은 노동과 휴식, 섹스적 흥분과 그에 따르는 처벌, 환희와 고통, 긴장과 완화 이외에 아무것도 아니다. 그러나 문학이 즐거워야 하느냐 진지해야 하느냐에 대한 견해는 분분하다. 대표적인 경우가 보르헤스와 카프카다. 보르헤스는 『책』이라는 글에서 "우리가 어떤 책을 힘들여서 읽어야 한다면 그 작가는 실패한 것이다. 그 때문에 나는 제임스 조이스 같은 작가는 근본적으로 실패했다고 본다. 책은 노력을 요구하지 않고 즐거움은 노력을 요구하지 않는다."라고 말하고, 카프카는 "나는 사람들이 전적으로 우리를 깨물거나 찌르는 책들을 읽어야 한다고 본다. 만약 우리가 읽는 책이 주먹으로 우리 머리를 때리지 않는다면 우리가 도대체 왜 책을 읽는단 말인가? 네가 쓰는 대로 우리가 즐거워하라고? 아뿔싸, 책을 한 권도 안 읽어도 우리는 행복할 수가 있다. 우리를 즐겁게 한다는 책은 경우에 따라 우리가 직접 써도 된다."라고 말한다. 결국 이 두 작가들의 발언은 우리가 대하는 문학의 스펙트럼이 그만큼 다양하다는 것을 내포한다. 포르노그라피에서 비의적이고 난해한 문학에 이르기까지 문학 독서의 감성적 스펙트럼은 사람마다 다르게 수용되리라. 그러나 또한 카프카의 『변신』, 제임스 조이스의 『죽은 사람들』을 그 어느 누구가 감성적 즐거움 없이 읽을 수 있단 말인가?

칙센트미하이는 자신의 책 『몰입Flow』에서 독서를 신체적 기술, 즉 활동 없이도 (산악등반가와 달리) 몰입할 수 있는, 전 세계적인 즐거운 활동으로 꼽고 있다. "독서는 주의 집중을 요구하고, 목표를 가지고 있으며, 독서를 위해서는 문자화된 언어의 규칙들을 알아야 하기 때문에 여기서 말하는 활동의 범주에 들어간다. 독서를 하기 위해서는 당연히 글을 읽을 수 있는 기술이 필요하다. 하지만 그것만이 전부는 아니다. 단어를 이미지로 변형시켜 가상의 인물에 감정이입하는 능력, 역사적 문화적 맥락을 인식하여 글의 전개방향을 예견하는 능력, 저자의 글쓰기 스타일을 비판하고 평가하는 능력 등이 독서를 위해 필요한 기술에 포함된다."라고 말한다. 우리는 여기서 그가 말한 감정이입의 능력에서 찾은 쾌감과 즐거움에 대해 진지하게 생각해 보아야 한다. 이것이 깨지면 독서는 즐거움이 없어 공허한 인식을 찾아 헤매는 교훈이나 미학적 전략으로 전락하기 쉽다.

심리학이나 뇌과학, 교육학 등의 연구에서는 즐거움을 동반하는 감성능력의 중요성이 강조되지만 실제로 학교에서 독서의 즐거움을 강조하는 연구는 없다. 거기에는 여러 가지 이유가 있겠지만 대표적인 것이 문학 연구의 경향 때문인 듯하다. 소위 말하는 오늘날의 즐거움 없는 독서란 문학 연구, 즉 문학비평, 문예학, 문헌학 등이 영향을 미친 참담한 결과라 할 수 있다. 학교에서는 줄곧 구조주의적 분석이나 문화적, 역사적 내용 비판이 문학 수업의 핵심을 이루었다. 그러니 이제 문학 독서의 즐거움은 사라지고, 문학이란 제도는 물 떠난

배와 같이 되었다. 문학은 이제 텍스트의 구조, 수사법, 내용 파악, 운율 등을 실행하는 제도가 되었다. 만약 문학 연구가들이 구조주의자라면 음운론적, 통사론적, 의미론적 요소들을 파라디그마와 신타그마에 따라 분석하는 작업을 하면 그만이다. 그리고 수많은 소재, 주제, 제재, 시간, 시점, 등장인물의 성격 등에 대한 연구로 일관한다. 조금 더 나간다면 다른 텍스트와의 관계, 역사적 배경, 문화적 지식, 매체 등으로 확대되지만 어디에도 책을 읽으면서 얻는 즐거움과 감정에 대해서는 언급하지 않는다. 이런 연구가 어쩌다 주인공의 심리적인 측면을 다룬다 하여도 그것은 인지론적인 측면에만 머물고 만다. 더구나 수사학적인 내용(문학을 아름다운 말로 이해할 경우)의 전달과 해석에서는 웃음만이 나올 뿐이다.

오늘날 한국의 학교 교과서나 참고서를 보면 온통 몰입을 방해하는 밑줄과 주석, 해석이 꽉 들어 차 있는 것을 볼 수 있는데 다분히 이런 문예학이 영향을 미친 결과일 것이다. 오늘날 문학 연구는 그저 가르치려 하지 감정이입을 하여 마음을 움직이려하지 않는다. 입장, 토론, 비판, 이데올로기, 가치, 규범 이런 것들이 우리의 생각을 바꾸고 가치 체계를 바꾼다고만 답습한다. 물론 문학의 기능 중에 그런 것이 필요하다. 그러나 그와 동시에 저자와 독자의 소원과 불안에 대한 의미는 뒤로 밀쳐지고 만다. 우리가 소설 『호밀밭의 파수꾼』을 그야말로 낙제한 아이의 심정이 되어 판단과 가치평가에 능한 선생들에 대한 비판, 즉 감정 해소로 읽지 않고 '읽어서는 안 될 비도덕적인 책'이나 '교사에 대한 부적응아의 일탈'로 읽는다면 독서 교육은 끔찍한 재앙을 맞을 것이다. 헤르만 헤세의 『수레바퀴 아래서』에 등장하는, 시인 같이 글을 잘 쓰는 한스의 친구 하일너가 교사들로부터 배척 당하는 것을 도덕적으로 비난한다면 그 또한 탈선한 독서 교육이다. 그 작품에서 주인공 한스는 과즙을 짜주는 엠마를 보자 심장이 뛰고 호흡이 가빠진다. "그녀의 스커트가 자신의 몸에 스치고 그녀의 손이 자신의 손에 닿게 하기 위해 그녀에게 가까이 접근하려고 애쓰면서도, 한스는 지금 자기가 도대체 무슨 짓을 하고 있는지조차 몰랐다."라는 선정적 묘사는 지속된다. 하지만 이 텍스트의 무해함은 성적인 환상이 생기는 자아를 매우 적절하게 조절함으로써 그의 음란함은 해소되고 만다. 문학은 환상을 통해 소위 '문명'에 배치되는 것을 포함하고 있지만 오직 그것을 통해서만 '문명'을 제어할 수 있다.

독서가 직접적인 육체적 감각을 매개하지는 않는다. 아니 할 수 없다. 짐승이 책을 읽지 않는 이유가 바로 여기에 있다. 유전적 프로그램이라는 측면에서는 동물이나 인간이나 성적 자극 자체에서 본질적으로 즐거움을 느끼는 것이 당연한 일이다. 성적 쾌감은 종족의 보전을 위해 프로그램화되어, 건강한 사람이라면 그리고 의지만 있다면 누구나 얻는 것이다. 그러나 문제는 여러 번 경험하면 새롭게 느껴지지도 않고 무의미한 반복과 습관이 되거나 중독이 된다. 그래서 카사노바나 사드의 경우처럼 평범한 성과는 다른 방식으로 즐거움/쾌감을 얻기 위한 새로운 에로티시즘이 만들어졌다. 『코란』이나 『카마수트라』 같은 종교적 경전은 에로티시즘을 가르친다. 당연히 『파우스트』나 『마담 보바리』, 『롤리타』 같은 문학에서 우리가 사랑의 장면을 만나는 것은 어렵지 않다. 문학에서 언급되는 이런 사랑의 감정은 단순한 감각에 의존하지 않는다. 이는 프로이트가 "인간은 오직 대조에서만 강렬한 즐거움을 얻을 수 있고, 정체된 상태에서는 거의 즐거움을 얻지 못하도록 되어있다."라고 말한 것과 맥을 같이 한다.

괴테는 "화창한 날이 계속되는 것만큼 견디기 어려운 것은 없다"고 하였다. 이 말의 뜻은 어떤 인지적 행위도 감정적 대비 없이는 의미가 없음을 말해준다. 그런 의미에서 우리는 쾌감 그 자체와 구별되는 문학적 감성, 감성적 독서만이 제대로 우리의 오감을 자극하고 우리를 또 조절할 수 있게 하는 유일한 수단이라고 본다.

/ 제2부 /
호모 루덴스

놀이는 인간이 존재하기 위한 수단이 아니라 존재의 목
적 그 자체이다. …… 문제는 우리나라에서 이런 놀이
의 인정, 놀이의 제도가 너무 제한적이라는 사실이다.
애들이 컴퓨터를 하면 그것을 금지하려고만 하지 그것
말고 아이가 무엇을 해야 할까 고민하지 않는 것이 현
실이다.   – 본문 중에서

17
나를 만드는 너

요즘 엄마들이 구속에 대한 무의식적 쾌감을 갖고 있다는 것은 아이에 대한 엄마들의 태도에 잘 나타나는 것 같다. 세 살 짜리 아이에게 매달 고가의 과외나 영어를 가르치는 것을 위시해서 정작 자신들은 옷 한 벌 제대로 사 입지 못하면서 아이는 고급 옷으로 치장하기 여념이 없다. 어디 그뿐이랴 고급 옷에는 고급 신발이, 그리고 고급 머리띠가 어울릴 것이다. 고급이 나왔으니 고급 식당에 가게 할 것이고 고급 연필을 쓰게 할 것이다. 내 아이는 반드시 나보다는 더 나은 환경에서 살게 해야 한다는 강박이 아이를 구속하는 절정으로 치닫는 것이다. 가르쳐주지 않는데 과연 아이가 고급을 알까?

미술 숙제를 도와준답시고 처음에는 본을 떠주다가 이제는 색칠까지 해주며 조금씩 엄마가 말하는 대로 그리지 않으면 나무라고 급기야는 엄마 스스로 그림을 완성한다. 밥을 먹지 않으면 밥을 먹으라고 으름장을 놓다가 사정을 하고 결국에는 밥을 먹여준다. 모르긴 몰라도 엄마가 대학시험까지 쳐주고 군대까지 대신 가주고 싶을 것이다. 이는 단순한 도덕적인 문제가 아니다. 결국에는 아이의 창의력과 자율적 의사결정이 치명타를 입게 된다. 그렇게 성장한 아이는 사회를 만드는 힘은커녕 적응 능력을 상실하고 무기력한 사람이 될지도 모른다. 이런 엄마들의 행위 양식은 아마도 타율에 순응하는 정착민족 특유의 정서에서 나온 것일지도 모른다. 하지만 좀 더 세심하게 관찰해 보면 그런 구속의 문화에 익숙한 우리들의 동경이 낳은 결과가 아닌가 하는 생각이 들게 한다. 다시 말하면 구속을 즐겁게(!) 경험한 엄마는 아이를 이렇게 저렇게 구속하면서 보상과 쾌를 느낄지도 모른다. 영어를 못해서 구박을 받거나 그것 때문에 성공하지 못했다고 생각하는 엄마는 '그래, 영어는 일찍부터 시켜야 돼'라는 강박을 갖게 되고 급기야 아이가 그냥 놀면 불안하기 이루 말할 수 없게 된다. 이 모두 자기불안의 소치이다. 그렇지 않고서야 우리가 저렇게도 아이를 혹사시킬 수 있을까.

만약에 어떤 사람이 난간에서 아슬아슬하게 걸어다니는 아이를 관찰한다면 매우 불안해 할 것이다. 저 아이가 떨어지면 어떡하나 하고 말이다. 하지만 그 아이는 천진난만하게도 무서움 없이 웃으면서 놀고 있다. 이처럼 아이는 영어의 실용성 때문에 자기의 창의력을 발휘하는 것이 아니다. 이 조약돌이 엄마가 되고 아빠가 되면 얼마나 즐거울까 하는 데서 언어를 고안해내고 세계를 만든다. 프랑스의 과학자이자 철학자이자 문학가인 바슐라르란 사람이 원시인은 고기잡이를 하기 위해 배를 만든 것이 아니라 찰랑대는 물 위에 뜰 수 있으면 얼마나 좋을까 하는 호기심 때문에 배를 만들었다고 한다. 그야말로 언어는 내적이라는 사실 하나만을 알아도 외적 언어를 강요하는 일은 없을 것이다. 만약에 '장님이 눈 먼 말을 타고 한밤중에 깊은 연못가에 서 있다면' 우리는 얼마나 위태로움을 느낄 것인가. 하지만 정녕 장님은 그 위태로움을 보지 못할 것이고 눈 먼 말을 타고 있는지도 모를 것이다. 공연히 지켜보는 자가 그 위태로움으로 인해 안달을 낼지도 모른다. 세 살 배기 아이가 느끼는 즐거움과 놀이의 세계는 적어도 창의력과는 무관한 영어교습과는 상관없는 일이다. 그 아이는 지금 돌들을 세우고 거기다가 '너는 아빠', '나는 엄마' 그렇게 이름을 붙이면서 자기의 세계를 구축하고자 한다.

아이에게 내적 눈을 뜨고 창의력을 방해하는 것이 또 하나 있다. 그것은 바로 장난감이다. 고급, 보통을 떠나서 장난감은 모두 어른의 세계를 축소시켜 놓은 것들이다. 마치 아이가 어른과는 질적으로 다른 존재가 아니라 어른을 양적으로 축소시켜 놓은 존재라도 되는 듯이 말이다. 작은 총과 작은 앰블런스, 작은 람보와 작은 자동차는 마치 난쟁이를 위한 물건처럼 하나같이 어른의 세계를 모조하고 축소시켜 놓은 것이다. 엄마의 부재를 견디기 위해서 어린 손자가 실패를 던졌다 당겼다 하는 놀이를 본 프로이트의 주장에 따라 보면 장난감은 엄마를 대체하는 물건일 수도 있다. 장난감 놀이를 통해 아이가 엄마의 부재를 견디려고 하든, 그것으로 한 세계를 만들어내든 어른의 기능적 세계와는 거리가 먼 것이다. 영어를 잘 해서 어른처럼 좋은 직장을 가질 수 있도록 그렇게 아이의 생각이 만들어져 있지 않다. 전쟁을 하고 조폭을 흉내내고 미국을 모방하고 집안 일을 하는 어른의 역할에 충실하도록 그렇게 아이는 만들어져 있지도 않다. 모험과 놀라움, 기쁨과 슬픔의 내적 동인과 비밀과 신화로 만들어진 복잡한 세계에 대한 흥미는 털끝만큼도 없는, 어른들이 만든 유용한 세계에 적응하도록 그렇게 아이가 만들어져 있지 않다. 아이를 세계의 창조자가 아닌 소유자와 사용자로 전락시켜서는 안 될 일이다. 아이는 영어를 사용하고 장난감을 소유하고 싶은 것이 아니라 조물주처럼 세상을 창조하고 싶어한다.

우리는 운전을 할 때 음악을 듣거나 옆 사람과 대화를 하는 수가 있다. 음악을 듣고 대화를 하는 것과 앞만 보고 운전을 하는 것이 상관이 없는 것 같지만 실제로 운전에 많은 영향을 미친다. 이는 인간이 시지각視知覺으로만 사물을 보지 않는다는 증거가 된다. 연암 박지원의 『열하일기』에서 우리는 이에 대한 믿을 만한 증거를 찾을 수 있다. 북경에 도착한 그들 사신 일행은 청나라 건륭 황제가 머물고 있는 만리장성 밖 열하의 피서 산장으로 만수절萬壽節 행사를 위해 날짜를 맞춰 오라는 명을 받는다. 바쁘다 보니 일행은 하룻밤에 이리저리 강물을 아홉 번씩이나 건너야 했다. 그때 박지원은 재미있는 광경을 목도한다. "물을 건널 때 사람들이 모두 고개를 우러러 하늘을 바라보길래, 혼자 생각에 하늘에 묵묵히 기도를 드리는가 싶었다. 나중에야 알았지만, 물을 건너는 사람이 물이 세차게 거슬러 올라가며 소용돌이치는 것을 보고 있노라면, 제 몸조차 마치 물살을 거슬러 올라가는 듯하고, 눈은 강물을 따라 내려가는 것만 같아 문득 아찔해지며 빙글 돌아 물에 빠지게 된다는 것이니, 그 머리를 우러름은 하늘에 기도하자는 것이 아니라 물을 피하여 보지 않으려는 것일 뿐이다. 또한 어느 겨를에 경각에 달린 목숨을 묵묵히 빌 것이랴."(一夜九渡河記)

이처럼 마음을 비우고 인간의 본질을 깨치는 사람은 귀와 눈이

탈이 되지 않지만 눈과 귀만을 믿는 자는 보고 듣는 것이 자세하면 자세할수록 더욱 병이 된다. 물로부터 벗어나기 위해 사람들은 물을 보지 않아야 한다. 낮에는 소리 없이 유유히 흐르던 요하遼河도 한밤중에는 천둥소리를 낸다. 낮에는 물을 볼 수 있기 때문에 눈이 온통 위험한 데로 쏠려 물소리를 들을 수 없다. 하지만 밤에는 그 소리만 들을 수 있기 때문에 천둥소리로 들린다. 눈먼 근대의 기획은 무제한적으로 실용의 원칙을 부르짖는다. 어린 아이에게 영어를 시켜야 하고 남이 알아주는 옷을 입혀야 하고 장난감으로 어른의 세계를 미리 준비케 해야하는 것처럼 보인다. 거기에 눈이 쏠려 마음의 소리를 듣지 못한다면 이것이 눈 뜬 장님이 아니고 무엇이겠는가. 내가 성공하지 못한 것이 자세히 세상을 관찰하고 듣지 못해 일어난 일이 아니라 마음속에 즐거움과 감동이 없어 일어난 일일 것이다. 그렇지만 마음속의 즐거움과 감동은 억압과 더불어 사라진다. 그리고 억압은 반복 충동을 낳아 억압이 쾌감이 되고 그 억압은 다시 억압을 낳는다.

심리학자들은 어릴 때 억압을 받은 자가 억압을 하고 폭행을 당한 아이가 폭행하는 배우자를 선택하게 된다고 한다. 어쩌면 어릴 때 받은 억압에 대한 그리움이 우리 아이들을 억압으로 몰아가고 있는지도 모른다. 어쩌면 우리가 받았던 교육의 틀이 장난감 같은 일정한 패턴으로 교육을 시키게 하는지도 모른다. 이 시대는 눈을 믿는 자는 많은데 속념을 끊고 명심冥心의 눈을 뜨는 자가 적다. 명심의 눈을 뜬다면 유치원 아이에게 글을 가르치지 않을 것이고 컴퓨터를 가르치지도 않을 것이다. 우리가 보는 것은 우리의 불안에서 나온 것이지 아이의 세계와는 상관없는 일이다. 우리의 불안으로 인한 '구속의 쾌감'을 버리지 않으면 눈 뜬 장님으로 살아갈 수밖에 없다. 이론과 실

제가 다른 것은 모두가 안다. 행동하는 자는 자신을 알 수 없기 때문
이다. 하지만 흐르는 요하遼河에 눈길을 빼앗길 때 우리의 생명이 위
태롭게 된다는 사실을 잊어서는 안 될 것이다.

18
유니폼

누구나 아침이면 마음이 흔들린다. 바람도 없는데 마음이 흔들리는 것은 평생에 한 번도 겪어보지 못한 새로운 하루가 내 앞에 펼쳐지기 때문일 것이다. 아침 시내버스 안의 미소라든가 학교시간에 맞추려는 학생들의 긴장 어린 얼굴까지도 신선하게 보이는 것은 어쩌면 이런 흔들리는 마음 때문일 것이다. 나도 여기 마음의 성지聖地, 나의 직장에 아침 일찍 발을 내딛는다. 내 마음인들 누구만큼 그런 흔들림이 없겠는가. 하지만 조금만 있으면 곧 그런 마음은 사라지고 만다. 학교 안의 스피커를 통해 내가 이미 이십 수년 전부터 들어 왔던 교가가 방송된다. 학교의 상징인 교가를 틀어놓는 것도 획일적인 것일 수 있지만 교가에 들어 있는, 실지로 모든 대한민국의 교가에 나오는 산과 강 이름은 획일성의 백미일 것이다. 대구의 학교들은 주로 팔공산, 비슬산, 와룡산, 낙동강, 금호강 등이 교가에 자주 등장하는 메뉴일 것이다. 일본제국주의는 참으로 모순된 일을 우리에게 행하였는데, 교가에는 산의 정기를 넣게 해놓고 실제로는 그 산의 정상에 큰 못을 쳐놓아 그 정기가 솟아오르지 못하게 하였다. 그러니 그런 획일성의 믿음으로는 우리가 아무리 '무슨 산 높이 솟고 무슨 물은 흐른다'고 해봐야 새로움과 뛰어남이 나올 수 없다.

교가나 교훈이 학교의 정체성을 담보해줄 그 무엇이 있는 것은 사실이다. 워낙 이데올로기란 것이 그런 것이니까 말이다. 지금은 달라졌지만 어떤 학교는 모자에 백삼선을 그리고 어떤 학교는 치마에 흰줄을 하나씩 달고 다니며 어떤 학교는 통이 넓은 바지를 입으면서 그들의 긍지심을 고취하였다. 그러나 이런 경우는 그래도 낫다. 각 학교 고유의 복장이나 고유의 상징물을 사용한다는 것은 개성으로 간주될 수 있으니까 말이다. 하지만 말한 것처럼 모든 교가에 산과 강이 나온다든가 학교의 정문에 또는 주 건물 앞에 쓰여 있는 '창의적이고 도덕적인 민주시민 육성'이란 교시校是는 참으로 아이러니가 아닐 수 없다. 창의적인 것은 강요할 수 없기 때문에 아이러니이고, 민주 또한 훈계로 이루어질 수 있는 일이 아니기 때문에 모순이며, 도덕이란 것도 잘 알고 보면 '시대에 맞게 굴절한 것이다'라는 의미에서는 아이러니일 수밖에 없다. 어릴 때 밀가루 단지에 넣어둔 엿을 꺼내먹고 엄마한테 들킨 아이가 입에는 허연 가루가 묻어 있는데도 절대 먹지 않았다고 우기는 것이 기억난다.

몇 해 전에는 한동안 검은 것이 유행을 한 적이 있다. 검은 옷, 검은 가전제품, 검은 가방, 검은 핸드백, 검은 머리(이건 어쩔 수 없다)가 유행을 하여 섬유산업이 위기를 맞았던가 하면, 작년에는 붉은 악마 신드롬 때문에 빨간색은 동이 나고 다른 색상은 팔리지도 않았다. 이런 획일주의가 가져오는 것이 무엇이며 왜 이런 획일주의가 우리에게는 필연적인가. 그것은 정착민족이라는 특성 때문에 온 것일 수도, 그리고 유교적 예와 조화의 이상 때문일 수도 있다. 하지만 획일적으로 응원을 하다가도 언젠가는 모두가 획일적으로 응원을 하지 않는다든가, 획일적으로 촛불시위를 하다가 모두가 하지 않을 수도 있다는 점이 우려된다. 여러 사람이 있을 때는 큰 소리를 내다가도 중요한 지점에서 자신만의 목소리를 내지 않는다면 이는 우려할 일이다. 이런 사실은 경제에도 영향을 많이 미친다고 한다. 국민소득 1만 불을 무릇 8년이나 지속하는 나라는 한국이란 나라밖에 없단다. 이에 대해 여러모로 진단하지만 내가 보기에는 그 진실한 이유 중 하나가 바로 획일적인 문화 때문일 듯하다. 획일적인 문화가 매우 위험한 것은 망할 때 한꺼번에 망한다는 점이다.

영화를 보면 우리는 종종 유니폼으로 개인의 이념을 분류하는 경우를 본다. 유니폼은 집단적 이데올로기의 힘과 동시에 그 집단 이데올로기로부터 소외되면 몰살당한다는 상징을 찾아볼 수 있다. 그래서 영화에서 보여지는 유니폼의 모습은 이데올로기의 속성이 그렇듯 극도로 단순, 명료하고 흑백 논리적이다. 아군 아니면 적군, 국방군 아니면 인민군, 독일인 아니면 유대인, 미국 아니면 적이다. 이는 경우에 따라서 제복 입은 자들과 그렇지 않은 자들로도 구분된다. 말하자면 '사'자師字 들린 사람과 안 들린 사람이 구별되듯이, 유니폼은 신분을 확인시켜주며 집단적 이데올로기를 상징할 수도 있다. 그런 연대감 속에서 인간은 엄마의 품 같은 편안한 꿈을 꿀 수 있다. 하지만 이런 획일주의 내에서 발생할 수 있는 위험성은 의외로 크다. 한국의 학생들에게 냉장고와 고양이의 공통점을 말해 보라고 하면 십

중팔구는 글자가 세 글자이다, 고라는 글자가 들어있다고 말한다. 어느 경우라도 '꼬리가 있다', '발이 네 개 있다', '배 안에 음식이 들어있다', '밤에 반짝인다' 등과 같은 의미론적 연결에는 실패하고 만다. 아니 그런 문제 자체를 왜 내는지 이해를 못하는 경우도 있다. 왜냐하면 우리의 획일주의는 일단 겉모양이 일치해야 하는 데서 발생되었기 때문이다. 만약에 어떤 신체 장애우가 있어 그가 학문적으로 뛰어나다고 해도 그가 어떤 교수 사회에 들어서기는 힘들 것이다. 내적으로는 같지만 겉모양이 '유니uni'하지 못하기 때문이다. 이 경우 그의 신체는 '유니'하지 못한 유니폼이다.

우리나라의 영화나 소설에는 그 사람의 사회적 배경에 대해 너무 많은 설명이 있다. 그래야 영화나 소설이 된다. 홀어머니와 살고 있다, 아버지가 의사다, 언니가 언청이다, 동생이 외국인하고 결혼했다, 그가 이혼했다 등등으로 사람을 설명하는 것은 획일적 사고에서 나온 것이다. 획일적인 것을 좋아하는 사람은 다른 유니폼을 입고 있는 사람을 철저히 경계하고 배척한다. 그러나 서양 영화는 그런 것들을 과감히 생략해버린다. 실제로 이들은 개인적인 것에 대해 묻는 한국 사람을 매우 싫어한다. 그래서 그들과 대화할 때는 주의를 해야한다. 몇 살이냐, 결혼했느냐, 수입은 얼마나 버느냐 등은 절대로 물어서는 안 된다. 우리 사회에서 인사한다는 것이 어디 가느냐고 묻고, 예쁘다는 것이 '니 밋살이고'하고 묻는다면 강력한 획일성의 사회라는 뜻이기도 하다. 지금 학교정보화시스템의 문제도 바로 이런 획일화의 연장선상에서 이해할 수 있다. 정작 획일화해야 할 NEIS라는 이름은 획일화되지 않고(나이스, 네이스, 또는 엔이아이에스), 학교의 아이들을 획일화하여 통제할 방법만 꾸미고 있는 것이다.

그러면 왜 우리는 그렇게 모든 것을 획일화하자는 것일까? 그것은 아마도 늦은 근대화 때문에 강력한 국가에 대한 열망이 있어서 그럴 것이다. 이 점에서는 촛불시위나 붉은 악마나 권장할만한 일이다. 그러나 우리는 이런 획일화 뒤에는 전체주의라는 지배권력이 도사리고 있다는 것 또한 알아야 한다. 내가 상대방의 유전자 지도를 갖고 있다면 나는 그 사람을 마음대로 통제할 수 있다. 성적을 알고 결석한 회수를 알고 아버지의 직업을 알고 그의 질병을 알고 그의 가계를 안다면 이런 지배구조는 더욱 무서워진다. 그 사람은 취직을 하거나 대학을 들어가는 데 불이익을 당할 것이며 결혼을 하는 데도 지장이 있을 것이다. 나아가 개인의 인권은 철저히 유린당하고 그런 사람은 인간으로 살아가는 것이 아니라 이 땅에서 다시 노예가 되고 말 것이다. 그 획일화의 대표적인 경우가 결혼 중매 뚜쟁이 같은 것이다.

　　우리 모두가 알아야 할 것은 인간에게는 자유가 있다는 사실이다. 우리가 겉으로 보지 못할 그 무엇을 모든 인간은 가지고 있다. 내가 대학 교수가 되고 난 후 중학교 때 담임선생이, '나는 네가 문제아가 될 줄 알았다'고 말해주었을 때 나는 충격을 받기보단 오히려 그분이 솔직한 말씀을 하셨다는 생각이 들었다. 나는 획일적인 사고방식을 매우 싫어했기 때문이다. 우리가 인간의 미래를 알 수 있다면 우리는 신일 것이다. 외형으로 드러난 인간이 인간의 모두라면 우리 인간의 미래는 없다. 그래서 나는 "사월의 과일나무처럼 그 종말이 확실치 않은 인간을 사랑한다"고 말한 스피노자의 말을 이렇게 번역하고 싶다. '사월의 과일나무처럼 고정된 유니폼을 입지 않은 인간이 내 마음을 흔든다'고. '창의적'이라는 모토의 유니폼이 없어지고 그 대신 창의적 학습의 환경을 만들 수 있는 학교가 내 마음을 흔든다. 피부색깔이 틀린다고 자꾸만 당신 어느 나라에서 왔느냐고 묻지 않는 사회가 내 마음을 설레게 한다. 아침마다 교가를 틀지 않는 그런 대학이 되었으면, 그 교가에 산과 강이 더 이상 나오지 않았으면, 그러면 내 마음은 더욱 흔들리게 될 것이다.

19
세잎클로버

어느 학생이 내 홈페이지에 글을 남기면서 세잎클로버라는 아이디를 쓰고 있었다. 나는 참으로 신선하다는 생각이 들었다. 우리에게는 가끔 너무나 평범한 것이 신선한 충격이거나 잔잔한 감동으로 다가올 때가 있다. 그것은 아마도 뭔가 새로운 것, 뭔가 특별한 것, 뭔가 튀는 것만 찾는 우리의 왜곡되고 일그러진 삶의 잔영 때문일 것이다. 그러므로 나의 눈에는 세잎클로버라는 이름이 특이하게 느껴진다. 그러나 우리는 보통 네잎클로버라는 이름에 익숙해 있다. 특히 나의 세대는 네잎클로버 하면 생각나는 게 많다. 그것은 우선 농촌마다 녹색 깃발에 흔들리는 4-H 구락부의 십벌에 그려놓은 네잎클로버가 으뜸일 것이다. 그 네잎클로버를 보면 모내기가 생각나고 자전거와 써레, 소, 그리고 앙꼬 든 빵이 생각난다. 빵이 생각나는 것은 가끔 선친께서 농촌경진대회에 가셨다가 가족 주시려고 아껴서 가지고 오신 빵이 있었기 때문이다. 어디 그것뿐인가. 누구의 노래인지는 모르지만 "네~잎 클로버 가~슴에 안~고……"하고 노래 부르면 또 하나의 가슴이 열리고 코스모스가 피어난다. 요즘 어린이 또한 네잎클로버와 별로 멀리 있는 것 같지는 않다. "예쁜 꽃들 사이에 살짝 숨겨진 이슬 먹고 피어난 네잎클로버……", 행진곡 같이 신나는 노래를 통해 찾기도 힘든 네잎클로버는 오히려 우리의 가슴속에, 우리의 머리 속에 푸른 초장으로 존재하게 된 것이다. 이제 우리의 머리에서 세잎클로버를 찾기란 힘들게 되었다.

전쟁 중 나폴레옹이 우연히 발 밑에 있는 네잎클로버를 보고는 신기해서 허리를 숙였는데 그때 적의 총알이 나폴레옹을 스쳐 지나갔다고 하여, 행운을 상징하는 네잎클로버의 신화가 만들어진 것 같다. 만약 네잎클로버가 희귀한 것이 아니었다면 나폴레옹은 적의 총에 맞아 죽었을지도 모른다. 그러니 행운은 행운인가 보다. 우리는 인생을 살면서 이런 행운을 맞을 때가 많다. 내가 그때 이 사람을 만나지 않았더라면, 내가 그때 그 앞차를 탔더라면, 내가 그때 대학을 합격했더라면, 내가 그때 유학을 가지 않았더라면 하면서 우리는 우리의 네잎클로버를 만든다. 우리는 텔레비전을 보면서도 내가 저 탤런트라면, 내가 이 가수라면, 정치가를 보면서 내가 정치가가 된다면, 내가 저런 자리에 가본다면 하고 상상을 하면서 네잎클로버를 만든다. 그러면 우리의 가슴과 머리는 온통 네잎클로버로 가득하다. 노래방에서 노래를 할 때도 그런 네잎클로버의 충만한 감정으로 노래부른다. 차를 타고 가다가도 다른 운전자에게 소리치며 나는 네잎클로버라고 한다. 자녀의 성적을 볼 때도 네잎클로버만 찾는다. 그런데 주위를 돌아보면 어찌나 이런 네잎클로버가 많은지 놀랄만한 일이다.

분명 한 반에 일등은 하나밖에 없는데 나머지 40~50명은 분명 세잎클로버인데, 왜 내 주위에는 그렇게도 네잎클로버가 많고 나를 긴장시키는가. 우리는 또 한 번 네잎크로버의 세계에 사로잡히게 된다.

이렇게 우리는 사회가 복잡해짐에 따라 실제에 기초를 둔 세잎클로버와는 차츰 거리가 멀어진다. 그것은 이제 사회가 실제적 능력에 바탕을 둔 것과는 거리가 멀어졌다는 뜻이다. PR 전문가나 네티즌들에 의해, 또는 조작된 이미지 만들기를 통해 대통령이 만들어지고 부모의 욕심에 의해 사회가 만들어진다면 이제 그 사회는 세잎클로버와는 상관이 없는 어떤 사회가 된다. 능력을 이루는 자질들이 상실되는 이유가 그 무엇이든 간에 평범하지 않은 것을 확대 재생산하는 사회에서는 실제의 소외현상이 벌어지고 있는 것이다. 세 잎, 네 잎을 막론하고 애당초 능력이라는 것이 제복이나 칭호, 직위의 이미지로 옮겨가기 때문이다. 그러므로 이미지가 내용을 구축하는 결과가 발생하는 것이다. 하지만 이런 현상이 아무 이유가 없는 것은 아니다. 이미지의 권력을 소유하면서 실제적 이득을 취하는 사람 편에서는 힘없는 인간(소시민)들이 스스로 사고능력을 마비시켜 이들이 만든 네잎클로버의 신화를 믿게끔 만들기 때문이다. 그들은 스스로의 판단력을 죽이고 비판력을 없애고 분별력을 마비시켜 결국 네잎클로버의 상투적 말투에 굴복하게 하고 만다. 사회에서 가장 위험한 것이 네잎클로버의 허구를 만들어 그것에 우리가 꼼짝없이 종속하도록 하는 것이다. 그래서 우리는 늘 네 잎만 바라보고 있는 것이다. 무태의 냇가를 지나가다 보면 드레스를 입고 오들오들 떨면서 갈대밭에 몸을 의지한 채 사진 촬영하는 신부의 모습은 참으로 가련하다.

우리가 스스로를 네잎클로버라고 생각하는 순간 우리는 자기의 주장만 하게 된다. 왜냐하면 세잎클로버와 일대일로 대화하면 자신의 권위가 상실된다고 생각하기 때문이다. 그렇기 때문에 이들 네잎클로버들은 자신의 값을 매겨 놓고 대화하기 시작한다. 상대와 대화할 때, 내가 교육 경력 30년이다, 내 아들이 판사다, 사람들이 나 보고 탤런트 고두심 닮았다 하더라, 내가 명문고등학교 나온 누구와 동기다 등으로 자기의 상품을 내민다. 이런 네잎클로버들은 남에게 질문을 할 때도 "그거 얼마 주고 샀습니까?", "요즘 텔레비전에 뜨대요" 하면서 상대의 허세를 들어 대화하기를 즐겨 한다. 그리고 이런 네잎클로버는 우리의 일상에도 깊이 침투되어 있다. 명품만을 고른다든가, 꼭 일류라고 이름 붙인 데만 다니는 것이 이런 현상을 말해주고, 시험문제만 하더라도 꼭 예외적인 것만 물어서 민주시민사회에서 정작 알아야 할 것은 알지도 못하는 형국이 그것이다. 삶에서 필요한 예술과 철학, 법, 경제, 자연과학 등은 등한시하고 학교에서는 그저 영어, 수학, 국어에만 치중하는데 이 또한 네잎클로버 신드롬이다. 책을 읽을 때도 어느 텔레비전 프로에 소개된 것만 읽는다든가, 베스트셀러만 읽고, 몸에 좋다고 소개되는 것만 먹는 것도 다 이런 이유에서 나온 것이다. 하지만 비타민도 종류가 다양하고 책도 용도에 따라 읽어야지 책을 읽으라 한다고 계속 소설책만 읽을 수는 없는 노릇이다. 음식만 해도 토마토가 좋다고 계속 토마토만 먹는다면 다른 비타민 부족으로 큰 병을 얻을 수도 있다. 뭐든 특별하고 튀고 새로운 것, 신문에나 방송에 나오는 것만이 좋다라는 공식은 네잎클로버 신드롬일 뿐이다.

그런데 만약 내가 네잎클로버를 찾는 것이 아니라 네잎클로버 자신이었다면 어떻게 될까? 아마도 나의 생명은 오래 전에 잘려갔을

지도 모른다. 네잎을 찾는 사람들의 눈에 띄어 탤런트가 되어 음심의 대상이 되었을 것이고, 정치가가 되어 부패의 노예가 되었을 터이며, 가르치는 자가 되어 비판의 타겟이 되었을 것이다. 그러면 네잎클로버인 나는 얼마나 피곤할까. 사람을 피해야 하고 사람을 속여야 하고, "예쁜 꽃들 사이에 살짝 숨겨져" 살아야 하고, "이슬 먹고" 살아야 할 것이다. 아무데나 활보하는 것도 힘들고 아무나처럼 쉬운 곳에서 산책도 제대로 못할 것이다. 그러니 내가 아무도 나에게 시선을 주지 않는 세잎클로버라고 해도 실망할 일이 아니다. 내가 비록 당신의 시선이 스쳐 지나가는 세잎클로버 하더라도 무수한 사람만큼이나 세잎클로버의 한쪽을 채워줄 사람은 있는 법이다. 그것도 없으면 세잎클로버인 당신에게 부족한 그 하나의 잎을 내가 채워주면 될 것이다.

이제 풀밭에 가서 주위를 둘러 보라. 분명 세잎클로버가 더 많다. 네잎은 돌연변이로서 그 희귀함이나 상징의 가치는 있을지언정 우리가 일상처럼 대하는 편안함도 없고 그것을 얻고 또 간직하는 일도 쉽지 않다. 우리의 머리 속에만 존재하는 네잎클로버에 찌든 삶은 이제 포르말린 용액에 담아놓아도 때가 벗겨지지 않을 정도이다. 평범한 것은 편하다. 편한 일상에서 우리는 하나님을 만나고 사람을 만난다. 그와 소담한 대화를 나눈다든가 차 한 잔을 대접하면서 세잎클로버 한 장 내놓을 수 있는 마음의 여유는 없을까? 우리는 네잎클로버가 되어 모든 것을 다 잃고 나면 그때서야 세잎클로버가 좋다는 것을 안다. 지극히 평범한 아내, 지극히 평범한 남편이었지만 죽고 나면 그가 가장 사랑스러웠던 세잎클로버인 것을 아는 것이다. 모든 문학이나 인생은 곧 그 평범함의 비범함을 잃고 난 뒤에 비로소 얻은 각

성의 산물에 불과하다. 스스로 네잎클로버가 되지 말 일이다. 이것이
홈페이지에 올린 학생의 아이디가 내게 깨달음을 주는 화두였다. 이
평범함을 깨달으면서 나는 매우 행복해졌다.

20
머리 나쁜 사람

내 기억으로는 1970년대까지만 해도 우리 주변에서는 '머리 좋다' 또는 '머리 나쁘다'란 말을 많이 했고, 또 많이 들었던 것 같다. 그러나 지금 그런 말을 듣기는 어렵다. 서양에서도 계몽주의 이전까지는 그런 말을 많이 썼으나 지금은 거의 쓰지 않는다. 머리 나쁜 사람이 없어졌다는 것인가? 그보다는 이제 뇌의 활동 범주를 넓게 잡고 이 시대에 단순한 저장기억으로 인한 머리 좋음이 컴퓨터 같은 외부 저장고의 발달로 인해 큰 가치가 없어졌다는 것을 의미할 것이다. 소유적 학습능력과 출세가 일대일의 관계에 있었을 때 지식의 소유는 그야말로 절대적이었고 머리 나쁜 사람이 분명 존재했었다. 이런 소유적 양식의 학습은 선생님이 말씀하신 그대로 받아 적고, 그대로 외우고, '정답은 오로지 하나다'란 방식으로 전개되었다. 지식을 자기의 경직된 사고 체계 안으로 끌어들이면 완성되는 그런 소유적 지식을 말이다. 결국 학생들에게 남는 것은 창의적이기는커녕 남의 이론을 소유했다는 것을 제외하면 아무것도 없다. 이들은 자기가 '학습한 것'을 기억 속에 새겨 굳건히 지키면 된다. 새로운 것을 창조하거나 생산할 필요가 없다. 그렇기 때문에 소유형 학습자는 자신의 주제에 관한 새로운 사상이나 이론에 맞닥뜨리면 불안해한다. 하지만 세상이란 끊임없이 바뀌는 것인데 그 변화된 세상에 맞추지 않고 기계적으로 고정된 자신의 기억 체제만을 따른다면 그는 컴퓨터를 옆에 두고도 주판알에 매달리는 격이 되고 말 것이다.

하지만 존재적 양식의 학습은 다르다. 학습과정에서 존재적 양식으로 세계와 관계를 맺고 있는 사람은 다른 특질을 보인다. 이들은 주어진 것을 학습하는 데 골몰하지 않고 주어진 것이 어떤 문제성을 안고 있는지 그것의 맥락과 의미는 무엇인지, 그 주제는 무엇인지를 찾아 스스로 해석하게 된다. 우선 선생님의 말씀을 그냥 경청하고 받아 적는 것이 아니라 능동적으로 수용하고 새로운 것을 생산해 낸다. 예를 들어 요즘 젊은이들에게 유행하는 문제를 보면 존재적 양식이 무엇인지를 잘 알 수 있다.

문1) 버스는 없다. 택시는 하나 있다. 승합차는 두 개 있다. 운송 트럭에는 세 개 있다. 그것은 무엇일까요? 정답을 찾는 이들이 만약 자동차와 관계되는 일이라고 생각한다면 정답을 맞출 수 없을 것이다. 왜냐하면 이 문제는 처음부터 저장된 기억의 학습을 요구하지 않기 때문이다. 정답이 '받침'이라는 소리를 듣는 순간 놀랄 것이다. 그리고 그들에게 이런 논리는 가당찮게 여겨질 것이다.

문2) 가솔린은 석유보다 높다. 석유는 매연보다 높다. 고로 가솔린은 매연보다 높다. 무슨 논리인지 얼른 대답이 떠오르지 않는다면 세계에 대한 우리의 이해가 좁다는 것이고, 우리가 너무 기억memory 학습에 의존하고 있다는 뜻이며 그 기억의 상태가 백지상태tabula rasa 임을 뜻한다. 존재적 양식의 학습은 다른 기억으로부터 무엇을 끄집 어내려고 하지 않고 능동적으로 사유과정을 자극한다.

얼마 전에 초등학교 다니는 막내와 함께 학교에서 여는 캠핑에 참가한 일이 있다. 교육청에서 지원비를 주고 이벤트 사에서 사회자 까지 배려해주어서 재미있게 보낸 적이 있다. 그 날 저녁에 우리는 그야말로 페가수스 성좌 밑에 텐트를 치고 난 후 다들 같이 모여 놀이를 시작했다. 우선 각 마을로 나누고 아이들이 그 마을을 대표하여 춤을 추러 앞으로 나갔는데 사회자가 이름이 뭐냐고 물었다. 그런데 아이들이 대답을 할 때, "저의 이름은 김지선입니다"라든가, "김지선 이라고 해요"하면 좋으련만 "김지선", "한동욱"하고 대답을 하는 것이 었다. 그랬더니 사회자가 "야, 이놈아, 맞먹어라"하고 농담을 했다. 그후 그 사회자는 아빠는 어떤 분인지 말해 보라고 하자 아이들 대답이 "그저 그래요", "좋아요"라고 대답하는 경우가 대부분이었다. 그래도 이것은 양호한 경우였다. 한참 뜸을 들이다가 "모르겠어요"라고 대답 하는 것이 보는 나로 하여금 많은 생각을 하게 만들었다. 이것이 아이들이 부모나 교사의 말만 받아 적은 결과가 아니고 무엇이겠는가. 그리고 받아 적은 것이 없기 때문에 "모른다"라고 대답하고 받아 적은 것이 없기 때문에 이름 석자만 대답하는 것이 아닌가 하는 생각을 들게 했다. 소유적 양식의 학습세계에서는 시시비비를 가리려는 의문이나 토론이 위계의 문제나 억압의 형태로 변질되기 일쑤여서 가르쳐 주는 것만 배우는 게 현실이다.

우리의 세대는 이런 양식에 익숙해왔다. 선생님이 하늘이 노랗다 그러면 그런 줄 알라고 하는 세대. 하지만 우리의 자녀는 이제 다른 시대에 살고 있다. 그 다름이 얼마나 큰지 독일에 있을 때 어느 교포 2세에 관한 얘기가 적나라하게 보여준다. 부모가 아이가 뭔가 잘못했을 때 꾸짖으려고 한국말로, "야, 너 이리 좀 와봐" 하면 고개 푹 숙이고 풀이 죽어서 오는 그 아이가, 똑같은 말인데도 독일어로 "Du, komm mal her"라고 하면 그 자리에 덕 버티고 서서 주머니에 손을 쿡 찔러 넣은 채 고개를 빳빳이 쳐들고는 "Wieso denn?(왜 그래요?)"라며 당당하게 대꾸한다는 것이다. 아이들의 이런 태도는 가족 집단의 규율을 강조하고 소유적 양식의 학습에 길든 문화의 표본이라고 할 수 있지 않겠는가. 한국말로 한 것에 한국의 문화를 아는 아이가 그대로 적응하고 있고 독일말로 할 때 독일의 문화에 그대로 적응하고 있다는 것은 우리에게 시사하는 바가 크다. 이러한 학습의 법칙은 단지 학교의 교과과정에만 적용되는 것이 아니라 사회 전반에 적용되는 문화의 문제이기 때문이다.

이런 존재적 양식의 학습원리는 보수적이고 소유적 양식일 것 같은 종교의 경전에까지도 적용되는 원리이다. 성경의 구절 또한 이런 존재적 양식의 학습을 요구하고 있다. 마태복음 8장에 보면 예수가 가버나움에서 질병을 고치고 귀신을 쫓을 때, 한 서기관이 예수께 "선생님이여 어디로 가시든지 저는 좇으리이다"라고 말하자, 예수는 "여우도 굴이 있고 공중의 새도 거처가 있으되 오직 인자는 머리 둘 곳이 없다"고 말한다. 오늘날 학생들이 말하는 사오정 같은 소리고 386세대에게는 딴지걸기이며, 기성세대에게는 동문서답이다. 이 어찌 쉬 이해될 수 있는 구절이랴. 소유적 양식의 학습자에게는 이렇게 설명해주어야 마땅했을 것이다. "네가 보기에 내가 병을 고치고 이적을 행하니 큰 세력이라고 갖고 있다고 생각하고 따르려 하는 모양인데 나는 그렇지가 않다. 그러니 잘 생각해 보고 네 가진 모든 소유를 버리고 따르려면 따라 오너라" 하는 말일 것이다. 이런 학습에 소유적 양식의 교육은 익숙하지 않다. 만약 어떤 낚시꾼이 고기를 잡아서는 그냥 놔주는 것을 보고 아깝다고 생각한다면 그 사람은 그가 지금 '무엇을 즐기고 있는가' 하는 존재적 양식이 아니라 그가 지금 '무엇을 얻으려 하고 있다'는 소유적 양식으로 보고 있는 것이다.

이와 같이 학습의 서로 다른 두 형태는 우리의 기억이 연결되는 방식에 따라서 본질적으로 구분된다. 소유양식으로 학습할 때는 두 낱말이 동시적으로 사용되는 빈도에 의해서 묶이는 경우처럼 전적으로 기계적으로 연결되어 있거나 순전히 논리적 연관에 의한 것이다. 시간, 공간, 크기, 색채에 근거하거나 어떤 특정한 사고체계에 속한 것에 바탕을 두어 학습하는 것을 말한다. 그러나 존재양식의 기억은 능동적 활동을 의미한다. 말, 사상, 장면, 그림, 음악 같은 것은 능동적 활동으로 우리의 의식 속에 환기된다. 우리가 떠올리려고 하는 구체적인 단일사실과 그것과 연관된 다른 여러 사실들 사이에 접속이 생기는 것이다. 이 경우의 연결방식은 논리적이지도 기계적이지도 않은 살아있는 방식, 즉 존재적 방식이다. 배우기 싫은 망간의 원소기호와 주기율표(망간은 금속으로 Mn으로 표기하고 4주기 7족에 속한다)를 선생님께서 못 외운다고 체벌을 가하거나 강제적으로 외우게 하면 그 때의 공간이나 분위기에 편입시켜 일단 외우긴 외운다. 그러나 그 억압적인 분위기는 곧 리비도의 자유로운 움직임이라는 물결에 휩싸이고 말고 급기야 시험장에 가서는(그때는 자기 마음대로 생각하면 되므로) 아무런 생각이 나지 않고 그저 선생님이 때리면서 외우게 한 장면만 기억나는 것이다. 논리적, 상황적 연관이, 즉 소유적 학습내용이 환기 또는 자유 연상이라는 존재적 양식에 의해 물러나고 마는 것이다. 이런 경우는 학습이 단순한 논리적 연관이나 시간, 공간, 크기, 모양, 색채 등에 의해 만들어진 기계적 기억에 의해서가 아니라, 애정과 관심이라는 연상, 환기작용에 의해 이루어지는 능동적 행위임을 말해주고 있다. 그러니 단순히 '머리가 좋다'라는 것은 남의 지식을 그대로 옮겨놓는(그런 의미에서 표절이다) 것이다. 그러나 그에 반해 '창조적인 머리가 있다'는 말은 자신의 존재에서 스스로 체득한 학습방식을 의미하는 것이다. 그러므로 진정한 의미에서 머리 나쁜 사람은 없는 것이다.

21
주는 것 없이 밉다?

몇 달 전 젊은 여자를 살해한 청년이 왜 죽였느냐는 기자의 질문에
나를 버리고 간 여자와 목소리가 비슷해서 범행을 저질렀다고 진술
하는 것을 보았다. 아직도 잊혀지지 않을 사건인 대구지하철 참사를
저지른 범인 또한 자기 식구에 대한 원망을 불특정 다수에게 가한 것
이다. 이렇게 '주는 것 없이 밉다'는 말을 떠올리게 하는 상황을 잘 들
여다보면 '명동에서 뺨 맞고 한강에서 분풀이'하는 격이다. 정신분석
학에서는 이러한 현상을 두고 감정전이感情轉移라고 말한다. 어떤 사
람이 과거에 다른 사람에게 품었던 감정이나 생각, 희망을 치료자인
상담자에게 전이시키는 것을 말한다. 이런 감정전이는 문학에서도
감정이입感情移入과 같은 유사한 형태로 존재하기 때문에 어떤 것이
병적 소인을 갖고 있는 것인지 구별하기가 매우 힘들다. 우리가 잘
아는 돈키호테는 이발사의 놋대야를 황금투구라고 우기고 그것을 머

리에 덮어쓰는가 하면 풍차를 거인으로 착각하고 말 로시난테를 몰고 돌진하기도 한다. 이런 오인은 단지 돈키호테가 광인이기 때문만은 아니다. 평범한 사람도 그런 행동을 자제해서 그렇지 상당 부분 꿈꾸는 대로 현실을 보고 있다고 과학자들은 말한다. 특히 아동들은 그런 행동을 보일 때가 많다. 그러나 단지 상상력이란 이름으로, 어리다는 이유로 그냥 넘어가기 때문에 문제가 되지 않는 것이다.

그렇기 때문에 보통 병인적病因的 갈등과 이와 유사한 심적 욕동의 정상적 갈등을 구별해야 한다. 다시 말하면 어떤 사람이 시장에 돼지를 가지고 가서 가격 때문에 돼지를 팔지 않는다고 하면 그것은 경제학적 문제이지만 그 사람이 돼지를 서울 사람에게만은 절대 팔지 않으려고 하는 경우 심리학적인 문제라 할 수 있듯이 이런 심리적 현상이 반복되고 그 문제로 인하여 고통을 받는 경우에는 병적이라고 할 수 있다. 영화,『가시나무 새』에 등장하는 랄프 신부가 ― 금욕해야 할 사제로서 ― 여자를 택하기로 결심하는 경우, 또는 성적으로 만족하지 못한 아내가 다른 남성에게서 그 보상을 구할 때 그것은 병인적인 것이 아니다. 정말 지겨워서 한두 번 과다하게 쇼핑을 한 것 또한 병인적인 문제가 아니다. 그러나 만약 그 쇼핑이 아니고서는 욕구의 해소가 전혀 불가능하다면 그것이 병인적인 것이다. 부모가 잘 대해줌으로써 부모로부터 받은 상처가 해결된다면 그것은 병인적인 것이 아니다. 그 상처로 인해 끝없이 인간에 대한 불신이 지속된다면 그것은 병인적인 것이다. 그러므로 감정전이가 병인적인 것이 되기 위해서는 이런 전이의 현상이 어떤 사람에게 지속적으로 일어나고 그것이 주위의 사람은 물론 자신에게까지 반복적 충동과 함께 일어나야 한다. 이런 병인적인 반복충동이 있는 경우 직업 선택, 경제적

계획, 결혼, 이혼 등의 문제는 이런 갈등이 해결되고 난 이후로 미루어야 한다. 그렇지 않으면 그 병인적 갈등으로 인해 의도와는 다른 결정을 하게 되기 때문이다. 아버지로부터 받은 불안 때문에 배우자보다는 배우자의 아버지를 보고 결정할 경향성이 있고, 어머니의 부재로 인해 배우자의 어머니를 보고 결혼을 한다면 그것은 중대한 결함을 낳을 수 있다. 군대에 가서 어떤 특정한 지역 출신의 고참에게서 구타를 당했다고 해서 그 지역 사람 전체에게 감정전이를 한다면 그것은 매우 위험한 일이다. 자신의 거세 콤플렉스를 전세 드는 집주인에게 투사한 나머지 '전세 들어 살 것은 못된다'라는 결론을 내리고 집을 덜컥 사버린다든가 하는 결과 또한 바람직하지 못하다.

감정전이는 정신과에서 의사와 환자 사이에, 상담자와 내담자 사이에도 종종 일어나는 문제이다. 그리고 편집증이나 우울증 증세를 보이는 사람들보다는 히스테리나 강박증을 가진 사람들에게 눈에 띄게 많다. 이런 신경증은 특성상 의사나 상담자 또는 자신과 대화하는 상대자나 문학의 주인공에게 관심을 보이고 그 관심이 자신의 문제보다 더 중요하게 되고 그 결과 자신이 정신적으로 건강하지 못하다는 사실을 잊어버리려는 무의식적 힘에 의해서 조종되는 경우가 많다. 그래서 이런 경우의 사람들은 대화 상대자에게 (또는 의사에게) 세련되게 행동하고 보통은 기대하지도 못하는 장점들을 보인다. 그러면 상담자는 이 내담자에 대해 좋은 생각들을 가지게 되고 호감을 가진다. 그들의 가족들도 이들이 오로지 상담자(의사)에게 집중하고 치료를 잘 받고 있다고 좋아한다. 물론 이렇게 되면 좋은 일이지만 그렇다고 마냥 좋아할 일은 아니다. 왜냐하면 그 사람은 치료에는 관심을 가지지 않기 때문이다. 이것이 좋지 않은 징후이다. 그런 집중은 사랑과 존경과 집착이 섞인 것으로서 음성인 경우에는 증오와 반발, 도전이 뒤섞여 나타난다. 이런 경우를 두고 우리는 감정전이라고 한다.

　우리는 유년시절 부모 중의 한 쪽에 품었던 많은 감정들을 축적해나간다. 다시 말하면 우리 중의 하나가 대화 상대자에게 느끼는 사랑은 (혹은 증오는) 유아기에 가졌던 아버지나 어머니에 대한 사랑이나 증오의 반복일 수 있다. 그러므로 이 리비도 에너지는 원래 대상에서 대화 상대자라는 다른 대상에게 전이된 것이다. 그러나 이것이 신경증 증세가 있는 사람에게 나타나면 그의 마음속에 있는 유아기적 사고가 전이된 감정의 영향을 너무 강하게 받기 때문에 그는 자신이 사랑하고 있는 (또는 미워하고 있는) 사람이 현실의 상담자(의사)가 아니라 그 상담자가 대표하고 있는 자신의 부모라는 사실을 깨닫는 것이 어렵게 되어버린다. 그러므로 전이는 사실은 상담자(의사)의 직업병을 조장하는 하나의 요인이 될 수 있다. 가끔 정신과 의사와 환자 사이에 스캔들이 있는 경우는 바로 이런 관계에서 나온 것일 가능성이 높다. 다시 말해 상담자나 의사는 이런 찬사를 들음으로 인해 나르시시즘에 깊이 빠질 수 있는 것이다. 가끔 대학에 몸담고 있는 교수로서 이런 경우를 경험할 때가 있다. 자신의 감정을 강의하고 있는 교수에게 투사하여 그로부터 인정을 받기 위해 노력하는가 하면 때로는 교수가 학생의 부정적 전이로서 깊은 반발과 분노와 증오의 대상이 되기도 한다. 물론 거꾸로 교수 또한 그렇게 될 수가 있다. 우리나라의 언론매체나 인터넷의 대화 사이트를 보면 분노에 쌓인 욕지거리가 대부분인 것은 사회적으로 우리가 이 감정전이를 통한 강박충동의 병리가 팽배해 있다는 것을 보여준다.

　병인적이라는 것은 의식의 힘과 무의식의 힘이 항쟁하는 것을 말하는 것인데 평상시에는 이 갈등이 결말이 나지 않는다. 어떤 학생이 내게 이런 이야기를 해주었다. 자기는 고등학교 때 담임 선생님 때문에 돌아버릴 정도였다는 것이다. 수업시간에 그렇게 심한 육두문자를 쓰면서 아이들에게 매우 심한 체벌을 가하던 선생님이 하루는 양호실에서 얌전하게 앉아 성경을 읽으면서 자기에게 그렇게 다정하게 대하더라는 것이다. 이 에피소드에서 보듯이 무의식과 의식은 어쩌면 서로 다른 공간에 있어서 개인적으로도 이중적인 생활을 보일 때가 많다. 마치 만날 일이 없는 백곰과 고래의 관계처럼. 그러므로 치료는 결국 이 백곰과 고래가 만나도록 해야 치료가 될 수 있는 것이다. 다시 말해 무의식과 의식이 만나도록 하는 과정, 나아가 무의식을 의식으로 치환하고 무의식을 의식으로 번역하는 과정이 곧 치료라고 볼 수 있다. 이런 과정에서 억압을 해소하고 증상의 조건을 제거하고 병인적 갈등을 정상적 갈등으로 바꾸어야 할 것이다. 그러나 이 작업은 쉬운 일이 아니다. 이유는 치료라고 하면 무조건 부정적인 반응을 보이는 우리 사회이기 때문에 더욱 그렇지만 이런 신경증을 가진 사람이 그것을 자기 무의식과 대체하는 것이 아니라 그 옆에 병치竝置시킬 뿐이기 때문이다.

　무의식은 억압이 있는 곳에서 찾을 수 있으므로 이 억압이 제거될 경우에 무의식은 쉽게 발견된다. 이제 독서의 계절 가을도 되고 인생으로 치면 정리할 때도 되었으니 『돈키호테』 같은 소설이나 시를 읽으면서 자신을 되돌아볼 수 있는 글을 써보는 것이 어떨까? 그러면 나의 강박적 반복충동이 좀 더 쉽게 찾아질 것이다. 광인이라는 말부터 금기시하는 우리의 풍조에 광인에 관한 소설이 금기시되는 것은 말할 것도 없겠지만 인간이면 누구나 광기적 내면을 가지고 있다는 사실이다. 그것은 인간학적 형질이기 때문이다. 이런 내면을 달래고 치유하기 위해 문학을 읽으면 우선적으로 필요한 심리적 저항을 쉽게 누그러뜨리거나 제거할 수 있다. 저항은 불쾌한 자극을 억압하기 위해 등장하는 리비도적 반대 집중에 의해 일어나기 때문에 문학을 통해 쉽게 치유적 환경에 몰입할 수 있다. 박완서의 소설이든 이문열의 소설이든 정호승의 시든 그들이 쓴 글을 보면 우리의 주변에서 찾아보기 힘든 경우를 서술해 놓은 것을 볼 수 있다. 그렇기 때문에 독서를 통해 그 저항을 인식하고 억압에 대응하는 지혜를 얻을 수 있다. 말하자면 "저기 돈키호테를 보십시오. 그는 자유를 얻기 위해 거인에게로 (풍차로) 돌진하지요."라고 말하는 것이 그냥 "덮어두십시오. 그는 미친놈 아닙니까?" 하는 것보다 훨씬 쉬운 일이다. 우리는 이런 내부의 반란을 너무 무시하고 있다. 글을 읽거나, 글을 읽게 하는 것이 이런 감정전이의 치료에는 큰 도움이 된다. 문학을 통해서 우리의 심정에서 일어나는 격렬한 싸움을 해소할 수 있기를 바란다.

22
사랑이 의무일 수 있는가?

제목의 이 물음은 프랑스 고등학생들의 졸업시험이자 대학 입학시험 인 바깔로레아란 시험에 나온 문제이다. 문제의 단순함, 정답의 명확 함을 요구하는 우리네 시험에서야 절대로 나올 수 없는 문제다. 기실 이런 문제를 대할 때 우리가 당황하게 되는 것은 우리가 사랑에 대해 전혀 생각지도 않고 살기 때문일 것이다. 사회적으로 이혼이 늘고 부 모가 사랑한다는 이유로 아이를 살해하고 그것을 동반 자살이라 이 름하고, 교사가 자기 기분으로 학생을 폭행하고 사랑의 매라고 이름 하는 것, 부모를 등지고 가끔 존속살해라는 끔찍한 일까지 저지르는 경우를 보면 우리가 일상적으로 생각하는 사랑이 당연한 것만은 아 닌 것 같다.

사랑이 무엇인지를 알기 위해 가장 일상적인 말부터 시작해 보 자. 사랑이라면 누구나 '첫눈에 반한다'란 말을 떠올릴 수 있을 것이다. 하지만 첫눈에 반하는 경우를 사랑이라 할 수 있을까? 첫눈에 반하는 것은 분명 자신에게 내재된 경험이나 충동의 소산이지 그 사람을 이해하고 그 사람을 사랑하는 것은 아닌데도 말이다. 이런 것을 우리는 사랑의 자발성이라고 정의한다. 그러면 사랑의 출발점은 분명 자발성이 될 것이다. 한데 이런 사랑의 자발성은 헤어질 때도 자발적이다. 그래서 쉽게 만난 사람은 쉽게 헤어진다. 환언하면 자발적으로 만난 사람은 자발적으로 헤어진다는 것이다. 그런데 우리는 자발적인 만남은 좋다고 여기지만 자발적으로 헤어지는 것은 좋다고 여기질 않는다. 여기에 갈등이 내재되어 있다. 자발적으로 자식을 사랑했기에 자발적으로 동반 자살(살해)을 할 수 있는 것이다. "난 네가 튀는 것이 좋아", "난 네가 자유 분방한 것이 좋아서 널 좋아하게 됐어"라고 하고선 만난다. 하지만 시간이 흘러가면 "여자가 그렇게 방정맞냐?"라든가 "이 남자 저 남자, 아무나 보면 좋으냐?" 이런 식으로 말하면서 상대방을 구속한다. 다시 말해 너를 만나게 한 모든 동기가 너를 원수로 만드는 요인으로 바뀌는 것이다. 이게 화장실 들어갈 때 나올 때가 다르다는 것, 좀 더 유식하게 말한다면 '관심의 변전the mutation of interest'이 아니고 무엇일까?

우리는 자발적인 사랑은 좋다고 보지만 의무적인 사랑은 좋지 않은 것으로 보는 습관이 있다. 그래서 모성 같은 것이 있다고 믿고 자식이니까 본능적으로 사랑한다고 믿으며 그것을 아름다운 것으로 보는 경향성이 짙다. 하기야 항상 새로운 것을 기웃거리는 남자보다는 여자에게 자식에 대한 사랑의 본능이 주어져 있다는 주장을 막을 수는 없을 것이다. 하지만 모성 본능이라는 것도 현대과학에서는 부정되며, 역사적, 지리적 가변성 마저 많이 지니고 있고, 인류 역사의 수세기 동안 귀족들이나 능력이 되는 사람들이 자녀를 유모나 가정교사에게 맡긴 것을 보면 이런 주장은 설득력이 없는 듯하다. 기실 여성의 모성본능이란 것도 사실은 남성보다 자식에 대한 더 큰 의무감으로 해석해야 할 것이다. 그래서 이혼을 할 경우에 일차적으로 여성에게 자식을 가질 권리가 주어지는 것이다. 이와 같이 사랑이 자발적 측면만 가지고 있다고 주장한다는 것은 거의 불가능해 보인다. 사랑하는 사이이지만 더운 여름날 같이 몸을 대고 있기가 어려운 것, 사랑하는 상대가 음악을 크게 틀어놓으면 짜증난다는 것을 자발성만으로는 설명하기가 매우 힘들다.

　이런 의미에서 사랑은 필연적으로 갈등적인 요소를 갖고 있으며, 내가 사랑의 자발성을 수동적으로 따르지 않고도 사랑한다면 그것은 곧 사랑이 의무적인 측면을 지니고 있다는 것에 대한 반증이다. 이런 의무는 인간이기에 삶을 영위하면서 배우는 것이다. 그런데 우리나라에서는 사회·문화적으로 사랑을 어떤 사람에게 의무적으로 종속시키는 것, 즉 타율적인 어떤 것으로 받아들인다. 그 결과 자식을 고아원에 버리는 부모가 어디 있느냐고 비난한다. 하지만 그들이 비난받아야 할 부분은 모성이 없다는 점이 아니다. 물론 아빠가 버리는 것은 정당하고 엄마가 버리는 것은 부당하다는 말이 아니다. 그들이 비난받을 수 있다면 그들이 사랑의 의무적인 측면을 몰랐고, 나아가 그런 의무를 가르치지 않은 사회도 함께 책임이 있다는 점이다. 인간은 언제든지 자기의 이익에 위배되면 그것이 사랑하는 사람이건, 자식이건, 부모건 버릴 수 있다. 그렇기 때문에 인간이다. 하지만 인간은 인간이 되기 위해 한 가지 조건을 더 가지고 있는데 그것은 의무라는 것이다. 의무는 사랑을 완전하게 하는 것이며 인간을 아름답게 하는 것이다. 이 의무를 배우지 못한 사람을 보고 우리는 아이 같다고 하기도 하고 짐승만도 못하다고 하기도 하는 것이다.

　독일의 철학자 헤겔은 '주인과 노예의 변증법'에서 주인과 노예가 결정되는 것은 인정認定투쟁의 결과라고 설명하고 있다. 주인은 노예에게 생명을 주는 대신 노예는 주인에게 노동을 제공하는 것이다. 하지만 우리의 생명은 자연법自然法 사상으로 볼 때 원래 자연(신)에게서 주어진 것이기 때문에 노동을 제공하는 노예로 봐선 매우 불평등한 것이다. 따라서 노예가 주인에게 죽을 각오를 하고 노동과 그 생산물을 제공하지 않는다면 주인 또한 죽고 말 것이다. 이와 마찬가지로 사랑을 자발적인 측면에서만 본다면 사랑의 상대방은 노예나 다름없다. 그때 주인은 가장 행복하다. 꼼짝 말고 집에 있어, 너 죽어, 너 말 잘 들어, 그렇게 하면 집에 있고, 죽고, 말 잘 들으면 가장 행복할 것이기 때문이다. 재산 다 주세요, 난 받아들이잖아요. 같이 죽자, 너희들 엄마 없으면 어떻게 살아. 이런 대화에서 감지할 수 있는 것은 주인과 노예의 관계 밖에는 없다. 다만 노예가 나 죽기 싫어. 내 재산은 사회에 환원하겠다. 또는 나 공부하기 싫어. 당신만 쳐다보고 살 수 없어. 그러면 필연적으로 사랑은 갈등적인 것이 된다. 위에서 말했다시피 나는 음악을 듣고 싶은데 상대는 잠을 자고 싶다. 내가 혼자 있고 싶은데 상대방은 같이 있고 싶다. 나는 같이 죽고 싶은데 상대는 죽고 싶지 않다. 그러므로 이런 인정 투쟁에서 우리는 사랑 또한 필연적으로 갈등적이라는 사실을 알 수 있다.

　헤겔의 이런 '정신현상학'은 칸트에게서도 데카르트에게서도 플라톤에게서도 찾아볼 수 없다. 이 생각은 루소에게서 발생해서 비로소 프랑스 시민혁명이란 사회적 변혁 이후에야 가능했다는 것을 우리는 알아야 한다. 사랑이 그저 자발적이라는 것은 전근대 사회나 봉건사회 노예 사회에서나 가능하다는 것을 우리는 알고 있다. 거기서는 신분이나 위계가 중요하고 사랑의 관계에서도 대등한 관계가 아니라 불평등한 관계가 가능했고 또 그것이 아름다운 사랑인양 보아왔기 때문이다. 하지만 사랑이 상대방의 복종을 요구하는 자발적인 것이 아니라 의무적인 것, 즉 상대방에 대한 나의 복종이라는 것을 우리는 만해 한용운의 시 「복종服從」에서 확인할 수 있다. "남들은 자유를 사랑한다지마는, 나는 복종을 좋아하여요. / 자유를 모르는 것은 아니지만, 당신에게는 복종만 하고 싶어요. / 복종하고 싶은데 복종하는 것은 아름다운 자유보다도 달콤합니다. / 그것이 나의 행복입니다. / 그러나, 당신이 나더러 다른 사람을 복종하라면, 그것만은 복종할 수가 없습니다. / 다른 사람을 복종하려면 당신에게 복종할 수 없는 까닭입니다."

'복종'이라는 전근대적 언어가 현대인에게 어떤 저항을 불러일으킬지 모르지만 오히려 '반어'를 통해 사랑이란 것이 당신에 대한 나의 복종, 다시 말해 사랑의 의무를 더욱 선명하게 보여주고 있다. 독일의 한 여류 시인도 이렇게 노래한다. 사랑이란 "……서로로부터 구속되어 있는 것, 그러나 어떤 사슬로도 매지 않는 것"이라고. 김정현의 소설 속의 '아버지', 이율곡의 '어머니', 서애 유성룡의 '형님', 허준의 '선생님', 나의 '할머니', 너의 '동생' 모두가 이런 사랑을 귀한 의무로 여기고 나와 너를 길러낸 것이다. 사랑은 자발적 성향을 극복해야 완성될 수 있는 것이다. 그리고 당신에게 내가 완전히 복종할 수 있을 때 사랑이 완성되는 것이다. 그 정도는 아니더라도 우리가 상대를 인정하고 존중하는 것을 배울 수 있을 때 우리는 사랑을 시작할 수 있다. 그렇다면 사랑은 의무일 수 있다고 주장해도 무리가 되진 않을 법하다.

23
호모 루덴스

박완서의 『그 많던 싱아는 누가 다 먹었을까』라는 소설에 보면 재미있는 에피소드가 하나 있다. 그것을 읽어보자. "어느 날은 길에서 주운 석필 조각으로 땅바닥이나 남의 집 담벼락에다 뭔가를 그리면서 같이 놀던 동무가 이상한 제안을 했다. 엉덩이를 까고 앉아 서로의 성기를 땅바닥에다 그리는 일이었다. 왜 그런 기상천외의 놀이를 시작했을까. 너무 심심해서였다. 좀 커서 공중변소 같은 데서 성기를 비롯한 이상한 그림을 볼 때마다 나는 그때 생각이 나면서 호기심이나 혐오감보다는 아아, 얼마나 심심했으면, 하고 안쓰러워지곤 했다. 우리는 서로 사생하듯이 성기를 그리다가 익숙해진 솜씨를 우리 집 담벼락에까지 써먹다가 엄마한테 들켜 지독하게 얻어맞았다."

화자 스스로 "그런 기상천외한"이란 형용사를 붙이듯이 우리는 때로는 아무런 이유도 없이 어떤 일을 하고 또 그런 일 때문에 날벼락을 맞는 경우가 허다하다. 나도 이런 얘기라면 적지 않다. 어릴 때 60년대 기억이다. 한번은 산림 조사관이 우리 집에 들이닥쳐 이것저것 조사했다. 청솔가지부터 나무등걸, 패놓은 장작 모두 걸렸다. 산림을 보호하기 위한 정부 시책이었지만 가난한 우리 집으로서는 연탄이나 공식적으로 인정된 땔감을 살 돈이 없었다. 아버지, 삼촌 등 어른들은 사정없이 빌고 봐 달라고 하고, 산림 조사관은 기세 등등하게 "주소가 어떻게 됩니까? 주소 대세요."라고 어름장을 놓고 있었다. 지금 생각해 보니 아무래도 뭔가를 요구했던 것 같다. 어른들은 그저 빌면서 사정만 하고 있었는데 그 와중에 내가 무슨 생각이 있어서였던지 "경상북도 문경군 호계면 지천리 434번지"라고 똑똑하게 가르쳐 주었다. 지금도 내가 왜 그렇게 바보 같았던가 하는 생각이 들면 쥐구멍이라도 들어가고 싶은 심정이다. 어른들은 말이 없었고, 그 이후 우리는 침묵의 만찬을 들었다. 한참이 지났을까. 삼촌이 말문을 띄웠다. 헛똑똑이! 네가 바로 헛똑똑이다! 누구 주소를 몰라서 가만있는 줄 알았더냐? 머리가 쥐어 박히고 완전히 자존심이 함몰될 때까지 나는 당할 수밖에 없었다.

내가 어른이 되어서 그런 일들을 생각해 보노라면 이해할 수 있는 일들이 더욱 많아진다. 돈 많은 청년이 강도 짓을 한다든가, 탤런트들이 마약을 한다든가, 종교지도자가 원조교제를 한다든가 하는 일들이 사실은 놀이하고 싶은 인간의 충동에서 비롯된 것이므로 그런 비행들은 현실에 잘 적용될 수 있도록 유도할 수 있을지언정 죄악시할 수는 없는 일인 것 같다. 만약 인간의 이런 놀이충동을 모두 범죄시한다면 모든 인간은 죄인이다라는 등식이 성립할 것이다. 박완서의 주인공이 벽에 성기를 그려대는 행위나, 필자가 과거에 똑똑한(?)

대답을 하여 부모에게 손해를 입게 한 일을 한 것 자체는 잘못된 일이 아니다. 그 이유는 놀이가 인간에게 필수 불가결한 것이기 때문이다. 네덜란드의 문화사학자 호이징가(1872~1945)는 『호모 루덴스』란 책에서 아예 인간의 문화는 놀이라고 정의했다. 종래에는 놀이가 문화 속에서 발생하는 것으로, 다시 말해 문화가 상위개념이라고 생각하였으나 호이징가는 이러한 견해를 뒤집어서 문화는 원래 놀이이며, 놀이에서 놀이로 발달한다는 획기적인 주장을 내놓은 것이다. 이와 같이 놀이는 인간이 존재하기 위한 수단이 아니라 존재의 목적 그 자체이다. 해마다 10월이면 비즌Wiesn이라고 불리는 독일 뮌헨의 시월 축제 또한 예외가 아니다. 축제가 시작되면 술과 음악과 통닭이 끊임없이 날라지고 그 이후부터는 잔디밭 위에서 연애, 애정행각, 고성방가, 끌어안고 춤추기 등 완전한 광란의 시간과 공간으로 진입한다. 늘 내면과 경건, 이성과 지식으로 가득 찬 독일인에게 이 축제는 모든 것을 입과 배, 그리고 욕망으로 채워줄 수 있는 시간이 되어버린다. 일상에서 완전히 벗어나 리비도의 그늘에 몸을 맡긴 채 그냥 즐기면 되는 것이 이 축제에서 그들이 지향하는 바이다. 이런 놀이 또한 경건한 모습의 독일인에게는 기상천외한 일이다. 그들의 일상과 너무도 다르기 때문이다.

　남에 대해서는 기상천외하다는 것이 자신에 대해서는 유보적이다. 그럴 수밖에 없는 것이 인간은 자신을 볼 수 없기 때문이다. 그렇기 때문에 이런 놀이 또한 판단하는 데 매우 제한적이다. 의과대학의 의사 선생님에게 들은 이야기다. 아픈 아이가 치료를 받다가 간질발작 증세를 보인다고 정신과에 진료를 의뢰해서 그 아이의 행동을 찍은 비디오를 보았더니 아무래도 발작이 일반적인 발작이 아닌 것 같더라는 것이다. 아이가 발작을 하는 순간에 옆을 둘러보는 행동은 간질에서 오는 것이 아니라 다른 이유에서 오는 것이란 확신을 가졌다고 한다. 아이가 오랜 투병에서 놀이를 할 수 없었던 것이 이유가 될 수 있어서 이 의사 선생님은 아이의 어머니에게 아이가 좋아하는 놀이가 무엇인지를 물어 보았다. 어머니는 곧 아이가 스티커 붙이는 것을 좋아한다고 말해주었고 의사 선생님은 담당주치의와 간호사들과 아이가 어디에 스티커를 붙여도 용인해주라고 일러주었다. 아니나 다를까 스티커를 가진 아이는 그 날부터 발작증세가 호전되기 시작했는데 이유는 주치의 선생님은 좋은 말씀만 해주신다고 귀여운 아기 곰 스티커와 천사 스티커를 주렁주렁 붙여주고, 간호사에게는 주사 놓는다고 돼지 스티커나 악마 스티커를 주렁주렁 붙여주면서 즐거워졌기 때문이다. 그것을 가슴에 붙여주고 즐거워하고 때로는 놀리고 웃으면서 정신적인 부담이 경감되었기 때문이다. 우리는 이 에피소드를 통해 놀이가 이루어지지 않으면 질병을 유발할 수도 있다는 점을 알 수 있다. 그러므로 우리는 놀이가 공부에서 병원, 보험판매에서 스포츠, 법원에서 학문에 이르기까지 인간의 본질을 구성하는 요소로 자리 잡고 있다는 점을 알아야 한다.

그런데 문제는 우리나라에서 이런 놀이의 인정, 놀이의 제도가 너무 제한적이라는 사실이다. 애들이 컴퓨터를 하면 그것을 금지하려고만 하지 그것말고 아이가 무엇을 해야 할까 고민하지 않는 것이 현실이다. 고스톱을 하지 말라고만 하지 그것에 대한 대안으로 무슨 놀이를 해야 할지를 마련해주고 있지 않다. 술을 먹지 말라고만 하지 그 우울하고 무료한 시간을 어디다 소비해야 할지는 말해주지 않는다. 신선하면서도 나의 영혼을 적셔줄 수 있는 것이 무엇이 있는가.

괴테도 자신의 작품 『파우스트』에 바로 자기 일에 흥미를 잃고 무엇인가 새로운 것을 경험하고자 하는 인간을 설정한 것을 보면, 신이 심심해서 인간이라는 기상천외한 작품을 만들었는지도 모른다는 엉뚱한 주장을 받아들여야 할지 모른다. 아이에게 컴퓨터를 금지시키려는 아빠는 축구공이라도 들고 나가서 같이 공차기를 해주어야 할 것이다. 우울에 시달리는 사람이 있으면 그보다 더 심했던 천상병 시인의 시작품을 읽게 해주어야 한다. 그는 그 시를 읽고 우울이라는 '죽음에 이르는 병'에서 벗어나올 기상천외한 힘을 얻을 것이다. 고스톱에 빠진 사람에게 테니스 라켓을 사주든지 볼링 공을 사주어 승부의 세계에 집착하게 해 보라. 그러면 그의 건강하지 못한 놀이에서 건강한 놀이로 자신의 즐거움의 대상을 바꿀 수 있을 것이다. 정치인들에게 권력을 추구하려는 욕심을 버리라고 하면 그들은 금방 죽을 것이다. 그 대신에 양로원에 가서 봉사하고, 사회의 그늘로 가서 할 일을 하면 표 찍어 준다고 하라. 그러면 그가 재미있어 그 일을 할 것이다. 놀이를 하지 말라는 것은 인간에게 죽기만도 못한 일이다. 인간이 그런 충동을 벗어날 수 없기 때문이다. 놀이는 즐겁고 놀이를 향해, 놀이 속에서 인간은 무한을 겨냥한다. 컴퓨터 서핑이 그렇고 게임이 그렇고, 고스톱 칠 때의 재미 또한 그렇다. 야구라는 스포츠는 어떤가? 55개면 어떻고 56개면 어떤가. 하지만 그것을 고대하고 그것에서 쾌감을 느끼는 것이다. 그런 측면에서 우리는 인간을 호모 루덴스(놀이하는 인간)라고 정의한다. 박완서가 화장실의 낙서를 보고 얼마나 심심했으면 하고 생각했다면, 나는 길 가다가 히죽히죽 웃는 사람만 보면 저 사람도 '경상북도 문경군 호계면 지천리 434번지'를 생각하고 웃고 있겠지, 그런 생각이 든다.

24
고 맥락 사회

일본 – 중국 – 한국 – 사우디아라비아 – 그리스 – 라틴 – 이탈리아 – 영국 – 프랑스 – 미국 – 핀란드 – 독일 – (독일계) 스위스라는 순서를 매긴다면 여러분은 무슨 순서라 생각할 것인가? 1인당 국민소득? 아니다. 그러려면 일본은 당연히 앞에 한국은 중간쯤, 중국은 제법 뒤에 가야 할 것이다. GDP 대비 1인당 물 소비량? 그렇다면 한국이 훨씬 앞에 일본은 저 뒤에 가 있을 것이다. 국가 경쟁력? 상당히 비슷하게 갔다. 하지만 그것도 아니다. 한국은 27위, 일본은 31위, 미국은 1위, 핀란드 2위이니까. 그러면 무엇일까? 그것은 바로 에드워드 홀이 구상한 고 맥락high-context 사회에서 저 맥락low-context 사회에 이르는 국가들의 랭킹 스펙트럼이다. 에드워드 홀은 고 맥락 사회와 저 맥락 사회를 구성원들이 얼마나 응집력을 보이고 있는가, 즉 인종적으로 일원적인가 아니면 다원적인 사회를 구성하고 있느냐는 기준을 적용하여 구분하였다. 다시 말해, 만약 한 국가가 고 맥락 사회를 대표한다면 이는 대화 시에 컨텍스트context, 즉 '사건을 둘러싼 정보'를 가능한 한 많이 필요로 한다는 것을 의미한다. 반면 저 맥락 사회는 대화가 있는 그대로이고 많은 정보를 필요로 하지 않고 마음이나 눈빛, 분위기로 소통이 쉽게 이루어지는 사회를 말한다. 과거에 개그 콘서트에서 유행했던 코너를 통해서 잘 알고 있겠지만 전라도 사람이 '너를 사랑한다'는 표준말을 '아따 거시기 한당게'로 표현하거나 서울 사람이 '너참 예쁘다'라고 표현하는 것을 경상도 사람이 '니 밋살이고?'라고 표현한다면 서울 사람에 비해 경상도나 전라도 사람은 더욱 고 맥락적 소통을 하고 고 맥락 사회에 살고 있다고 볼 수 있다. 결론적으로 그의 이론은 단일한 민족일수록 '고 맥락 사회'를 구성하며 대부분의 아시아 국가들로 대표되는 나라들이 그렇다는 것이다. 문화학자 기어츠가 일본에서는 친구가 죽으면 웃는데 이를 '친구의 죽음에 모두 웃었다'고 번역하면 안 되고 '친구의 죽음에 모두 슬펐다'고 번역하여야 했다면 그것은 곧 이런 뜻이다. 그래서 일본이 고 맥락 사회의 가장 처음에 와 있는 듯하다.

에드워드 홀은 여러 국가들을 의사소통의 차원에서 조사한 결과 우리나라와 같은 동양의 고 맥락 사회에서는 필요한 메시지가 직접적인 대화 방법보다는 비언어적이고 간접적인 방법으로, 미국과 독일 같은 나라는 직접적이고 일상적인 언어로 전달되는 것을 발견했다. 말이 나왔으니 말이지 독일에서 유학하는 10년 동안 초대받아 갔다가 얼마나 많이 굶었던가! 그들이 '저녁 먹었느냐?'라고 물을 때 '아니요, 먹지 않았습니다'라고 대답하여야 하는데 나는 우물쭈물 하다가 그냥 먹었다고 한다. 그러면 그들은 저희들끼리 그냥 먹는다. 이 사람이 먹지 않았을 수도 있겠거니 하고 생각해주기는커녕 '먹어보겠느냐'라고 물어보지도 않는다. 동양에서는 언어를 사용해도 한국적 의미로 변죽을 울리고 눈치껏 파악함으로써, 의사소통이 언어와 단어들 또는 구문들, 나아가 맥락 사이의 숨은 뜻에 의해서 전달되는데 비해, 독일이나 미국의 의사소통 방법은 그와는 정반대이다. 홀은 이러한 고 맥락 혹은 저 맥락 사회의 의사소통의 근본적 차이가 공통의 경험이 얼마나 많이 축적되어 있는가에 따라 달라진다고 보았다. 이에 따라 독일이나 미국에서는 사람들과 교류할 때 필요 이상의 미세한 정보를 대화의 배경으로 둬야 한다. 다시 말하면 독일인이나 미국인들은 보다 직접적인 설명을 의사소통에 필요로 한다는 지적이다.

그러나 홀이 저 맥락 사회의 특성이 다 민족적인 인구 구성에 있다고 파악한 것은 어느 정도는 타당하지만, 충분하지는 않다. 독일이나 미국의 명확한 설명을 요하는 의사소통 방식을 형성한 근저에는 미국의 다문화적인 사회구조적 측면과 동시에 서양의 뿌리깊은 기독교적 내면성(그래서 솔직하다), 논리적(그래서 비약적이지 않다), 분석적(그래서 직관적이지 않다) 인식형태가 작용했을 것이다. 말하자면, 독일이나 미국에 비해 동양적 고 맥락 사회에서는 공동체의 조화나 공동체의 상징구조가 일정하거나, 사물을 논리적 분석보다는 전체적 직관으로 파악하는 경향성이 더 중요하다. 예컨대 이심전심같이 서로 공감하는 느낌은 말로 구태여 표현하지 않아도 두 사람의 가슴에 스며들고 머리에 인지된다고 느끼는 것이고, 유교적 위계질서의 문화가 배어있는 사회에서는 정답이 사람의 마음에 달렸기 때문에 정확히 말로 표현하는 것보다는 말없이 사람의 마음을 읽으려고 눈치를 보는 것이 현명하기 때문이다. 그리고 이런 문화 전통하에서 사람들은 사물을 자세하게 논리적으로 분석하기보다는 모든 것을 전체적으로 조망하고 파악하는 데 익숙해질 수밖에 없다.

또 다른 이유는 서구의 공통된 특질이 유목민족의 문화라는 점이다. 이는 저들의 식생활만 보아도 알 수 있을 정도이다. 한국의 농기구가 축소되어 젓가락이 되었다면 그들의 사냥도구는 나이프와 포크가 되어 있다. 이들의 생활방식은 곧 세계관이나 자연관, 즉 예술의 차이로 이어질 수밖에 없다. 자기가 태어난 지역에서 자연과 함께 살아야 하는 사람들은 자연의 힘이 얼마나 거대한가를 잘 안다. 사계절이 뚜렷하여 그 거부할 수 없는 자연의 도래는 곧 하나의 공통적인 상징을 만들어낸다. 그리하여 농경민족들은 자연을 신으로 받아들이고 그 자연이 무릉도원의 꿈이 되는 것이다. 사람의 얼굴을 그리지 않아도, 자연을 있는 대로 사생하지 않아도 그 선 뒤에 있는 경치를 짐작해낸다.

이와 반대로 유목민족은 자연을 두려워했다. 그리하여 그들은 자연과 싸워 나가기 위해 온갖 머리를 다 짜냈다. 이들이 보기에 자연은 투쟁해서 이겨야 할 그 무엇으로 나타난다. 그러나 농경민족은 자연을 정복하려 들기보다 공존과 조화를 꿈꾸었다. 그러니 유목민에게는 구체적인 정보가 중요했지만 농경민족에게는 자연의 질서가 더 중요하다. 유목민족에게는 침범의 위험이 존재하지만 농경민족에게는 평화의 기원이 존재한다.

독일과 미국의 그림은 그린 부분을 감상함으로써 미가 포착되는 입체적이고 사실적인 그림이다. 사실적 선과 면을 빈틈없이 채색함으로써 미를 만들어 낸다. 그러나 동양화는 그린 부분은 적고 그리지 않은 여백으로 주제의 취의趣意를 살린다. 곧 그리지 않은 부분을 그린 부분과 더불어 통관通觀함으로써 미가 생성된다. 농경문화의 신들은 위패와 문자 뒤의 신이다. 말하자면 면보다는 추상화된 선의 신으로 존재한다. 그들은 끊임없이 맥락을 살펴야 하는 것이다.

한국은 집단의 규율을 진실보다 더 존중하는 고 맥락 사회이며, 따라서 집단에게 좋은 것은 개인에게 좋은 것보다 더 중요한 것으로 간주된다. 늘 주변사람의 시선을 의식하고 인간관계에 큰 비중을 두는 한국의 문화는 다분히 고 맥락이다. 그렇기 때문에 훨씬 관계 지향적이고 타인 의존적인 성향을 나타낸다. 그래야 살아갈 수 있는 것이다. 좋은 공부와 훌륭한 논지가 있더라도 '저의 학문은 별 것이 아닙니다'라고 낮추어야 하고 자기의 논문을 졸고拙稿라고 해야 하며 상대방이 주장할 때 정보와 지식에 따라 접근하는 것이 아니라 예의와 분위기를 맞추어야 한다. 그러니 고 맥락 사회에서는 학문하기도 매우 어렵고 새로운 이론이 나오기도 힘들다.

유럽에서는 남부 이탈리아가 이런 고 맥락 사회인데 대중들의 말을 들어보면 안다. '빠를라 빠를라 마 논 디체 니엔테parla, parla... ma non dice niente(말하고, 말하고 또 말하지만, 결코 아무 것도 말하지 않는다).' 즉, 끝없는 설명에도 실질적으로 필요한 내용은 찾아 볼 수 없다는 뜻이다. 토론자로 학회에 서보면 대부분 시간을 상대방 발표자 추켜세우는 데 할애하고 정작 비판이나 논의는 거의 할 수가 없다. 거두절미하는 것을 정말로 싫어하는 사회이기 때문이다. '한국……학회의 원로교수님으로서 훌륭한 논문을 발표하신 것을 경하드리옵고……외람되오나 한 말씀드리자면……제가 그런 뜻이 아니라…….' 뭐 이런 정도이다. 편지를 쓸 때도 서양 사람들은 필요한 것을 바로 쓴다. 그러나 우리는 "어떻게 지내느냐……계절은 어떻고……한 번 초대하고 싶다……."라고 나가다가 끝에 가서 '돈 좀 빌려달라'고 하는 경우가 허다하다. 고 맥락이든 저 맥락이든 한 사회를 유지하기 위해 필요하였던 소통임은 말할 것도 없다. 그러나 문제는 정보화 시대가 도래하면서 인간의 취향과 행위양식이 너무 달라지기 때문에 고 맥락의 윤리가 더 이상 통용될 수 없다는 것이다.

정치가가 말을 하면 그게 무슨 뜻인지 배후에는 무엇이 있는지를 자꾸 생각해야 한다면 그 사회는 고비용의 사회이다. 그것은 단순히 표현 미학의 수준이 높다는 뜻만은 아닐 것이다. 그것은 지배자의 감시 이데올로기를 정당화하고 그러므로 인해서 사회를 지배하려는 야욕을 품고 있다.

고 맥락 사회의 목적이 상대방에게서 보다 근본적이고 풍부한 정보를 기대하는 것보다는 훌륭한 수사修辭를 통한 왕국의 건설에 있다는 사실을 알아야 한다. 일본이 비록 국민 총생산으로 보기에는 가장 높은 수준의 나라지만 국가 경쟁력에 뒤지는 것은 바로 이런 고 맥락의 문화를 유지하고 있기 때문이다. 홀의 이론으로 보아 우리 사회는 일본보다는 까놓고 솔직하게 이야기하는 사회인 것 같다. 우리가 일본보다 경쟁력에서 앞서가는 것을 보면.

25
홍수가 나면 마실 물이 없다

아침에 밥을 먹고 있을 때 초등학교 아들녀석이 "아빠 왜 남군은 없죠?" 하고 묻는 것이었다. 그게 무슨 소리야? 남군이라니? 낭군? 아니면 나뭇꾼? 하고 되물었더니, 답답하다는 듯 다시, 아니요, 여군女軍은 있는데 왜 남군男軍은 없느냐고요?! 그렇다. 대부분이 남군이니 여군은 있어도 남군은 없는 것이다. 홍수가 나면 마실 물이 없는 것이나 다름없다. 너무 많으면 그에 대한 인식도 그것의 참된 의미도 없어지는 것이다. 우리에게 너무도 당연한 공기가 그렇고 물이 또한 그렇다. 그리고 새로운 원자모델을 만들어 양자역학의 성립에 결정적인 역할을 한 공로로 1922년 노벨 물리학상을 수상했던 핵 물리학자 닐스 보어(1885~1962)의 이야기 또한 이런 경우와 비슷하다.

　덴마크의 한 대학에서 물리학 시험 답안을 두고 교수와 학생간에 실랑이가 벌어졌다. 기압계로 고층 건물의 높이를 재는 방법을 묻는 문제에 학생이 "건물 옥상에 올라가서 기압계에 줄을 매달아 아래로 늘어뜨린 뒤 그 길이를 재면 된다"라고 답을 한 것이다. 물론 교수가 기대한 것은 기압을 이용해서 높이를 재는 것이었지 줄을 매달아 그 길이를 재는 것은 아니었다. 우리는 어쩌면 줄을 매달아 높이를 구하는 것은 흔하다는 생각을 가지고 있는지도 모른다. 이렇게 교수와 학생이 서로 팽팽하게 맞서자.(이것은 물론 덴마크이니까 가능하지 우리나라에서는 틀린 답으로 결정 난다.) 다른 교수가 중재에 나섰다. 중재를 맡은 다른 교수는 그 학생에게 6분을 줄 테니 물리학적 지식을 이용한 답을 쓰라고 했다. 학생이 써낸 답은 기압계를 가지고 옥상에 올라가 아래로 떨어뜨린 후 낙하시간을 재 '낙하거리=1/2(중력가속도×낙하시간의 제곱)' 공식에 따라 높이를 구하는 것이었다. 처음의 대답, 즉 줄을 늘어뜨려 그 길이를 잰 답에 0점을 주장한 교수는 이 답에는 높은 점수를 주었다. 물론 이것 또한 요구된 답은 아니다. 그 후 중재역을 맡은 교수는 또 다른 답을 생각하지는 않았는지 물었다. 그러자 학생 닐스는 "옥상에서 바닥에 닿도록 긴 줄에 기압계를 추처럼 매달아 흔들어 그 진동주기를 통해 건물 높이를 알 수 있다"는 등 대여섯 가지 답을 제시해 교수를 놀라게 했다. 원래 문제의 출제 의도는 고도가 높아질수록 기압이 낮아지는 원리를 이용하여 기압계로 지면과 건물 옥상의 기압 차를 측정해 건물의 높이를 구하는 것이었다. 하지만 학생 닐스가 구한 것은 '홍수'가 아니라 '마실 물'이었다.

요즘 우리가 사는 사회는 무엇인가가 너무 많아서 정말로 무엇이 기억되지 않는다. 인터넷 정보의 홍수가 그렇고 핸드폰의 경보음이 그렇다. 어느 소리가 내 핸드폰의 소리인지 어제 내가 무슨 말을 했는지 알 수 없는 것이다. 문자의 형이상학이 글자로 깊이 새겨져 오랫동안 보존할 수 있었던 지난날에 비해 디지털 자료의 홍수 속에 빠져 있는 이 시대에는 이러한 문자의 형이상학이 사라지고 망각의 죽은 시체들만이 즐비할 뿐이다. 설악산이나 경주로 수학 여행을 가서 '추억'이라는 글자가 새겨진 기념품을 사노라면 오랫동안 그때의 추억과 느낌, 체험이 생동적으로 살아나곤 하였다. 그런데 왜 오늘날 확실한 저장기기인 인터넷과 핸드폰으로 나눈 대화는 쉽게 잊혀지고 마는가. 혹시 이런 변화된 매체 또한 '홍수가 나면 마실 물이 없다'는 것을 반영하고 있지는 않는가. 이런 정보의 홍수는 새김, 퇴적과 같은 물리적 기억을 더 이상 기대할 수 없게 되었다. 전자기술의 조건하에서는 그러한 이미지와 상상을 찾을 수 없는 것이다. 이미지의 홍수는 능동적 기억을 불러일으킬 수 없다. 그 이유는 이미지들이 의미의 기억으로 각인된 것이 아니라 쉽게 망각할 수 있는 상업화된 의사소통일 뿐이기 때문이다. 문자의 형이상학이 사라지고 기억의 아우라가 사라진 것이다. 동시에 인생의 의미 또한 사라진 것이다. 기실 현대인에게 의미를 찾는 일은 그저 촌스러운 일일뿐이다. 그들은 오로지 현재를 즐기고 과거를 쉽게 지우고자 노력한다.

이는 형이하학의 영역에서도 매한가지다. 60년대 시골에 살면서 어깨 시린 기억이 없는 사람이 없겠지만 나도 그런 기억의 영화 한두 편은 있다. 국민학교(초등학교) 시절 백일장을 가면 점촌이라는 자그마한 읍내로 갔는데(지금은 문경시 점촌동이라는 곳이다.) 그때를 생각하면 가장 기억나는 것이 중국집 옆을 지나가면서 맡은 우동과 자장 냄새다. 혹시 주인이 냄새 맡은 값을 물릴지도 모른다는 생각에 몰래 냄새만 맡고 지나간 곳이므로 더욱 기억에 생생하다. 아, 알록달록한 어묵과 계란이 든 우동 국물로 만든 나의 유년이여! 그 작은 읍을 통째로 삼킨 자장 냄새여! 이후에 나는 그 우동과 자장을 아무리 먹어보려 했지만 먹을 수가 없었다. 봉무동 우리 집 앞에 있는 '옛날 자장'집에 가도 북경반점에 가도 나는 그 맛과 냄새를 찾을 수 없다. 과연 그 맛이 사라진 것일까? 그렇지 않은 듯하다. 그보다는 너무나 맛있는 음식과 조미료로 인해 우리의 입맛이 가버린 것이다. 말하자면 그 입맛이 그 추억을 기억해 낼 지주를 잃은 것이다. 한정식집에 갈빗집, 일식집에 스테이크집, 이 모두는 그때 우리가 먹고 냄새 맡았던 음식보다 훨씬 맛있는 것이고 양적으로도 충분히 많다. 그러므로 우리는 또다시 홍수가 나면 마실 물이 없다는 말을 실감해야 한다. 정말이지 누구와 식사하러 갈라치면 갈 데가 없다.

어디 음식만 그럴까. 교육의 현장이나 정치의 현장으로 가도 그렇다. 거기도 삶의 모습은 여간하다. 어딜 가나 슬로건처럼 '창의력', '개혁'이라는 말이 나붙지 않은 곳이 없다. 국회를 가도 청와대를 가도 개혁이 없으면 안 되는 듯 개혁 콤플렉스에 휩싸여 있다. 장관도 자꾸 바뀌고 사람들이 지겨워질 듯하면 교육부의 정책도 자꾸 바뀌 교육의 주체가 무슨 생각을 못하게 한다. 대학은 학부제를 했다가 다시 그만 두고 학과를 통합하였다가 다시 분리한다. 그러니 대학이 학문을 공부하는 것이 아니라 그 제도에 대해서만 열심히 공부하는 꼴이 되었다. 이것은 일선 학교도 마찬가지다. 그곳에서도 개혁과 창의성은 즐겨 찾는 '홍수'가 되었다. 창의성을 강조하다 보니 그것이 오히려 창의성을 막는 꼴이 되었다. 창의성은 창의적이도록 분위기를 만들어 준다든가 차라리 그냥 두어야 되는데 자꾸 창의적이 되라고 강조하다 보니 오히려 창의성이 가로막힌 삼팔선이 되었다. 사업도 그렇고 삶의 스타일도 그렇다. 뭔가 짜릿하고 획기적인 것을 요구하고 뭔가 가시적인 변화를 요구하다 보니 이젠 촌스럽게 살고 옛날 서당 같은 곳에서 공부하는 것이 오히려 개혁적인 것, 창의적인 것이 되었다. 홍수가 나면 마실 물이 없다. 말하자면 이제 학생들은 그 물을 찾느라 더욱 힘들게 되었다.

인간은 영혼이 자유로울 때 성찰을 하게 된다. 그리고 자유로울 때 자신의 감성을 스쳐 지나가는 심상들을 잡아내고, 특정한 심상에 머물러서 그것을 밝고도 평온한 의식 속에 담아 저장하여 이것을 다른 것과 구별한다. 그런 측면에서 본다면 필경 핸드폰과 인터넷, 풍성한 음식물, '창의력'이나 '개혁' 같은 슬로건에 종속되어 있는 우리에게 자유로운 영혼을 기대할 수 없고 성찰을 기대할 수 없으며 감성적 심상을 기대할 수 없다. 성찰과 감성, 그리고 심상을 기대할 수 없다는 것은 철학과 예술, 유희의 부재를 말한다.

철학이 부재하면 모든 인간은 누구나가 생각할 수 있는 것만 생각해야 한다. 예술이 부재하면 상상력이 부재하고 인간의 영혼이 메마르고 그저 기능만이 난무할 뿐이다. 그러면 닐스 보어를 지도한 교수처럼 늘 뻔한 질문만 해야 한다. 기압계를 가지고 높이를 재는 방법이 단 하나라야만 한다. 그래서 그런 문제만 숱하게 연구하는 학생들은 정작 너무나 간단한 일상적인 생각들을 놓치고 만다. 건물의 높이를 재는 방법은 여러 가지가 있다는 사실을 잊게 된다.

감성이 부재하면 '방가방가', '안냐세염', '허걱', '헐', '^^;;' 등과 같은 공리적 기호만이 난무할 뿐이다. 여군만 생각하다보면 정말로 군대는 주로 남군男軍으로 이루어져 있다는 사실을 잊어버린다. 먹을 음식이 너무 많으면 음식의 맛을 잊고 만다. 친구와 더불어 너무 많은 이야기를 하면 친구의 귀한 존재를 잊게 된다. 우리는 이제 침묵하는 법, 적게 먹는 법, 평범하게 사는 법을 익혀야 할 듯하다. 홍수가 나면 마실 물이 없다.

26
코리안 뷰티

1999년 개봉된 샘 멘디스 감독의 〈아메리칸 뷰티〉란 영화를 보았는
가. 미국 중산층 가정의 붕괴와 중년남자의 위기를 다루는 이 영화는
내가 보기에 아름다움이라는 것 뒤에 역설적으로 존재하는 죽음을
깨닫게 하는 영화인 것 같다. 미국의 중년 남성 레스터 버냄(케빈 스
페이시)은 미국의 중년 여성, 아내 캐롤린(아네트 베닝)과 청소년인
딸에게 실패자로 낙인찍히고 직장에서는 해고되기 일보직전이다. 부
동산 소개업자인 아내 캐롤린과 그저 반복적인 결혼생활을 이어가며
하루하루를 무기력하게 살아간다. 그러던 어느 날 그는 딸의 친구 안
젤라를 만나면서 급작스럽게 변하기 시작한다. 회사를 그만 두고 스
포츠 카를 사는가 하면 대마초를 피우면서 안젤라가 원하는 멋진 근
육질 몸매를 만들기 위해 운동을 시작한다.

그런데 보고 난 뒤에도 말 못할 것이 과연 이 영화에서 뷰티, 즉

아름다움이 무엇인가 하는 점이다. 한 가정의 갈등, 말하자면 딸과 아버지 사이, 아내와 남편 사이, 아버지와 아들 사이에 있는 갈등이 그들의 아름다움이란 말인가? 그것이 아니라면 이 영화에서 감독이 보여주고자 한 '뷰티'는 무엇인가? 〈아메리칸 뷰티〉에서 제시되는 미국의 아름다움은 우선 주인공 레스터의 눈에 비친 안젤라의 육체와 캐롤린의 남자 친구, 부동산 킹의 돈버는 능력일 듯한데, 이 모두는 빨간 장미 잎의 상징으로 재현된다. 운동으로 다져진 레스터의 근육질 몸매, 스포츠 카, 마약 또한 하나의 아름다움일 것이다. 또한 캐롤린에게 멋, 섹스와 돈은 그녀의 아름다움의 표상들이다. 또 다른 하나의 '뷰티'가 있다면 그것은 리키의 존재론적 아름다움이다. 그가 영상으로 잡아낸, 바람에 날리는 길 위의 비닐봉지는 환상의 창 속에서 아름다움을 만들어낸다.

이런 '아메리칸 뷰티'가 한국으로 상륙하자 이곳에서는 얼짱, 몸짱, 힙짱이라는 '짱'의 창窓으로 자리하고 있다. 인터넷에선 언제부터인가 '얼짱(얼굴짱의 줄임말)'이 뜨고 있다. 인터넷 세대의 새로운 스타인 '얼짱'은 스타의 등용 채널로 각광을 받고 있다. 얼짱이 되는 법은 간단하다. 자신이나 친구가 주로 폰카(휴대폰 카메라)나 디카(디지털 카메라)를 이용해 찍은 사진을 인터넷 사이트에 올리면 된다. 네티즌들이 '정말 예쁘다'고 판단하면, 인터넷 사이트 여기저기에 퍼올리기 시작하며 이제 그는 짱이 되는 것이다. 그러면 '딸녀(딸기를 들고 섹시한 포즈를 취한 소녀)' 같은 스타가 탄생하고 '대통령'도 만들어지며 대변인도 만들어진다. 이제 '얼짱'은 그저 중딩이나 고딩이들의 언어만은 아니다. 정계에도 얼짱이 히트를 친다. 국회의원이다, 신인이다, 여성 정치인이다는 이름으로 이당 저당에서 간판스타로 나온다. 여기에다가 '몸짱'이 가세를 하게 되었다. 일산 아줌마의 헬스로 시작된 몸짱은 마포 아줌마, 대구 아줌마를 넘어 58세 할머니의 몸짱에 이르기까지 온갖 형태의 신드롬을 양산한다. 그들의 이미지는 그들의 몸을 떠나 유령처럼 인터넷을 범람한다. 이것이 이미지의 창이 만들어 낸 '코리안 뷰티'일 것이다.

그런데 이런 욕망들은 실체가 없는 하나의 베일일 뿐이다. 그 베일을 걷어내면 그 뒤엔 아무것도 없다. 그저 아무나 죽음 이외엔 아무것도 없는 것이다. 몸짱과 같이 자볼 일도, 얼짱과 대면할 일도 없겠지만 만나본들 그가 카메라에서 만든 이미지와는 다를 것이다. 그러므로 디카나 폰카에 잘 받으면 된다. 초점이 맞지 않는 리키의 눈빛이 지향하고 있는 이미지가 이런 것이 아닐까. 무기력한 남자, 레스터가 자기 딸의 친구 안젤라와 섹스를 꿈꾸는 것도 하나의 환상의 창일 뿐이다. 인간의 욕망은 얼짱과 몸짱을 끊임없이 찾지만 단지 그것은 일주일이나 한 달 쯤 지속될까? 곧 신기루처럼 멀리 달아나고 만다. 능력과 의무에서 벗어난 레스터는 남아도는 욕망의 우수리를 빨간 장미 꽃잎의 욕조에 누워 있는 딸의 친구 안젤라에게 투사하지만 그것 또한 텅 빈 기표일 뿐이다. 레스터가 현실, 즉 자신의 가족과 화해하려는 순간 아내의 총을 맞고 죽음을 맞게 됨으로써 감독은 쾌락원칙 너머에 있는 쾌락을 그려내고 있는 듯하다. 이것이 '아메리칸 뷰티'의 진정한 모습이다. 레스터 앞에는 가족 사진이 있고 그 앞에는 붉은 장미 잎이 가득 찬 병이 있다. 그 붉은 장미 잎은 돈, 섹스, 젊음, 욕망과 같은 '아메리칸 뷰티'를 상징하는 오브제들이다. 하지만 그 순간 권총이 발사되고 레스터의 붉은 피가 장미 잎이 든 병 뒤에 진하게 튀긴다. 이것은 바로 쾌락원칙 너머에 있는 쾌락을 상징적으로 그림으로써 '아메리칸 뷰티의 죽음'을 체화하는 것이다. 그래서 레스터는 편안한 웃음을 지으면서 죽는 것이다. 결국 '아메리칸 뷰티'의 원래 모습은 죽음의 충동이었던 것이다. 아늑하고 편안한 엄마 품과도 같은 죽음.

　우리는 젊음을 새로 맞이하고 싶어한다. 그것이 바로 반복 충동을 낳는다. 아이 둘인 엄마가 다시 20대 신세대의 몸매와 얼굴을 갖고 싶은 충동, 영화 〈아메리칸 뷰티〉의 가족들이 꾸준히 반복하는 싸움, 늘 더 많은 돈과 더 짜릿한 섹스를 반복하고자 하는 충동, 39세가 되든, 58세가 되든 다시 한 번 몸짱이 되고 싶은 사람들은 모두 이 쾌락을 넘어선 쾌락, 즉 반복충동의 지배하에 있는 것이다. 캐롤린과 다투는 레스터, 레스터와 다투는 딸 제인은 모두 쾌락이 아닌 쾌락에 몰두하고 있다. 얼짱과 몸짱 또한 쾌락이 아닌 쾌락에 몰두하고 있다. 그렇지 않다면 그런 무리한 운동을 하지는 않을 것이며, 그렇지 않다면 아이나 아내, 남편보다는, 그리고 이웃보다는 자기 몸의 회춘(반복)에 더 골몰하지 않을 것이다.

　그렇다면 인간은 왜 쾌락이 아닌 쾌락을 얻으려고 하는 걸까. 정신분석학자들은 쾌락원칙이 정신기관의 일차적 작동기관이기는 하나 유기체의 자기보존이라는 관점에서는 현실원칙에 의해 제어 당한다고 본다. 현실원칙이 궁극적으로 쾌락을 포기하도록 만들지는 않지만 만족의 지연, 만족 가능성의 포기, 불쾌에 대한 잠정적 인내를 요구하고 실행하기 때문이다. 그렇기 때문에 많은 경우 쾌락은 자아에 의해 불쾌로 감지될 수 있다. 그들은 몸을 만들기 위해 몇 년간 헬스라는 고통을 감내해야 하는 것이다. 이런 과정이 왜 일어나는지 명확하게 말할 수는 없으나 우리의 주변에서 감지할 수 있는 일이 있다. 엄마가 손바닥으로 얼굴을 가렸다가 펴며 아이에게 '까꿍' 놀이를 해 보면, 아이는 엄마가 보이지 않을 때 괴로워하지만 다시 보이는 것의 즐거움 때문에 이 일을 반복하기를 원한다. 그 이유는 이 불쾌한 반복 안에 일정량의 쾌감이 있기 때문이다. 불쾌를 소산消散시키는 것도 하나의 쾌락인 셈이다. 그렇게 함으로써 아이는 '달아난' 엄마에게 복수하는 것이다. 얼짱과 몸짱과 같은 인간의 행위, 레스터나 캐롤린이 벌이는 허무 맹랑한 행동, 문학과 예술 속의 소재, 모두 다 그것이 고통스런 일이지만 바로 이러한 쾌감 때문에 인간은 즐거움으로 받아들이는 것이다. 이렇게 인간이 원시적 기억의 흔적을 갖고 있고 거기에 돌아가려는 무의식적 본능을 갖고 있다는 가설을 받아들인다면 궁극적으로 생명체가 갖고 있는 관성의 작용을 간과할 수 없다. 연어 같은 물고기가 산란기에 그들이 살아온 거처인 바다와는 너무나도 먼 거리를 회귀하여 올라가는 것은 생명체가 원래의 장소를 찾아가려는 본능을 지녔음을 뜻한다. 이것이 생명체의 반복충동이라고 볼 수 있는 요소이다.

그렇다면 그런 보수적 본능 이외에 새로운 형태의 생산을 향해 돌진하는 또 다른 본능을 상정할 수도 있을 것인데 그것은 생명체가 출발한 무생물체로의 회귀이다. 이 회귀본능은 성적 본능과는 다른 자아본능이다. 자아 본능은 바로 원래의 개체를 복원하려는 본능이다. 성적 본능이 죽음을 향해 돌진한다면 자아 본능은 생명의 연장을 향해 돌진한다. 그렇게 함으로써 개체는 새로운 개체를 창조할 수 있는 것이다. 자아본능은 무생물이 생명을 얻음으로 생겼기 때문에 그 무생물적 상태를 복원하려고 애쓴다. 이것이 바로 타나토스 원칙, 즉 죽음의 원칙이다. 말하자면 원시적 형태의 생명은 짧았을 것이고 그것이 진화되어 죽음에 이르는 오래된 우회로를 택한다면 그것은 바로 욕망의 완전한 충족을 지연시키는 성적본능과 같은 맥락에서 이해될 수 있을 것이다. 하지만 개체의 생명과정은 죽음을 통해 다시 다른 살아 있는 물질과의 결합으로 긴장을 고조시킬 수 있다. 그러면 그 생명체는 새로운 생명을 얻어내는데 이것이 자아본능이다. 새로운 몸매로, 새로운 얼굴로 진화하려는 인간의 부단한 노력, 즉 죽음이 '아메리칸 뷰티'의 실체요 코리안 '짱'의 실체이다. 죽어서 다른 개체로 태어나기 위한 새로운 몸짓이 난무하고 있다. 우리가 사람이라면 이런 '뷰티'들이 마치 산란하고 난 뒤 기괴한 모습으로 죽어가는 연어의 모습과 같다는 것을 알 수 있을 것이다. 우리가 인간이라면 '짱'을 만들기 위한 모든 나르시시즘적 몸짓이 아늑한 엄마의 품과 같은 흙의 유혹에 다가가기 위한 자아본능에서 나온 것임을 알 수 있을 것이다.

27
러브 디텍터

우리가 그리스 신화를 읽는 것은 기원전 7세기 사람들이 믿었던 그 '진리' 때문은 아닐 것이다. 왜냐하면 기원전 7세기의 '진리'는 기원 후 17세기의 사람들에게 '허구'로 판명되었기 때문이다. 그러나 인간의 전형을 말하고 있다는 점에 있어서는 이천오백여 년 동안 별로 변한 바가 없는 듯하다. 그 전형은 다름 아닌 시대를 초월하는 보편자들을 말하는데, 이를테면 사랑, 마음, 우정 등이 바로 이런 것들이다. 오늘 은 그중 마음이라는 보편자에 관해 살펴볼까 한다. 마음이라는 말은 그리스 어원에 의하면 프쉬케, 즉 나비라는 뜻이다. 프로메테우스가 흙으로 인간을 빚은 후 마지막으로 숨을 불어넣고 있는데 나비가 콧구멍으로 날아 들어갔다는 말에서 유래한 것이다. 이 말에서 유래했다는 이야기하나를 더 들어보자.

옛날 그리스 어느 왕에게 아름다운 세 딸이 있었다. 세 딸이 모두 절세미인이었으나, 그중 막내딸 프쉬케Psyche의 아름다움은 나라 안팎으로 소문이 날 정도로 뛰어났다. 많은 이들이 그녀의 아름다움을 보기 위해 모여들자 자연히 미의 여신인 아프로디테의 신전을 참배하는 사람들의 수가 급격히 줄어들게 되었다. 이에 격노한 아프로디테는 아들 에로스Eros에게 프쉬케가 상사병에 걸려 가장 비천한 사내를 사랑하다 죽도록 하라고 명령을 내렸다. 어머니의 명령을 받은 에로스는, 있는 것을 없게 하는 쓴 물과 없는 것을 있게 하는 단 물, 상사병에 걸려 비천한 남자에게 사랑을 바치게 할 금화살을 준비하였다. 그리고는 잠든 프쉬케에게 날아가 그 입술에 쓴 물 두어 방울을 떨어뜨렸다. 이로써 프쉬케의 입술은 어떤 사내의 얼굴도 붉히게 할 수 없었다. 그런 후에 에로스는 다시 프쉬케의 어깨에 금화살촉을 살며시 갖다 대었다. 마침 그때 자고 있던 프쉬케가 큰 눈을 뜨고 에로스를 바라보았다. 그 아름다움에 흥분한 에로스는 무심결에 프쉬케를 찌르지 못한 금화살을 치운다는 것이 자신의 손을 찌르고 말았다. 당황하지 않고 에로스가 거기에 쓴 물을 부었다면 해독이 되었을 것이다. 그는 오히려 프쉬케의 머리카락에 단 물을 뿌려, 그 아름다움을 거두기는커녕 한층 더 아름답게 해주었다. 입술에는 쓴 물, 머리카락에는 단 물, 그러니 프쉬케는 나날이 더욱더 아름다워졌지만 이상하게도 누구 하나 그녀에게 청혼을 하지 않았다. 생각해 보라, 마음이라는 것이 그런 것 아닌가, 나는 알지만 아무도 알아주지 않는 것! 오히려 평범한 아름다움을 가진 두 언니들은 모두 왕자와 결혼하여 행복한 생활을 하고 있었다. 하지만 프쉬케는 누구에게도 사랑을 불러일으키지 못하였다. 그래서 그녀는 아폴론 신전에 가서 신탁을 빌었다. 신탁의 대답은 그녀의 남편은 날개가 달린 무서운 괴물로서 바위

산 꼭대기에서 그녀를 기다리고 있다는 것이었다.

프쉬케는 아버지를 설득하여 오히려 신탁에 순종하기로 하고 산에 올라갔다. 산에 혼자 남게 되어 두려움에 떨고 있던 프쉬케를 서풍의 신 제퓌로스는 꽃이 함빡 핀 골짜기로 인도해주었다. 그곳은 아름다운 숲이 있었고 좀 더 깊이 들어가자 웅장한 궁전이 있었다. 궁전에 들어간 프쉬케는 모습을 드러내지는 않고 목소리로 그녀를 안내하는 하인들의 시중을 받았다. 프쉬케의 남편은 어두운 밤에만 찾아왔고 날이 밝기 전에 떠나갔다. 그러나 그의 음성은 사랑에 충만하였고 그녀의 마음에도 같은 애정을 불러일으켰다. 그녀는 남편의 얼굴을 보고자 하였으나 그는 그 간청을 들어주지 않았다. 행복한 날들이 계속되면서 프쉬케는 부모님과 언니들의 소식이 궁금해졌다. 그래서 어느 날 밤 남편에게 그것을 이야기했고 그는 언니들이 프쉬케를 보러 오는 것을 허락했다.

언니들이 궁전에 찾아왔을 때 프쉬케는 목소리만 들리는 수많은 시종들로 하여금 언니들의 시중을 들게 하여 목욕도 하고, 음식도 먹고, 여러 가지 보물도 자랑하였다. 동생의 화려한 생활에 질투심을 느낀 언니들은 남편에 대해서 의심을 품게 만드는 질문을 계속했다. 언니들의 말에 개의치 않으려 했으나 프쉬케는 호기심을 억누를 수 없었다. 밤이 되자 그녀는 등불과 칼을 준비했다. 그리고 남편이 잠들었을 때 등불로 남편의 얼굴을 보았는데 그녀의 눈앞에 보인 것은 무서운 괴물이 아니고 신들 중에서도 가장 아름답고 매력 있는 신 에로스였다. 그의 금빛 곱슬머리는 눈과 같이 흰 목과 진홍색의 볼 위에서 물결치고 어깨에는 이슬에 젖은 두 날개가 눈보다도 희고, 그 털은 보들보들한 봄꽃과 같이 빛나고 있었다. 프쉬케는 남편의 모습을 넋을 잃고 보다가 그만 등잔의 뜨거운 기름 한 방울을 에로스의 어깨에 떨어뜨리고 말았다. 잠에서 깬 에로스는 말 한 마디 없이 흰 날개를 펴고 창 밖으로 날아가 버렸다. 프쉬케는 정신 없이 남편을 따라 나갔다. 그러자 모습은 보이지 않았지만 남편의 목소리가 들려왔다. 그는 자기가 사랑의 신 에로스라는 걸 밝히고, 슬픈 어조로 이별의 말을 했다. "이제는 영원히 그대와 이별할 수밖에 없어요. 사랑이란 믿음이 없는 곳에서는 자라날 수 없는 것이니까요." 에로스가 떠나간 뒤 그녀가 머물던 아름다운 궁전과 정원은 사라지고 허허벌판만이 남아 있었다.

에로스, 즉 사랑이라는 것은 육체적인 것만을 의미하는 것이 아니라 마음, 즉 믿음에 근거하고 있다는 보편자를 말해주므로 이 신화의 내용이 진리는 아닐지언정 진실하다고 말할 수 있을 것이다. 그리고 마음과 믿음은 객관적으로 측정할 수 있는 것이 아니다. 오늘날 마음의 병, 즉 정신병이나 신경증 모두 이런 객관적이지 못한 주관성에 근거하고 있다는 사실을 우리 모두는 안다. 왜 우리는 상대방의 부정을 알게 되므로 더 불행해지는가? 알게 되면 더 행복해져야 할 것을. 그런 궁금증을 풀어줄 기구가 나왔다(물론 여기서는 그걸 광고하기 위한 자리는 아니다). 러브 디텍터라는 것이 바로 그것이다. 우리말로 '사랑 탐정'이라고 할까? 말 그대로 남자 친구가 나를 사랑하는지 남편이 나를 사랑하는지, 사랑하고 있다면 얼마나 사랑하는지를 알려주는 기구다. 우리는 때때로 "저 사람이 날 사랑하나?" 하는 의문이 들 때가 있다. 저 사람이 나 말고 다른 사람과 사랑을 나누면 어떡하지 하는 두려움이 들 때도 있다. 정말 나를 사랑한다면 자신의 어머니보다 더 사랑할까? 아냐 아무래도 자기의 어머니를 더 사랑하는 것 같아 하며 여러 가지 추측들이 꼬리를 문다. 나를 사랑한다면 어느 정도로, 즉 죽을 만큼 사랑하는지, 눈에 넣을 정도로 사랑하는지 모든 게 궁금할 수밖에 없다. 여자의 마음은 그래서 갈대라고 했는가? 이런 애타는 프쉬케의 마음에 해답을 줄 수 있는 기구가 바로 이 러브 디텍터다. 미국 뉴욕의 한 기업이 이스라엘에서 나온 거짓말 탐지 소프트웨어를 기반으로 목소리를 분석, 대화 상대에 대한 호감도를 -1에서 5까지 7단계로 측정하는 '러브 디텍터Love Detector'를 개발했다. 자본주의의 상술은 얼마나 뛰어난가. 최고치인 5는 로미오와 줄리엣의 뜨거운 사랑이고, 최저치인 -1은 차라리 조각상이 더 따뜻하다 할 정도의 냉담한 사랑이다. 어떻게 측정하느냐고? 여인이여, 당신도 이제는 가련한 프쉬케가 되셨다. 언니들의 유혹에 넘어가다니! 네 남편은 괴물이다, 그러니 너를 언젠가 잡아먹을 거야! 그런 마음이 들었다면 가르쳐 드리겠다. 기름과 등불을 준비하라. 그렇지 않은 분은 여기서부터 읽지 마시길 바란다.

　　우선 이 장치가 작동되고 있는 컴퓨터에 전화기를 연결한 후 관심을 두고 있는 사람과 통화를 시작하면 이 '러브 디텍터'가 상대방의 음성을 분석, 그 결과를 컴퓨터 화면에 데이지 꽃잎으로 나타낸다. 꽃잎이 많을수록 열정이 뜨거운 것이고, 만약 측정치가 마이너스일 경우 꽃잎이 시들게된다. 개발 업체는 러브 디텍터가 매개 변수인 16종류의 감정을 구분하기 위해 수학 공식 8천 개를 운용하며 문화와 상관없이(마음은 인류 공통분모이니!) 96%의 정확도로 작동될 수 있다. 가격은 약 7만원 정도이라니 사랑을 깨는 비용치고는 너무 싸다. 또하나가 더 있다. 이혼 가능성 90%이상 예측해내는 수학모델 개발되었다. 워싱턴 대학의 존 고트먼 교수팀이 부부간의 대화를 담은 수백

개의 비디오테이프를 분석해 대화 중 상대배우자에게 상처를 주거나 긴장이 높아지게 만드는 대화의 비율이 이혼으로 이어지는 상관관계를 수학적 모델을 이용해 분석해 냈다. 말하자면 부부간에 논쟁을 불러일으키는 대화 자체보다 그런 대화를 나눌 때 부부들이 보이는 태도에 연구 초점을 맞춘 것이다. 결혼생활을 성공적으로 이어가는 커플들은 이런 논쟁 섞인 대화를 할 때도 웃거나 서로에게 장난을 치며 정서적으로 연결돼 있다는 신호를 끊임없이 상대방에게 보낸다. 그러나 그렇지 못한 커플은 이런 논쟁 시 어떻게 유머를 잃지 않고 대화해야 하는지를 잘 몰라 흔히 심각한 싸움으로 치닫고 만다. 이런 부부들이 이혼할 가능성을 통계 추적자료와 수학적인 모델을 통해 예측해낼 수 있었을 것이다.

측정 만능의 시대다. 이제 사랑의 정도와 감정까지도 측정할 수 있다면, 아니 측정한다면 부부의 사랑이, 커플의 사랑이 더 나아질까? 우둔한 한 인문학자의 생각으로는 그렇지 않다고 말하고 싶다. 오히려 프쉬케처럼 더 불행해질 것 같다. 러브 디텍터든, 수학모델이든 모두가 감시를 위한 인간의 이기(利器)일 뿐이다. 그 감시는 다시 처벌로 이어질 것이 불을 보듯 뻔하다. 자고로 인간은 끊임없이 약자인 상대를 감시하기 위해 많은 것을 고안해낸다. 프쉬케의 언니들이 고안한 몰카, 디카, 폰카와 같은 이기들이 프쉬케의 마음을 자극한 '디텍터'와 '모델'이 아니던가? 19세기 초 도니체티의 오페라는 사람의 마음을 살 수 있는 사랑의 묘약을 만들었는데 21세기 초 우리는 이제 사랑의 검증기구를 만들고 있다. 사랑이 위의 신화에서처럼 정녕 믿음에서 나온다면 사랑의 묘약이든 사랑의 디텍터든 아무 데도 쓸모없는 인간의 아르테팩트(도구)일 뿐이다.

28
보이지 않는 것의 아름다움

우리는 밀로의 비너스상이라는 예술작품을 알고 있다. 유럽을 여행하는 사람이라면 루브르 박물관에 들러 이 조각상을 반드시 한번 보고 싶어 할 것이다. 독일의 유대인 서정시인 하인리히 하이네도 그의 만년에 이 조각상과 질긴 인연을 맺고 있었던 모양이다. 1848년 그는 독일에서 혁명이 좌절되자 만신창이가 된 몸을 이끌고 프랑스 파리로 망명하게 되지만 척수결핵에 걸리게 된다. 이때 쓴 비너스상과 관련된 그의 글을 읽어보면 모골이 송연해진다. "내가 마지막으로 외출했던 때는 1848년 5월이었다. 그 날은 내가 힘이 있고 행복했던 시간에 숭배했던 고귀한 조상彫像들로부터 이별을 한 날이기도 했다. 나는 끙끙대며 루브르 박물관까지 억지로 몸을 끌고 갔다. 하지만 난 이내 쓰러지고 말았다. 그 숭고한 춤, 요염하게 미를 뽐내는 여신, 사랑스런 밀로 여신상이 자태를 뽐내며 서 있는 곳에 들어섰을 때 난 그 밀로의 여신상 앞에 오랫동안 엎드려 있었다. 그리고 거칠게 울면서 이 여신에게 자비를 베풀어 달라고 애원했다. 그때 그 비너스 여신도 나를 연민의 눈빛으로 내려다보았다. 하지만 그 여신은 곧 대책 없다는 표정이었다. 그리고 이런 말을 하는 듯했다. '내가 팔이 없어 당신을 도와줄 수 없다는 걸 모르세요?'라고." 팔이 있었던들 그를 구원해줄 수 있었을까 마는 하이네의 이 고백은 그의 삶에서 매우 중요한 분기점을 그었다. 그는 더 이상 유럽 문화의 요람이었던 그리스 문화에 열광하지 않고 자기의 전통인 예루살렘과 유대로 돌아가는 계기가 된다. 그는 아마도 보이지 않는 그것에 큰 실망을 한 것 같다. 우리가 그를 기억하는 것 또한 '보이지 않는 그것을' 쓴 그의 낭만적인 시(노래의 책)라는 것은 현실의 아이러니다. 그래서 그가 참여작가라는 것을 아는 이가 적은 것이 크게 실망스럽지 않다.

하지만 내가 오늘 독자들에게 이 보이지 않는 아름다움과 그 효용성을 설득하고자 하는 것은 보이지 않는 아름다움이 현실적으로 우리에게 아무런 도움이 되지 않는다는 것이 그가 처한 상황에서만 유효하다는 것을 보여주기 위해서다. 하이네의 말을 살펴보자면 지상에서는 볼 수 없는 이 비너스상(아프로디테 여신)의 관능미는 아마도 이 조각상에서 제외된 부분에 있을 것이다. 체중을 오른편 다리에 살짝 싣고 왼쪽 다리는 마치 움직이려는 듯이 살짝 들어올리는 것은 도대체 어떤 상황일 것인가? 사람마다 나름대로 상상을 다르게 하겠지만 내 느낌에는 아마도 옷을 벗는 장면일 듯하다. 이 장면을 두고 학자들은 목욕을 하는 장면이라고 하기도 하지만 그것은 아무래도 좋다. 빙켈만이 살아있다면 고대 그리스의 미학이 바로 여기에, 완전한 충족이 이루어지기 직전의 침정한 미를 그리는 소박함에 있다고 말했을 터이다. 아직은 가려져 있지만 국부위로 흘러내릴 듯한 옷은 오히려 가림으로써 관능과 부드러움의 분위기를 한껏 자아내고 있는 듯하다. 여성의 미를 이보다 더 어떻게 아름답게 나타낼 수 있을까? 이 선들이 주는 유연한 허리선의 동작과 에로틱한 리듬은 그리스 미의 이상인, 자연스러운 균형과 조화를 만들고 있다.

이 보이지 않는 아름다움의 주인공 아프로디테는 누구인가? 중요한 것은 이 작품에 붙은 밀로라는 이름을 조각가로 오해해서는 곤란하다. 무릇 고대의 작품이 그렇지만 이 작품 또한 작가를 모른다. 이 작품은 지중해의 밀로스(또는 멜로스) 섬에서 발견되었기 때문에 불어로 그냥 밀로라는 이름을 붙여 놓았다. 비너스란 말은 로마신화의 베누스를 영어로 표기한 것인데 그 신이 그리스신화의 아프로디테와 같은 미의 신일 것이라고 추측하는 것은 당연하다. 아프로디테는 누구인가? 미의 여신 아프로디테의 위력이 가장 잘 드러난 사건은 헤라와 아테나 여신과 함께 에리스의 사과를 놓고 한바탕 아름다움의 경쟁을 벌일 때였다. 펠레우스와 테티스의 결혼식에 초대받지 못한 에리스는 피로연에 나타나서 '가장 아름다운 여신에게'라는 글귀와 함께 황금사과 하나를 던졌다. 아름다움으로는 결코 누구에게도 지지 않는 세 여신이 후보로 나섰다. 원숙미와 정숙미를 자랑하는 흰 팔의 헤라와 단아함과 지성미 넘치는 아테나, 그리고 교태와 관능미를 지닌 아프로디테가 저마다 황금 사과의 주인이라고 나섰다. 그들은 누가 가장 아름다운지 제우스에게 그 결정을 부탁하였다.

교활한 정략가인 제우스는 이런 곤란한 일에 심사위원이 되기를 피하고 판정을 트로이의 이다 산 근처에서 양을 치고 있는 파리스에게 맡겼다. 황금 사과를 얻지 못한 두 여신의 원망을 사는 것은 주신인 제우스에게도 결코 만만한 일이 아니었기 때문이었다. 헤라는 파리스에게 소아시아 전체의 통치권을 약속했다. 아테나는 전투에서 무적의 힘을 주겠다고 했다. 그러나 아프로디테는 세상에서 가장 아름다운 여인(후일 헬레나)의 사랑을 얻어 주겠다고 제의했다. 파리스는 아프로디테의 승리를 선언했다. 파리스의 판정 이후 더 이상 미의 여신 자리를 놓고 아프로디테와 경쟁을 벌이는 여신은 없었다. 그러나 파리스는 그가 내린 판정 때문에 자신은 물론 부모 형제와 조국까지 파멸하고 만다. 그와 헬레네의 사련邪戀은 그리스인들의 분노를 일으켜 트로이 전쟁의 빌미가 되었기 때문이다. 미인 경연 대회에서 실패한 헤라와 아테나는 앙심을 품고 그리스군을 도와 트로이의 멸망을 부추겼다. 제우스가 은밀히 준비한 불행이 현실로 나타난 것이다.

이런 아름다움의 여인이 두 팔을 소실하고 우리 앞에 나타나게 되었지만 그 매력은 여전하다. 없는 부분의 복원復元에 대해서는 그 제작 연대와 마찬가지로 고고학자나 미술사가 사이에서 꾸준히 여러 고찰이 있었다. 결국 오른손은 왼쪽 다리께로 내려지고 왼손은 팔을 앞으로 내밀어 제쳐진 손바닥에 사과를 들고 있었을 것으로 추정되고 있다. 그렇다면 밀로의 비너스가 그토록 모방하고 싶었던 것은 무엇일까? 이 작품을 제작했을 당시 그리스 사회는 여성 누드에 대한 금기가 있었다고 한다. 때문에 그의 비너스는 경건하지 않다는 이유로 거부되어 비너스가 숭배의 대상이 되고 있던 소아시아 남해안의 외딴 섬 크니도스로 보내지게 된다. 그러나 막상 크니도스 섬으로 이 여신을 보러온 사람들은 의식을 거행하기 위해 이제 막 옷을 벗고 목욕탕으로 들어가려는 이 미의 여신 앞에서 마치 살아있는 여자를 본 것처럼 열광했으며 심지어 그녀를 얼싸안는 이들도 있었다고 한다.

그들의 눈에 비친 이 비너스는 육체적 욕망의 화신이었던 것이다. 그렇다면 여성의 누드가 금기시되었던 당시 사회 속에서 이 비너스는 어떻게 지고의 예술품이라는 명예를 얻을 수 있었을까? 프락시텔레스는 어떻게 이후 모든 비너스의 모범으로써 유럽 미술의 목표가 된 것 중 하나 즉 육체적 욕망이라는 비이성적인 본능을 저속하지 않게, 아니 고귀하게 여인의 몸을 통해 표현하는 문제를 해결할 수 있었을까? 그리스인들이 이 목표를 실현하기 위해 사용한 방법은 인체에 수학적, 기하학적 원리를 적용시킴으로써 실제 인간의 살덩이를 초월한 영원한 미의 체계를 만들어 놓는 것이었다. 그러므로 밀로의 비너스는 현실에서는 없는 것, 보이지 않는 것을 찾는 인간이 대리 만족할 수 있게 구현한 그리스인의 노력이라 할 수 있다.

이렇게 보면 팔 없는 아프로디테의 아름다움은 금지된 아름다움이라고 할 수 있다. 우리는 앞의 하이네가 팔이 없는 여신상에 가서 애원하며 그 사랑과 구원을 요청할 때처럼 실제로 사랑하는 사람에게 사랑과 구원을 요청한다. 하지만 그런 소망이 이루어지는 경우는 그렇게 많지 않으며 이루어진다 해도 또 다른 소망 때문에 결국은 좌절하고야 만다. 이상은 현실에서 실천되지 않기 때문이다. 그러므로 소망이 금지되면 될수록 소망이 사라지면 사라질수록 더욱 분명히 보이는 것이 비너스의 팔일 지도 모른다. 낮의 일이 고되면 고될수록 우리는 밤에 만족스런 꿈을 꿀 것이다. 이 세상이 힘들면 힘들수록 우리는 더 나은 미래를 갈망하는 것이다. 만족스런 삶이 이루어지지 못할 때 우리는 없는 비너스의 팔을 볼 수 있는 힘을 얻는다. 보이는 데 집착하지 않으면 보이지 않는 환상의 세계가 계시처럼 찾아온다. 비너스의 여신이 연민의 눈빛으로 없는 팔의 아름다움을 상상해 보라고 손짓한다. 마담 보바리인 엠마가 나이가 들어서야 비로소 찾았던 "검고 깊은 눈" 같은 바로 그 보이지 않았던 우리 안에 있는 그 무엇을 보라고 손짓한다. 이것은 비록 우리의 육체를 구원하지는 못할망정 영혼을 수렁에 빠지게 두지도 않는다.

29

거절당함에서 배우는 것

지금은 어느 정도 극복하였지만 어릴 때 나는 너무 예민하여 툭 하면 삐치고 집 나가고 나의 청을 거절한, 마음에 들지 않는 사람과는 끝 끝내 화해하지 않는 습성이 있었다. 물론 '오냐, 두고 보자'하는 오기 가 지금의 나를 가난과 어려움을 극복하고 이 정도나마 공부하게 만 들었겠지만, 정말로 고백하건대 나는 정신적으로 견디기 힘들만큼 거절을 수용하지 못했다. 아마 우먼 라이프의 독자들도 자신이 그렇 거나 주변에 이런 남편이나 자녀를 둔 경우가 있을 것이다. 아니 인 간이라면 경중을 따지지 않고 모두 이런 특성을 가졌을지도 모른다. "인간의 권력에 대한 욕구는 죽지 않는 이상 소멸하지 않는다"라고 러셀이 말한 것은 정신분석학자들이 인간이 살 힘을 그의 욕망에서 얻고 그것이 신기루일 뿐이라고 주장하는 것과 맥을 같이 하는 말일 것이다. 그러나 문제는 사람들이 그런 욕망과 권력이 신기루일 뿐이라는 것을 알고 있음에도 불구하고 계속 추구한다는 것이고 그것이 항상 성공하는 것은 아니라는 점이다. 그렇다면 인간은 그런 권력이, 그런 욕망이 함께 지니고 있는 거절과 거부에 대해 익숙해질 수 있어야 할지도 모른다. 어린 아이가 떼쓰는 것이 항상 이루어질 수는 없는 법이니까 말이다.

미국의 뉴욕대학교 부속병원 재활센터 입구 벽에는 다음과 같은 시가 새겨져 있다. "큰일을 이루기 위해 힘을 달라고 하나님께 기도 했더니 겸손을 배우라고 연약함을 주셨다. 많은 일을 해낼 수 있는 건강을 구했는데 보다 가치 있는 일을 하라고 병을 주셨다. 행복해지고 싶어 부유함을 구했더니 지혜로와 지라고 가난을 주셨다. 세상 사람들의 칭찬을 받고자 성공을 구했더니 뽐내지 말라고 실패를 주셨다. 삶을 누릴 수 있게 모든 걸 갖게 해 달라고 기도했더니 모든 걸 누릴 수 있는 삶 그 자체를 선물로 주셨다. 구한 것 하나도 주시지 않았지만 내 소원 모두 들어주셨다. 하나님의 뜻을 따르지 못하는 삶이었지만 내 맘속에 진작 표현 못한 기도는 모두 들어 주셨다. 나는 가장 많은 축복을 받은 사람이다."

거절된 것을 축복으로 승화시킨 내면의 고백이자 아름다운 시이다. 혹자는 거절에 대한 자기 합리화라고 일축할지 모르지만 이런 인식은 스스로의 문제를 극복하는 대단한 인식이라고 보아야 할 것이다. 문학 작품이나 이야기는 대개 이런 과거의 거절에 대한 경험을 말하는 경우가 많다. 과거의 경험이란 우리의 기억에 저장되어 있는데, 문제는 화해를 이룬 경험은 문제를 일으키지 않지만 화해를 이루지 못한 거절은 억압되어 있다가 성인이 되고 난 후, 이와 유사한 상황이 되면 불쑥불쑥 고개를 내민다는 점이다. 노이로제로 나타나는 경우도 있고 환청이나 착시로 나타나는가 하면 히스테리성 육체 질환이나 원인 모를 공포와 구토, 심지어 그 분노에 못 이겨 자살을 택하는 경우도 있다.

의사소통이 원활한 가정에서 자라난 아이는 어떤 거절을 당하여도 결국은 부모와 이 문제를 상의하여 그것을 하나의 해결된 스토리로 기억하게 될 것이다. 그러므로 이것은 화해된 기억이 되는 셈이다. 그러나 그렇지 못하고 일방적으로 거절당하거나 거기에다가 수치심까지 부가된다면 그 고통의 느낌과 결부된 기억을 가슴속 깊숙이 감추게 된다. 환언하면 이런 거절을 당한 당사자는 그 기억에 관련된 정서적 고통을 회피하기 위해 그것이 스토리 밖으로 빠져나가게 억압한다는 사실이다. 그러면 우리는 거절에서 아무것도 배우는 일이 없을 것이다. 그 사람은 그런 상황만 오면 불쾌감과 불안감을 나타낼 것이다. 이럴 때 우리는 위에서 인용한 시를 다시 읽어 볼 필요가 있다. "건강을 구했는데 병을 주셨다. 성공을 구했더니 실패를 주셨다"라는 말은 분명 거절의 의미이다. 그러나 우리는 이 시를 읽으면서 거절당한 좋지 못한 경험을 정상화시키는 힘을 얻게 된다. 외롭거나 불안해하는 사람은 거절당하면 더욱 외로워지고 불안해진다. 하지만 이 시를 보고 이 사람은 그런 유사한 고통을 다른 사람도 경험하고 누구나 잘 알고 있다는 사실을 알게 된다. 남편이나 이성친구로부터의 거절로 우울한 사람이나 유년시절에 부모로부터 얻은 거절을 우리는 문학작품 속에서 찾을 수 있다. 문학의 스토리는 자기 인생의 스토리와 통합하게 되고 자기의 과거에 대해 새로 볼 수 있는 것이다. 그러면 그 사람은 이 문학을 통해 더 이상 거부당한 피해자가 아니라 그 거절을 제어할 수 있는 지배자가 된다. 더욱이 그는 이런 글을 읽으면서 이 시를 고백한 사람에 대해 그의 거절에 대한 고통을 통해 자기가 당한 거절의 고통을 까놓고 이야기하지 않아도 자기에 대해 말할 수 있는 것이다.

독일 작가 중에 파트릭 쥐스킨트란 사람이 있다. 그 사람이 쓴 소설이 우리나라에서도 베스트셀러와 스테디셀러로 자리매김 했지만 그중에 특히 거절에 관한 한 소설 『좀머 씨 이야기』를 말하지 않을 수 없다. 이 소설에서 일인칭 화자 '나'는 어린 시절에 거절의 고통을 당할 때마다 좀머 씨가 나타나 구해주었다는 사실을 고백하고 있다. 걸음을 멈추면 죽기라도 하는 듯 매일 줄기차게 남의 말을 아랑곳하지 않고 걸어 다니는, 아니 걸어 다녀야 하는 좀머 씨가 한 생명을 살린 것이다. 그 안에는 좀머 씨로 인해 고통에서 벗어나는 여러 에피소드가 있는데 대표적인 것이 카롤리나 퀵켈만에 관한 이야기이다. 화자인 '나'에게 무척 예쁘고 맘에 드는 카롤리나를 만나고 싶은 꿈이 어느 날 실현된다. "있지, 월요일에 너랑 같이 갈게⋯⋯." 이 말은 화자를 흥분시킨다. 정말 꿈 같은 이야기였기 때문이다. 그 순간 이후, 그러니까 하루 온종일, 아니 주일 내내 그의 귓가에는 그 말만이 무척 달콤하게 들려 왔다. 그림 형제 동화책에서 읽었던 어느 것보다도 달콤했고, "지금부터 내 음식을 먹어도 좋아, 내 침대에서 자도 돼"라고 말했던 『개구리 왕』에 나오는 왕자님의 약속보다도 더 달콤했다. "오늘은 빵을 굽고 내일은 고기를 굽고 모레는 왕비님께 아기를 갖다 바쳐야지!"라고 말했던 룸펜스틸첸 요정처럼 조바심을 내며 날짜를 세었다. 마치 내 한 몸 안에 행복에 젖어 있는 한스와 루스틱 형과 황금 산의 왕이 다 들어 있는 기분이었다. "월요일에 너랑 같이 갈게!", 이 말이 그에게는 정말이지 새로운 세계를 열어 주었다. 그래서 그는 이 날부터 그 애와 같이 걸어가게 될 날을 기다릴 뿐 아니라 준비에 바빴다. 숨겨진 볼거리들을 준비하고 먹을 것, 마실 것을 빈틈없이 준비하고 그 날이 오기까지 학수고대하였다. 만나기로 한 그 날도 학교에서는 의젓하게 굴었고 공부에도 열심히 집중했다. 그러나 이게 웬일인가? 이 날은 여학생들만 한 시간씩 수업을 더하기로 되어 있어서 한 시간이나 더 기다렸는데 카롤리나가 와서는 "애! 나 오늘 너랑 같이 안 가. 엄마 친구가 아프대. 그래서 엄마가 거기 안 간대. 우리 엄마가 그러는데……" 하지 않는가? 그 순간 갑자기 이상하게 귀가 멍멍하고 다리에 힘이 빠져서 그는 그것을 머리에 기억해 두기는커녕 제대로 듣지도 못하였다. 집으로 돌아오는 길의 풍경은 그대로 굳은 것 같았다. 그때 걸어가는 좀머 아저씨만 아니었더라도 위안을 찾을 데라곤 전혀 없는 듯 했다.

이런 경우를 나는 말할 것도 없고 독자들도 많이 겪었으리라. 이런 거절을 받을 때 우리의 감정이 어떨까? 이를 대체할 위안이 있기라도 한 것이 있을까? 특히 동생이나 형 때문에 부모로부터, 아니면 변심한 애인에게서 이런 거절을 당한다면 당신은 어떻게 하겠는가? 위의 시에서처럼 물질적 축복을 구했는데 가난이라는 것을 주신 신께 이런 거절을 당한다면 당신은 어떻게 하겠는가? 그래서 우리는 거절당하는 법을 배워야 한다. 그 거절당하는 법이 문학에는 많다. 비록 당사자인 문학의 주인공은 고통스럽겠지만 같은 것을 경험한 우리에게는 큰 힘과 위안이 된다. 거절을 당한 나를 이해해줄 사람이 한 사람 더 있다는 것에 우리는 기쁨을 얻는 것이다. 등에 '조심하시오. 그는 뭅니다.'란 꼬리표를 달고 다닌 디킨스의 『데이빗 카퍼필드』나 '간통녀'의 약자 A자를 달고 다닌 나다니엘 호오도온의 『주홍글씨』에는 정말로 사회에서 거절당한 여러 다른 '나'들이 존재한다. 이런 문학을 읽으면서 우리는 우리의 억울한 거절을 이해할 수 있다. 그리고 그런 거절에서 우리는 인생의 의미를 배울 수 있다. 인생에서 원하는 것을 달라며 기도해서 얻은 사람은 많지 않다. 그 외에는 거의 거절당한다. 하지만 우리는 거절에서 비로소 인생의 참 의미를 배울 수 있다.

/ 제3부 /

알레그로 마 논 트로포

고전음악의 악보를 보다보면 알레그로 마 논 트로포라
는 말을 볼 수 있다. 물론 이탈리아어로 빠르지만 지나
치지 않게 연주하라는 뜻이다. …… 알레그로 마 논 트
로포. 빠르게 하되 서두르지는 마라. 벼를 태우기 전에
울음을 울기 전에 우리는 혹시 먼저 서두르고 있지는
않은가 생각해 보아야 한다.   - 본문 중에서

30
샤일록

몇 해 전 상영된 영화 중에 『베니스의 상인』이 있다. 셰익스피어 고전 중의 하나인 『베니스의 상인』에 대해서는 누구나 익히 들어 잘 아는 만큼 나도 처음부터 영화에 눈길이 간 것은 아니었다. 하지만 우연히 선택하게 된 이 영화를 보며 나는 그동안 읽고 있던 버전, 즉 샤일록에 대한 증오나 포샤의 기지, 밧사니오의 사랑 등에 대한 생각은 전혀 할 수 없었다. 왜냐하면 다소 엉뚱한 일일지 모르지만 유대인 샤일록이 너무나 불쌍하고 그가 속한 사회인 유대인에 대한 동정심이 너무 가혹할 정도로 일어났기 때문이다. 어떻게 보면 기독교인에 대한 셰익스피어의 변호가 너무 지나친 것이 아닐까 할 정도로 이 고전은 나에게 하나의 도전이 되었던 것이다. 그들에게 침을 뱉고 머리에 붉은 모자를 씌워 격리하고 아무런 부동산도 가지지 못할 정도로 엄격한 법을 만들었다는 것 이외에도 창녀보다 못한 신분을 가진

이들이 할 수 있는 일이란 무엇인가. 그것은 복수 이외에는 아무 것도 없었을 것이다. 가진 사람만이 요구할 수 있는 '자비'에 맞서서 가지지 못한 사람이 유일하게 주장할 수 있는 것이 '정의'가 아니던가.

하지만 내가 독자들에게 말하고 싶은 것은 셰익스피어의 주장도 그의 기독교도적 이데올로기도 아니고 더구나 유대인에 대한 변호도 아니다. 그보다는 왜 이렇게 당연하고도 당연하였던 셰익스피어의 작품이 오늘 나에게 다른 의미로 다가오느냐 하는 것이다. 그것은 아마도 내가 세계의 다른 부분을 읽을 수 있는 눈이 생겼기 때문일 것이다. 만약 이 영화를 보지 않았다면 샤일록에 대한 나의 평가는 늘 그랬던 것처럼 그렇게 부정적으로만 남아있었을 것이다. 그리고 이 영화는 나의 뻔한 생각, 뻔한 느낌을 확인해주는 시간보내기가 되었을 것이다. 우리의 행복도 아마 이런 영화 읽기와 비슷하리라. 늘 그렇게 해오던 대로만 행복이라고 생각한다면 우리는 아마도 아무런 행복을 찾지 못할 것이다. 왜냐하면 행복은 후각처럼 빨리 마비되기 때문이다. 처음에 설렜던 사랑의 마음도, 감사했던 친구에 대한 은공도, 죽음의 위기에서 살아난 안도감도 쉬 마비되고 만다. 그리고는 원래 이런 상태로 살았던 것처럼 생각한다. 원래 입시에 대한 걱정은 하지 않았던 것처럼, 원래 건강에 대한 염려는 하지 않았던 것처럼.

나는 오늘 새로 생각해 본다. 셰익스피어 원작처럼 내가 행복을 그렇게 생각하고 날마다 똑같은 방법으로 읽지 않고 있는가. 건강하게 밥을 먹고 지내는 것이 행복하지 않는가. 아이가 비록 학교에서 우등생은 아니지만, 그렇다고 특별하게 건강하지도 않지만 병에 걸려 있지 않고 사고치지도 않는 것이 행복하지 않는가. 사고는 쳤지만 죽지 않고 살아있다는 것은 또 행복하지 않는가. 돈이 없다는 것은 곧 열심히 일하라는 뜻이므로 행복하지 않은가. 내가 행복한 것은 다른 사람의 희생 덕분이라는 것을 앎으로 행복하다. 행복은 늘 다른 버전으로 읽는 자에게만 그 의미를 전해준다. 가진 주류가 부르짖은 자비보다 증오에 어린 샤일록의 소리가 영화를 보는 내내, 그리고 보고 나오는 내 발길에 밤하늘의 별들로 반짝였다.

31
평가

진주에 어떤 아는 시인 한 분과 오랜만에 만나 이런저런 이야기를 하다가 들은 이야기다. 일류 대학의 일류 학과를 나오고 그 지방에서 상당한 유지이신 분이 시를 쓰겠다고 자기를 찾아와 가르침을 부탁했다고 한다. 그런데 이 분은 연설도 잘하고 글도 잘 쓰는데 감정을 나타내는 말이 초등학교 수준도 안 된다는 것이다. 물론 그렇기 때문에 시를 배우러 왔겠지만 정말 어이가 없는 일이다. 아마도 그는 유년기에 감정과 정서를 빼앗기고 말았을 것이다. 그것도 다름 아닌 특정한 것으로 평가하는 부모에게 빼앗긴 것이다. "울지 마", "남자가 울긴 짜식!", "성을 내? 이 놈이 어따 대고 성을 내?" 이렇게 규제를 하면 그는 수치심이나 죄책감을 가지게 되고 감정은 모진 구석으로 내몰았다. '엄마 나 드디어 일등 했어'라는 유서를 써놓고 죽는 아이가 있지 않았던가? 선생님이 나쁜 평가를 내려서 학교 구석에서 눈물을 흘리는 아이들이 얼마나 많았던가. 좋은 평가를 받지 못하는 대통령은 또 얼마나 측은하게 보이는가!

　　가끔 문학치료라는 마음 치유 프로그램을 진행하다 보면 평가가 정말 사람 죽인다는 것을 알 때가 많다. 가장 먼저 듣는 소리는 "저는 글을 못 쓰는데요" 또는 "시를 써본 일은 한 번도 없습니다"이다. 아마 여기서도 글을 잘 써야하고 평가받는 곳이라고 생각했나 보다. 하지만 그게 아니다. 그들은 놀랄 만큼 글을 잘 쓰고 마음의 치유를 받아 간다. 어떻게 이런 일이 가능한가? 우선 우리는 "왼손으로 그림을 그려 보세요"라고 말하기도 하고 "여섯 살 배기가 말하는 것처럼 써보세요"라고 주문하기도 한다. 그것은 평가와 해석을 염두에 두지 말라는 뜻이다. 보통 글을 못 쓴다는 사람이나 또는 그림을 그리지 못한다고 우기는(!) 사람은 사실 마음속에 '다른 사람보다 글을 더 잘 쓸 자신이 없어요'라는 말을 하고 있는 셈이다. 그러니 그런 부담을 덜어주는 말은 그를 자신 있게 하는 것이다. 가령 다람쥐가 되어 참나무를 보고 글을 쓰라고 한다면 '참나무야 너는 매일 왜 그렇게 서 있어? 다리가 아프지도 않아?' 이 정도이다. 평가하지 않는다면 다들 굉장히 잘 한다.

　　우리는 어린 시절부터 너무 많은 평가를 받고 그 평가에 맞지 않으면 규제를 당하고 제재를 받아왔다. 너무 가혹한 이 평가와 규제는 우리를 감정 없는 동물로 만들고 불안한 동물로 만들고 창의력이라곤 눈꼽만큼도 보이지 않는 기계 인간으로 만들었다. 슬픈 일에 눈물 흘리지 않는 사람이 마치 대단한 위인인 것처럼 만들었다. 그런 사람들이 아마 '울면 안 돼 울면 안 돼 산타할아버지는 우는 아이에겐 선물을 안 주신대요'라는 엉터리 노래를 만들었을 것이다. 그리고 나중에 성인이 되면 술이 한잔 되어 '불러봐도 울어봐도' 하고 목 놓아 울고 고래고래 소리 지른다. 이런 과정을 지켜보며 나는 일상에서도 어떤 사람의 생각이나 느낌을 평가하지 않고 받아들이는 게 좋다는 생각을 하였다. "넌 무엇을 못해"라는 말 대신에 "넌 무엇을 잘해"라는 말을 하게 되었다. 학교 시험 이외에는, 제발 평가하지 말아주세요.

32

뭐라고 부를까요, 아줌마

독자 여러분은 어떤지 몰라도 나는 하루하루 살아가는 것이 힘겹다.
아마 독자 여러분도 그럴 것이라고 추측해 본다. 말썽꾸러기 아들이
있다. 장난감 중에 자동차 장난감을 굉장히 좋아해서 자기가 마음에
드는 자동차 장난감을 보고 나면 반드시 가져야 한다. 엄마를 조른다.
하지만 그런 식으로 얻은 자동차 장난감만도 이제 냉장고 박스 하나
는 될 정도다. 하루는 백화점에서 또 장난감을 사달라고 조르는 아들
에게 더 이상 참을 수 없어서 소리를 친다. "이제 자꾸 그러면 엄마라
고 부르지도 마"라고. 그랬더니 잠시 고민에 빠진 이 아이가 "그러면
뭐라고 부를까요, 아줌마" 하고 대꾸한다. 이 나이쯤만 해도 이런 말을
엄마가 듣는다면 즐거운 일이 아닐 수 없다. 하지만 이 아이가 성장해
서 중학생이 되고 고등학생이 되어서 이런 속상한 일을 두고 뭐라고
부를까? 아줌마라고 한다면 정말로 문제 있는 아이가 될 것이다. 그런

바보 같은 짓을 피하기 위해서 엄마도 말을 조심하는 것이 좋을 듯하다. 그런데도 주위를 둘러보면 인연을 끊자고 하며 정말로 엄마라고 부르지마! 애비라고 부르지도 마라! 하는 사람이 의외로 많은 것 같다.

청와대 홍보수석이라는 사람이 "원칙대로 하는 게 불통이라면 자랑스런 불통"이라고 힘주어 말하는 것을 보면 마치 엄마가 소통하는 방식을 정해놓고 아이 보고 거기에 맞추라는 식이다. 거기에 맞출 것을 강요하고 맞추지 않으면 소통을 포기하고 "엄마라고 부르지도 마!"라고 말하는 것처럼 보인다. "그동안 불법으로 떼를 쓰면 적당히 받아들이곤 했는데 이런 비정상적인 관행에 대해 원칙적으로 대응하는 것을 소통이 안 돼서 그렇다고 말하는 것은 잘못이다"고 말하는 대통령 또한 '이젠 나를 대통령이라고 부르지마! 나는 원칙을 중시하는 대통령이니깐!'이라고 말하는 것 같다.

논리학에서는 이런 것을 모순율이라고 하고 언어학에서는 재귀성이라고 하는데, 가령 '크레타 사람인 요한이 말하기를 모든 크레타 사람은 거짓말쟁이다'라는 명제가 있으면 이 명제가 참일까? 거짓일까? 하는 문제이다. 요한의 말이 맞다면 그는 거짓말쟁이이므로 그의 말은 틀린다. 만약 그가 거짓말쟁이라면 그의 말, 즉 모든 크레타 사람은 진실한 것이다. 그러나 그것을 누가 보장해줄 수 있을까? 우리는 이런 형식논리의 쳇바퀴에서 영원히 헤맬 수밖에 없다. 아이가 장난감을 사달라고 하거나 국민이 배고프다고 할 때 엄마나 대통령이 자신의 기분만 생각한다면 쉬 이런 모순적인 말을 내뱉을 수밖에 없다. 하지만 한 가지 분명한 것은 아이처럼 생각한다면야 "뭐라고 부를까요, 아줌마!" 이 말만큼 재미있는 말이 또 어디에 있을까? 뭐라고 부를까, 각하! 뭐라고 부를까, 앵무새야! 머라꼬 부를까, 바보들아!

33
믿지 못할

가끔, 아주 가끔 〈아침마당〉이라는 프로그램을 보는 일이 있었다. 그 중에서도 '사람을 찾습니다'라는 코너를 보는 일이 있었다. 옛날에는 신문 구석에 '윤석아, 네 삼촌 청바지 고쳐 놨으니 돌아오너라' 하고 짤막하게 신문광고를 내던 때가 있었던 것을 보면 사람을 찾는 환경 은 나아졌다. 하지만 엄마 손을 잡고 시장을 갔다가 그 길로 길을 잃 고 30년을 혼자서 살아온 사람, 놀러 나갔다가 집으로 돌아오는 길을 잃어버려 파출소로 고아원으로 흘러 들어가 혼자 훌쩍 커 버리고 결 혼을 하고 자식을 낳고 이제서 자기가 어디서 왔는지를 찾는 사람들 로 온통 눈물 뒤범벅이 된다. 사정은 찾는 쪽 또한 마찬가지다. 혹시 라도 돌아올 아들을 기다리며 집을 팔지 않고 그대로 갖고 있는 부모 도 있고 가슴이 애타도록 수소문하며 인생을 고통으로 산 부모도 있 다. 얼마나 애타는 일인가. 가끔 동물의 왕국을 보다가 어미가 새끼를 찾느라고 우는 소리를 들을 때 가슴이 찡한 경우가 있는데 하물며 사람이 부모와 형제를 잃어버린다면 가슴이 어찌 막히지 않겠는가.

그런데 막상 찾는 방식이 문제다. 텔레비전에 나와서 사연을 말하는 이들은 헤어질 때의 정황을 설명한다. 나이는 몇이고 이름은 무엇이고 또 부모와 형제는 몇이고 그들의 이름은 무엇이며, 어느 지역에 살았고 어떻게 헤어지게 되었는지 하는 것을 가급적 자세하게 설명한다. 그리고 또 집 뒤에는 앵두나무가 있는데 앵두가 열리면 누나랑 같이 따먹었다든가 봉숭아 꽃잎을 따서 손에 물들였다든가 하는 특별한 기억들을 추가로 설명한다. 그런데 이런 것은 착오나 변질 때문에 크게 믿을 수 없는 경우가 많다. 이때 도움이 되는 중요한 것이 있으니 그것이 바로 체험적 기억이다. 체험적 기억 중에서도 가장 으뜸가는 것은 몸의 기억이다. 몸에 상처가 있다든가, 창피한 일이지만 신체가 불구 내지는 기형이라든가, 그것도 아니면 점이 있다든가 하는 신체적 특징이 중요한 기억으로 작용할 것이다. 대부분 사람의 기억이 달라 유전자 검사까지 가지 않아도 시청자들이 먼저 맞추는 경우가 있는데 그것은 바로 얼굴 생김새인 경우가 많다. 씨도둑은 못한다는 말을 달리 한건가. 부모에게 맞았다든가, 식구들이 자기를 어떻게 놀려댔다든가, 자기가 누군가를 때려 어떤 사건이 발생했다든가, 무슨 꾸중을 들어 집을 나오는 계기가 되었다든가 하는 것도 거의 확실한 기억이기 때문에 어김없이 사람을 찾는 데 중요한 표지가 된다. 그것은 자기가 생각하는 것 이상의 정보를 줄 수 있다.

이렇듯 불확실한 이성적 기억에 반해 '몸의 기억'은 더욱 정확하다. 길을 잃은 경우에도 부모가 갖다 버렸다고 기억하는 경우도 있을 것인데 이를 보면 기억이란 것이 자기의 욕망과 현실적 소원에 따라

자의적으로 만들어지는, 믿지 못할 것이 아닌가 한다. 우리의 기억은 유감스럽게도 이렇게 만들어져 있다. 대부분 고통스럽고 부정적인 기억일수록 더욱 깊이 각인되기 때문에 우리는 항상 그것에 시달리는 경우가 많다. 상대방이 기분이 좋지 않은 것을 보고 혹시 저 사람이 내 비밀을 알고 있는 것은 아닐까? 하고 생각한다든지 얼굴이 못생긴 것으로 사람에 대한 마음가짐이 좋지 않아진다면 그 모두가 이런 기억의 변질에 속한다. 다시 말하면 어렸을 때 경험한 것과 유사한, 좋지 않은 기억을 바로 현재 당사자에게 투사하는 우를 범한다는 것이다. 그러므로 우리는 나의 기억만이 옳다고 지나치게 주장해서는 안 될 것이다.

34
눈부처

나는 학창 시절 정말로 하고 싶었던 두 가지 소원이 있었는데 하나는 안경을 쓸 만큼 눈이 나빠지는 일이었고 다른 하나는 공부를 열심히 해서 코피가 나는 일이었다. 그래서 매일 덜컹거리는 버스 안에서도, 걸어가면서도 책을 보았다. 남들은 나를 두고 참 공부를 열심히 하는 학생이라 생각하는 것 같았다. 그러나 나의 부모는 그것을 한 번도 인정해주지 않았다. 밤늦게까지 공부하고 난 뒤면 꼭 코피가 터질 것 같은 기대감에 잔뜩 사로잡혀 있었다. 그러나 예상과는 달리 나는 한 번도 코피를 흘린 일도 없거니와 눈이 나빠지지도 않았다. 인생의 정오까지 2.0이라는 놀라운 시력을 자랑하고 있었다니! 그러나 최근 어떤 사람이 내게 딸 사진이 든 마스코트를 보여주면서 예쁘다고 자랑을 하는 일이 있었다. 그래서 한 번 보자, 하고 보려는 순간 잘 보이질 않아 그 사진을 재빨리 뒤로 물리자 그 사람이 '교수님, 이제 늙으셨

습니다. 돋보기 가져다 드릴까요?' 하고 웃는 것이 아니겠는가. 나는 손을 내저으며 그렇지 않다고 펄펄 뛰었다. 그 순간 나는 젊은 날 눈이 나빠져 안경 쓰길 바랐다는 천진난만한 기억이 떠올랐다. 그리고 코피가 나길 바랐던 허망한 기억도 함께 떠올랐다.

우리말 중에 '눈부처'란 말이 있다. 상대방의 동공에 비친 나의 모습이니 이 비유가 얼마나 아름다운가. 거기다가 '부처'라는 거룩한 이름까지 붙였으니 때로는 부처님 섬기듯이 상대방을 섬겨야 한다는 뜻이 되기도 하고, 나의 진정한 실체는 상대방을 통해 발견된다는 뜻을 포함하기도 한다. 그러나 진정 사랑하는 사람을 앞에 앉혀 놓고 눈동자에 나타나는 자기의 모습을 본다는 것은 내게 부정적이다. 그것이야말로 공부하는 모습을 보여주기 위해 코피를 내고 안경을 쓰는 나의 이야기와 무엇이 다르다는 말인가. 이런 행위는 아마도 자신의 욕망을 상대방에게 투사하는 것에 불과할 것이다. 가끔 차 안에 있다 보면 차 안에 있는 사람을 아랑곳하지 않고 차의 유리에 치아를 비춰보거나 얼굴을 비춰보는 사람들을 보는데 이들 또한 눈부처를 찾는 것은 아닐까? 아이가 지금 원하는 창조적 행위 대신에 엄마의 불안 때문에 아이가 공부하기를 강압한다면 그 또한 눈부처에 해당할 것이다. 전직 대통령이 자신의 수하인 국정원장들을 이용해 자신의 정보를 다 챙기고 그 사람들과 관계가 없다고 하는 것은 바로 사람들을 눈부처로 보고 있는 것이나 다름없다.

나는 뒤집어 본다. 상대방의 눈에 비친 눈부처가 아니라 그의 홍채 깊숙이 스며있는 나에 대한 그리움을 볼 수 있다면. 거기서 코피를 내지 않아도 아들을 생각하며 팔공산 갓바위 부처 앞에 쓰러지는 모심을 볼 수 있다면. 눈이 나빠지지 않아도 딸을 위해 좋은 스탠드를 준비하는 부정父情을 만질 수 있다면. 화장을 하지 않아도 수줍게 자신을 드러내는 이성 친구의 사랑을 냄새 맡을 수 있다면. 다 읽은 책을 덮지 못하고 마지막 장을 매만지며 망설이는 자의 형이상학을 들을 수 있다면. 설령 부하가 보고하지 않았더라도 그들을 감싸 안으며 자신의 부덕을 이야기하는 그런 사람을 맛볼 수 있다면. 다행히도 눈이 나빠지지 않고 건강을 잃지도 않았지만 내가 부모님의 눈에 비친, 코피 나는 눈부처, 안경 쓴 눈부처를 그리워했다니!

35
알레그로 마 논 트로포

2005년, "나는 정말 연구만 생각했습니다"라며 기자회견을 하는 황우석 교수는 눈물을 흘렸다. 나도 원인 모를 눈물이 났다. 남이 보면 자기연민이라고도 할 수도 있을 눈물이 하염없이 났다. 그렇다. 눈물에는 이유가 없다. 황우석 교수는 언젠가 자기 이름에 '소'가 들어가 있다는 점을 이야기하면서 홀어머니 슬하에서 자신의 어려웠던 시절을 이야기한 적이 있다. 어려운 유년시절을 보냈을 그가 이 극한의 인간적 위기에서 어떤 생각을 할 것인가를 생각하면서 나는 그가 측은하다는 생각을 했다. 눈물을 흘리는 그는 아름다웠다. 그는 줄기세포를 위한 노력 때문에 아름다운 것만이 아니다. 그의 아름다움은 양심에 대해 정직해지고자 하는 인간적 고뇌 때문이다. 강한 자만이 눈물을 흘릴 수 있다. 나폴레옹이 그랬고 알렉산드로스가 그랬다. 하지만 이들은 모두 황우석처럼 촌놈들이었다. 촌놈들이 눈물을 흘리는 이유는 무엇일까? 그것은 그들이 쉽게 상처를 받기 때문이다. 자연의 법칙대로 계절에 순응해서 사는 사람들에게 법이란 크게 중요한 것이 아니다. 그야말로 농사만 열심히 지으면 되는 것이다.

그러나 현대 사회는 농사꾼에게 농사만 짓도록 허락하지 않는다. 농사를 실컷 지어도 쌀값이 폭락하거나, 우루과이라운드UruguayRound다 자유무역협상FTA이다 하는 새로운 조건들이 부가되면 모든 것은 허사가 된다. 농사꾼의 임무는 그저 좋은 벼를 생산하는 것이었는데 이제 벼를 불태우고 고속도로를 점령하는 것만큼이나 황우석 교수는 난자제공 문제로 인한 윤리적 문제로 시달려야 한다. 배추 농사를 지으면 기생충 알을 걱정해야 하고 양계를 하면 조류독감을 걱정해야 하며 벼를 도로변에 말리려면 도둑을 걱정해야 한다. 나도 농사를 지어봤지만 이런 부대비용을 물고 나면 농부에게 남는 것은 별로 없다. 그가 아무리 난치병을 위한 기초연구를 해도, 태풍은 그가 이루어놓은 모든 일을 한꺼번에 몰고 갈 수도 있다. 한마디로 황우석이란 사람이 50년 동안 이룬 일을 PD수첩이 한 방이면 족히 날릴 수 있다. 아니 그의 지인知人 한 사람이면 충분하다. 어떻게 연구원의 난자를 사용할 수 있느냐 하면 끝날 일이다. 그런 의미에서 현대사회는 왜곡된 사회이다. 니체는 이런 상황을 두고 행동하는 자는 지식도 없고 양심도 없다고 했다. 살기 위해서 앞만 보고 가는 사람에게 양심과 지식은 두 번째 관심사다. 그러나 그것을 이용하려는 자에게는 중요한 사안이다.

고전음악의 악보를 보다보면 알레그로 마 논 트로포라는 말을 볼 수 있다. 물론 이탈리아어로 빠르지만 지나치지 않게 연주하라는 뜻이다. 나는 황우석 교수의 사건을 보며, 그리고 그의 울음을 보며

이 말이 얼른 떠오른다. 알레그로 마논 트로포. 빠르게 하되 서두르지는 마라. 벼를 태우기 전에 울음을 울기 전에 우리는 혹시 먼저 서두르고 있지는 않은가 생각해 보아야 한다. 그것이 싫든 좋든 간에. 평생 배운 것이 농부의 일밖에 없는 이가, 평생 연구에만 전념한 이가 어찌 세상을 예견하고 법을 고려했겠는가. 하지만 우리는 그 농사 일과 연구 일에 너무 심취한 나머지 서둘지 않도록 미래를 예측하고 법제도를 보완하여야 한다.

36
순수한 모순

라이너 마리아 릴케의 시 「가을날」이 생각나는 계절이다. "주여 때가 왔습니다. 여름은 참으로 위대하였습니다. 당신의 해시계를 그림자 위에 두시옵소서. 그리고 들판에 바람을 놓아주소서 …… 지금 집이 없는 사람은 더 이상 집을 짓지 않습니다……." 이 시가 우리에게 주는 임팩트는 대단해서 우리 중에 많은 이는 아직도 그 시를 외우고 있을 것이다. 이 시가 멋있는 것은 "주여"하면서 주인을 부르지만 어떤 주인을 부르는지도 모르고 "여름은 위대하였다" 하지만 어떻게 위대하였는지 알 수 없는 언어 때문이다. 우리는 그런 말이 부리는 모순의 마법을 마음대로 즐길 수 있는 것이다. 1991년 여름쯤이었을까, 나는 이런 릴케에 경도되어 스위스 발리스 주에 있는 라론이라는 곳으로 여행을 떠났다. 그곳에는 릴케의 묘소가 있다. 교회의 옆 벽면으로 그의 무덤이 장식되어 있고 그 묘비명에는 "장미여, 순수한 모순이여, 그렇게 많은 눈꺼풀을 가지고도 어떤 사람의 잠이기를 거부하는, 순수한 모순이여"라는 시구가 쓰여져 있다. 마테호른 봉우리에는 언제나 눈만 덮여 있는데.

　　장미의 이파리가 잠을 자는 눈꺼풀처럼 보이나 그것이 실존한다는 릴케의 존재론적 사고를 읽으면서 우리는 사물에 감춰져 있는 순수한 의미를 찾을 수 있어야 한다. 아이가 집에서 싸우면 그것은 밖에서 사고치지 않는다는 것이고 기름값이 오르면 그것은 걸어 다녀 건강하란 뜻이다. 남이 나를 시기하면 그것은 내가 잘 나간다는 뜻이고 친구가 없다는 것은 나 혼자 즐길 수 있는 자유의 시간이 많다는 뜻이다. 관리비가 많이 나온다는 것은 그만큼 편안하게 살고 있다는 뜻이고 누군가에게 욕을 먹는다면 그로부터 언젠가는 사랑을 받았다는 뜻이다. 돈이 많다는 것은 누군가에게 그것을 베풀 수 있다는 뜻이고 능력이 없다는 것은 그만큼 편하게 살 수 있다는 뜻이다. 누군가가 공부를 잘 한다는 것은 내 나라가 잘 되어 내가 편해질 것이라는 뜻이고 누군가가 못한다는 것은 내가 그만큼 잘 할 수 있다는 뜻이다. 사회가 위기라는 뜻은 그만큼 긴장을 하여 위기를 모면할 수 있다는 뜻이고 사회에 범죄가 많다는 것은 우리가 더 많이 베풀라는 뜻이다. 사랑하는 사람이 죽으면 의미 있게 살라는 뜻이고 밀알이 땅에 떨어지면 많은 열매를 맺는다는 뜻이다. 밤에 잠이 잘 오지 않으면 아름다운 기억이 많다는 뜻이고, 퇴출되면 새로운 직업을 생각해 볼 수 있다는 뜻이다.

　　이제 성찰의 계절이 조금씩 사라져 가고 순수한 모순의 계절이 온다. 이 계절은 한 번도 평안이 없었던 사람이 평안해 대해 생각해 보고 한 번도 기부를 하지 않은 사람이 기부할 곳을 찾아보아야 하는 계절이어야 한다. 책을 읽지 않은 내가 한 권의 책이라도 읽어두어야 할 계절이어야 한다. 나누지 못한 실존들을 나눌 수 있는 계절이어야 한다. 모두 자기가 그동안 살아온 것들을 펼쳐 보이고 신 앞에서 검사를 받아야 하는 계절이어야 한다. 밤새도록 다른 이의 발걸음을 지키는 가로등 같은 계절이어야 한다. 과감히 자신의 존재를 땅에게 내주기 위해 추락하는 나뭇잎 같은 계절이어야 한다. 종아리를 걷고 손을 앞으로 내밀고 서있는 나목裸木처럼 신 앞에서 순수한 모순의 계절이어야 한다.

37
청순가련 vs 엽기발랄

나훈아의 노래는 이렇게 시작한다. "잊으라 했는데, 잊어 달라 했는데 그런데도 아직 난 너를 잊지 못하네." 그리고 신혜성의 노래는 "…… 널 잊어 미안해. 이런 나를 용서해. 그 많은 약속을 다 지켜내고 싶은데, 너 없이 혼자서 널 사랑하며 살아가는 날 너에게 보여주지 못해 미안해." 잘 들어 보면 같은 마음의 상처를 노래하고 있는 것 같지만 그 모습은 다르다. 쉰 세대의 노래는 너를 잊지 못하겠다는 청순가련형이고 신세대의 노래는 너를 잊게 되었다는 엽기발랄형이다. 그런데 이런 노랫말의 차이는 우리의 문화와 밀접한 관련이 있다. 과거에 우리가 수학여행을 가면 나무에 우정이라는 말을 새기고 돌에 추억이라는 말을 새긴 기념품을 사오던 때가 있었다. 가슴속에 과거의 일을 파묻어 두고 그것을 곱씹고 그 상처를 노래하는 시기였다. 그러나 신세대는 아니, 우리 세대의 모든 이는 그런 문제로 더 이상 골몰하고 있지 않은 것 같다. 그야말로 기억하고 각인한 일은 없었던 것처럼 보인다. 모든 것이 윈도우의 화면처럼 화려하게 등장했다 순식간에 사라져 버리는 명멸의 문화 속에 있는 것 같다. 우리는 청순가련과 엽기발랄의 문화적 토포스 사이에서 헤매고 있다.

청순가련의 문화는 기억의 문화이다. 그에 반해 엽기발랄의 문화는 망각의 문화이다. 기억과 망각이 동전의 양면과 같은 것일진대 이런 문제가 대수롭지 않게 여겨질지 모르지만, 우리의 삶을 결정하는 가장 중요한 문제이다. 왜냐하면 우리는 과거의 기억으로부터 자유로울 수 없기 때문이다. 그래서 베케트는 "어제로부터 도피할 길이 없다, 왜냐하면 어제가 우리를 왜곡시켰거나 우리가 어제를 왜곡시켰기 때문이다"라고 말하고 있다. 그렇다면 과연 우리가 어제로부터 벗어나면 자유로울 수 있는가? 슬픔과 후회와 가책에 짓눌려있던 어제를 씻어낼 수 있다면 우리는 자유로울 수 있는가? 사업의 실패, 부모의 비난, 잘못된 행위가 머릿속에 가득한 사람이 미래에 무엇을 할 수 있겠는가마는 이런 과거로부터 벗어났다고 하여 미래에 자유가 보장되는 것은 아니다. 정신분석가들이 아무리 과거를 잊는 것을 치료의 목표로 삼는다고 하더라도 과거가 그저 부정적인 의미만 가지는 것은 아니다. 오히려 어두운 과거가 있기 때문에 우리는 미래에 어떤 지표 같은 것을 예감할 수 있다. 과거가 없는 인간은 짐승이나 다를 바 없다. 언어, 집단적 지식, 관습 등을 가진 인간은 이런 과거가 없이 미래에 어떠한 목표도 세울 수 없는 것이다.

엽기발랄의 세대를 보면서 나는 이런 생각이 든다. 이 세대들이 도대체 어디로 가려고 하는가. 우리의 행위 규범은 무無에서 나올 수도 망각에서 나올 수도 없는 것이다. 이런 규범은 미래에 대한 기획을 통해 결정된다. 그리고 이런 기획은 청순가련형의 경험이나 지식을 통해서 성취될 수 있다. 왜냐하면 우리의 행위는 기존의 것과 새로운 것, 과거의 것과 해야 할 것 사이의 부단한 교류에서 이루어지기 때문이다. 과거를 잊어버리자는 연말연시의 구호나 엽기발랄 세대가 가지는 세계관이 때로는 유익할 때가 있다. 그러나 그들이 말하는 대로 과거와 단절될 수 있다고 가정하더라도 절대적 단절은 불가능하거니와 그런 단절에서 우리는 어떤 자유도 얻을 수 없다. 과거를 지우고자 하는 이 엽기발랄의 세대를 우리는 다시 생각해야 한다.

38
개명改名

이름이 매우 중요하다는 것을 나는 누구보다도 더 잘 안다. 독자가 보다시피 나는 이름이 특이해서 매우 힘들었기 때문이다. 춘향전을 배우기도 전인 중학교 때부터 변사또, 변학도 하면서 춘향의 팬인 국어 선생님께 이리저리 쿡쿡 쥐어 박혔던 것을 생각하면 지금도 분이 삭이지 않는다. 어디 그뿐인가. 변강쇠라고 놀렸던 국사 선생님이 한 분 계셨는데, 이 분은 어떤 독특한 취향이 있었는지 늘 나를 변강쇠라고 불렀다. 그런데 이 분들 대부분이 그나마 책을 읽었다는 인텔리였다고 생각하면 배운 사람이 더 하는구나, 그런 생각이 든다. 이름도 이름 나름이다. 뒤에 있는 이름은 바꿀 수도 있지만 앞의 성은 바꿀 수도 없다. 한국이란 사회에서 성을 바꾼다는 것은 불가능한 일이어서 강호동과 최진실이 한 주유소 광고에 나와 "내가 성을 바꾼다, 성을 바꿔!" 하고 소리칠 정도이다. 초등학교에 다니던 딸이 어느날 무심코 내게 "아빠 성 바꾸면 안 되요?" 하는 것이 아닌가. 아무리 생각해도 이 사회에서 그것은 불가능한 일이었다. 그래서 왜 그러냐고 물었더니 애들이 변기통, 변태 이렇게 놀린다는 것이다. 왕따 당하지 않고 무사히 고등학교를 졸업할 수 있어서 다행이다.

2012년, 아파트 개명 문제로 시끌벅적했던 적이 있다. 푸르지오, 캐슬, 제니스, 아너스, 래미안, e편한세상, 자이, 리버파크, 아이파크, 뜨란채, 쉐르빌, 타워팰리스, 하이케리온, 굿모닝힐, 이안, 인벤스, 트라움하우스 등 무슨 뜻인지 알 수도 없는, 아니 알지 못하게 만드는 이름들이 즐비하다. 그렇게 하고 나면 거래가나 분양가가 높아져 간다고 한다. 이렇게 너도나도 아파트 개명 작업에 들어가자 사람들 사이에는 흉흉한 소문이 나돌기 시작했다. 아파트 이름을 바꾸는 데는 돈 말고 필경 다른 이유가 있을 것이라는 소문. 그것을 알아본즉, 젊은 며느리들이 부모가 아들 집을 찾기 힘들게 하기 위해서라는 것이다. 가령 푸르지오라고 할 경우, "할머니 어디 찾으세요?" 하고 물으면 "우리 아들 찾는데 어데 푸른데라 카던데". 그러면 사람들이 녹지가 있는 경로당으로 모시고 갈 것이다. 롯데 캐슬의 경우, "할아버지 어디 가십니까?" 했을 때 "롯데 캐써(라고 했어)"라는 대답을 들으면 '롯데'라는 글자가 붙어 있는 곳을 가르쳐 줄 것이다. 할머니 어디 가십니까? 아 났어(아너스), 레미콘(래미안), 이 편한 세상이라고……. 그래도 그중 하늘채나 뜨란채는 낫겠다. 아름다운 우리말이니까.

이처럼 우리에게는 이름이 매우 중요하다. 조선시대에는 이름을 솥에 삶아서 형烹刑을 집행할 정도로 이름이 중요하였고 아직도 이름 때문에 자살하는 사람이 있을 정도다. 그러나 이름 때문에 어르신들만 어디 갈지 모르는 것이 아니라 우리가 어디로 가는지 모르는 세상이 되었다. 이름에 시달리는 우리의 현실도 생각해 보는 것이 어떨까? 누가 '변卜'이라는 이름을 가지고 싶어서 가졌겠는가? 한 번이라도 그 이름의 중요성을 이야기해주었더라면 나는 큰 학자가 되었을 것이다. 이제 진정으로 이름을 바꿀 수 있고 또 바꾸어야 할 시대가 오는 것을 준비해야 한다. 호적법 개정에 대한 요구가 바로 그렇다. 돈 때문이거나 시부모가 오는 것을 막기 위한(?) 개명이 아니라 진정한 자유의 실현을 위한 개명의 시대가 오기를 바란다.

39

과학과 가위

적어도 자연과학 분야의 교수들은 SCI란 말을 들으면 한 번 정도는 유혹을 당하거나 한 번쯤 당황할 것 같다. 마치 가위 같이 벌어지는 스키(SCI)에 대한 유혹으로 타보지만 당황하듯이 말이다. 그 이유는 이 기호가 그들의 성과를 말해주는 중요한 수단이 되기 때문이다. 물론 SCI, 즉 Science Citation Index는 1960년에 설립된 미국의 인간 정보서비스 제공 기관 ISI가 구축한 것으로 1963년부터 축적하기 시작한 과학기술 관련 인용색인을 말한다. SCI 수록 논문 수 및 인용도는 '국가 및 기관간의 과학기술 연구 수준을 비교'하거나 '연구비 지원', '학위인정' 및 '학술상Award 심사' 등의 반영 자료로도 활용되는 것을 고려한다면 국내 대학에서 교수를 초빙하거나 수시로 교수를 평가하는 데 중요하지 않을 수 없고, 그에 따라 교수나 학자들은 유혹 당하거나 당황하지 않을 수 없다. 과거 논란이 되었던 배아줄기세포에 대한 논문을 실은 사이언스Science지도 그 대표적인 저널 중의 하나다. 인문학을 가르치는 사람이나 나같이 이류나 삼류 교수들은 이런 데 신경도 쓰지 않지만 그들에게는 매우 중요한 것일 테다.

그런데 나는 독자들에게 이런 정보를 주기 위해 글을 쓰는 것이 아니다. 우연의 일치인지 모르지만 SCI는 과학이라는 말의 영어 science 에 나타나있는 접두사 sci와 의도적으로 같게 만들었을 것 같다. 라틴 어 sci-entia에서 유래한 이 sci는 '가위'의 뜻을 가진 말로 '자르다'란 뜻을 가지고 있다. 그러므로 우리말로 과학科學이라고 번역했을 때의 의미도 과科, 즉 '나누다'란 뜻을 가지고 있다. 그러면 뒷부분의 말 entia(사물 entis란 말의 변형)와 결합하여 '사물을 자른다'는 뜻이 만 들어진다. 이와 같이 사물을 분석하는 것이 바로 SCI요 과학이다. 그 런데 이런 과학이 현대에는 고도로 발전되어 나노기술에 이르기까지 수없이 작아지고 전문화되어 다른 사람의 접근이 불가능하게 되었 다. 칼 포퍼가 현대의 과학은 직접 실험하여 얻는 지식이 5%도 안 되 고 그 이외에는 다른 사람의 연구를 인용한다고 했는데 우리 같은 사 람들이 그 과학의 실제에 접근하는 길이란 거의 제로에 가깝다. 그러 므로 과학은 다시 비밀에 부쳐지고 조작의 길로 들어서더라도 어느 누가 쉽게 알아차릴 수 없는 지경에 이르렀다. 한 마디로 자르는(SCI) 과학이 가위로 잘라 조작하는(sci) 과학이 된다 하여도 그 누가 쉽게 검증할 수도 없게 변해버렸다.

과거 세상의 관심이 집중되었던 논문 조작 사건을 대하면서 경 악을 금치 못했다. 19세기 콩트가 모든 정신적 요소를 배제하는 실증 적 학문의 수립을 주장한 이래, 인간의 제1원인과 목적인目的因, 즉 인 간의 존재와 양심, 그리고 신에 대한 문제가 폐기되었다. 조작 사건은 콩트가 뿌려 놓은 씨를 확실히 열매로 거두고 있다 해도 과언이 아니다. 단순히 누구를 앞지르고 자신의 막대한 이익을 추구하기 위해 이런 일을 하였다는 것은 바로 읽는 것이다. 그러나 뒤집어 읽으면 과학이 이제 인간의 운명을 자르는 흉기, 즉 가위(SCI)가 되었구나 하는 점이다. 하이데거가 "과학은 사유하지 않는다"라고 한 말이 핍진하게 다가온다. SCI(스키)가 난자 취득 같은 윤리적인 문제뿐만 아니라 양심과 믿음이라는 인간적, 사회적 물음을 던진 게 확실하다.

40
'먹다'의 의미

새해가 되면 우리는 떡국을 먹고 나이를 한 살 더 먹는다. 그런데 이 '먹다'는 말을 우리가 이렇게 다양하게 쓰는데도 그에 걸맞지 않게 그에 대한 연구는 미흡한 것 같다. 지난 해 우리는 삶에 겁을 먹었고 월드컵에서 골을 먹지 않기로 마음을 먹었을 것이다. 우리의 과학적 수준이 세계에 안 먹혔고, 그리스 신화의 크로노스가 세상을 먹어 버리는 순간에도 우리는 그 크로노스(시간, 즉 나이)를 먹었다. 온 세계가 골을 잃었을 때도 우리는 골을 먹었다고 했고, 중국 사람들이 나이를 보탠다添고 말하는 데도 우리는 나이를 먹는다. 나는 국어학자가 아니어서 '먹는다'는 말을 어원상으로나 문학적으로 풀 재주가 없다. 하지만 언어라는 것이 아무렇게 생기는 것이 아닌, 집단무의식의 소산이라면 그 말이 내재적으로 시사하는 보이지 않는 의미의 장場은 있을 것이다.

우리는 농경민족의 후예, 다시 말해 정착민족의 후예다. 무엇인가가 소실되어 가는 것이 유목민족의 그 근본 라이프스타일이라면 농경민족의 스타일은 무엇인가를 소유하고 먹는 데 있을 것이다. 그래서 이제 정착과 농경을 벗어나는 문화를 가진 이 순간에도 '먹다'는 말이 집단 무의식으로 작용하고 있을 것이다. 그런데 그중에서도 '잊어먹다'란 말은 매우 특이한 경우이다. 왜냐하면 우연히도 영어나 독일어와도 유사한 구조를 가지고 있기 때문이다. 영어의 for-get을 보라. 그리고 독일어의 ver-g-essen을 보라. 두 말이 가지는 어근 모두에 영어에는 get이라는 형식으로, 독일어에는 essen이라는 형식으로 모두 '먹다'라는 표현이 들어 있다. 이 무슨 인연인가! 인류의 집단무의식은 기억하고 보존하는 것을 '먹다'라고 표현했을 것이라는 추측이 가능하다. 영어의 for-나 독일어의 ver-가 '유실流失'의 뜻을 동반하고 있다면 우리말 '잊어먹다'에서는 거꾸로 '먹다'가 그런 형식을 내재하고 있다. 왜냐하면 '잊다'라는 말이 독자적인 의미를 가지고 있기 때문이다. 원시언어가 반대의 뜻을 동시에 갖고 있다는 것을 감안할 때 (가령 영어의 old는 나이가 많고 적은 상태를 동시에 갖고 있다.) 우리의 '잊어먹다'나 '나이를 먹다' 또한 '먹다', '버리다'의 뜻을 동시에 갖고 있다고 유추할 수 있다. 더구나 타동사와 자동사라는 개념이(죽다die－죽이다murder) 뚜렷하지 않은 우리말이라면.

겁을 먹고 애를 먹고 욕을 먹고 나이를 먹는다는 말은 그 이면에 무엇인가가 먹히지 못하고 소실되어 버린다는 안타까운 농경민족의 애환이 담겨 있다. 어떤 의사가 '무엇을 먹어도 될까요?'라는 환자의 질문에 나이만 먹지 말고 골고루 먹으라고 하였다는 일화가 생각난다. 나이는 먹는 것이 아니라 먹히는 것이라는 자조自嘲의 뜻이 포함된 말이리라. 나이를 먹는다, 잊어먹는다, 1등 먹었다, 차가 먹었다는 말 모두는 의도하지 않게 소멸되어 가는 시간의 법칙이 들어 있다는 점에서 세상을 삼킨다는 크로노스의 전설과도 같다. 내년에는 너무 큰마음을 먹지 말고 차라리 골을 먹고, 겁을 먹고, 애를 먹고, 1등 먹고, 나이를 먹는 것을 잊어먹자.

41
더 중요한 것

어릴 때 노란 찰고무 바닥을 댄 운동화를 들고 다니던 시절을 생각하면 지금도 가슴이 설렌다. 늘 코 째진 검정 고무신만 신고 다니다가 운동회라도 한다면 아버지가 자전거 타고 읍내에 나가서 꽁치 몇 마리랑 주절주절 자전거에 달고 온 운동화, 그것이 아까워서 들고 다니던 시절이 생각난다. 특히 비라도 조금 오면 신고 다니지도 못하는데 비가 그치고 이 운동화를 신으면 물구덩이를 피해 다니느라 노심초사한 일도 생각난다. 혹시나 흙탕물이 튈까봐 마음 조리던 시절이었다. 그즈음 나는 운동화를 중심으로 생각하고 운동화를 중심으로 걷고 운동화를 중심으로 대화를 끌어나가고 운동화를 중심으로 꿈을 꾸었고 운동화를 중심으로 자아를 형성하였다. 그런 만큼 운동화는 나의 삶의 축이었고 운동화는 나의 우주의 중심이었다. 운동화가 없는 나는 생각해 볼 수 없었다. 운동화가 나의 필요한 물건이나 도구

인줄은 꿈에도 생각하지 못했다.

몇 해 전인가 두 아름다운 동창들이 도자기를 사가지고 경주에서 돌아오는 길에, 나도 그 차에 동승한 일이 있었다. 두 분은 서로 잘 알고 있는 사이였던 것 같다. 한 분은 교감 선생님, 한 분은 교수님이었다. 도자기를 뒷자리에 조심스레 싣고 나도 그 옆에 앉아 고속도로를 달렸다. 이런 저런 이야기 중에 한 분이 그 친구에게 보통 때는 차를 급하게 몰더니 오늘은 왜 이리 얌전히 차를 모느냐고, 변 교수님이 계셔서 그러냐고 슬며시 꼬집었다. 한참 생각을 하던 그 친구 분이 도자기가 조심스러워 그렇다고 대답하면서, 사실은 도자기보다 훨씬 더 가치 있는 분들을 모시고 가는데 도자기 때문에 조심스럽게 운전하는 자신이 부끄럽다고 말했다. 그렇다. 사실은 도자기보다 사람이 더 중요하다. 하지만 우리는 그런 사실을 늘 잊고 있다.

아무리 생각해도 이해가 되지 않는 부분은 횡단보도에서 왜 차가 우선이냐는 것이다. 횡단보도에서는 사람이 우선이다. 적어도 내가 생활하였던 독일에서는 사람이 횡단보도를 건너려는 시늉만 해도 차는 정지한다. 물론 이것을 지키지 않으면 처벌 받는다. 식구들끼리 교통사고가 나서 전화를 하면 상대방이 대개 몇 가지 질문을 하는데, 하나는 '누가 잘못했는데?' 둘은 '차는 어떻게 됐는데?' 그리고 마지막은 '어디 다친 데 없어?'이다. 하지만 어느 질문을 먼저 하느냐에 따라 가정의 행복은 전혀 달라진다. 물론 어렵사리 마련한 차를 부숴버린다면 그것 참 아까운 일이겠으나 그래도 사람이 중요하다. 물론 나는 여기 있는 순서대로 질문하는 사람이다.

인간의 난자를 수천 개씩 굴려가며 장난치는 것을(?) 보면서 난자 채취로 후유증을 앓는 사람을 생각해 보았는가. 내 돈벌이에 지장이 있다고 아이를 유기하지 않았는가. 차가 잘 보이도록 시린 손으로 매일 차를 닦지 않았는가. 이데올로기를 위해 국민들의 정서에 칼을 드미는 사람을 장관으로 쓰지 않았는가. 자기의 체면을 위해 말을 함부로 해 그 사람을 자살로 몰지 않았는가. 화학제품을 생산하기 위해 싼 노동력을 희생시키지는 않았는가. 이 모든 것이 사람을 중심으로 생각하지 않은 내 탓이다. 내가 운동화를 중심으로 생각하고 들고 다니지만 않았더라도, 운동화보다 내가 더 중요하다는 것, 그것을 알았더라도 이런 일들은 벌어지지 않았을 것이다.

42
'내 고향으로 날 보내 주'

적어도 일정한 나이가 된 사람이라면 학교 다닐 적에 이 흑인영가를 불러 보지 않았을 리가 없다. 한 늙은 흑인이 고향 버지니아를 그리면서 불렀다는 블랜드의 가곡을 잘 알 것이다. 오랫동안 노예로 있을 지언정 주인의 매질과 뼛속까지 사무치는 일로 인한 고통이었을지언정 그곳이 오히려 그립다는 노래의 모순이 가슴속 깊이 저며 온다. "나를 옛 버지니아 나의 고향으로 돌려 보내주오. 그곳은 목화와 옥수수와 감자가 자라나는 곳이죠. 그곳은 봄이 되면 새들이 감미롭게 지저귀는 곳이죠. 그곳은 이 늙은 흑인의 마음이 간절히 가고 싶어 하는 곳이죠. 그곳은 내가 늙은 주인님을 위해……." 이 노래에 실려 보낸 그들의 정서와 언어가 지금 혹시 우리를 말해주고 있는 것이 아닌가 하는 느낌이 든다. 우리는 누런 들판, 복숭아꽃 살구꽃 피는 고향이 그립다.

언제부턴가 우리는 경쟁과 구조조정이란 이름 아래 이 흑인처럼 시달리고 있다. 하지만 그것을 주도하는 사람들은 마치 마르크스가 말한 상부구조처럼 그것을 즐기고 게임하듯 유희한다. 지배계급은 사라진 것처럼 보이지만 지배구조는 여전하다. 그것이 재벌이든 운동권의 정치가든 구별할 것이 없다. 오디세우스가 사이렌의 유혹에 넘어가지 않도록 사공들의 귀를 초를 녹여 막고 노만 젓게 한 것이나, 한니발이 알프스를 넘어 로마를 침공할 때 보상을 약속하며 노예들을 죽음의 전쟁터로 끌어 들인 것이나, 헨리 4세가 시끄러운 국정을 두고 아들에게 바깥으로 나가 전쟁을 하라고 충고한 것이나 어느 시기든 노예 같은 서민들은 시달림을 받았다. 하지만 학교에서든, 시장에서든, 가정에서든, 어디서든지 우리들이 바로 이 지배구조의 머리에 의해 끊임없이 시달리고 있는 것은 도를 넘는다. 끊임없는 분당과 합당론, 당청 간의 갈등 운운, 대통령의 탈당 시사, 대학의 구조조정, 교육과정과 입시제도의 변화……. 이러한 엽기적인 사건 만들기의 틈바구니에서 서민들은 불안하기 이루 말할 수 없다. 공부할 시간 보다 바뀐 입시 제도를 알아내는 데 더 많은 시간을 할애하고 연구하는 시간보다 프로젝트(돈) 따오는 데 더 시간을 보내야 한다. 일하는 즐거움보다 그저 스포츠나 엽기 정치 버라이어티 쇼를 바라보는 데 더 정신을 쏟게 한다. 군대 용어로 말하면 정치가 우리를 돌리고 돌린다. 자꾸 돌리는 사이 병사들은 군기가 들어 오직 병무에만 집중하게 된다. 여기가 군대인가?

짓궂은 어른이 "너 고추 있냐? 없지? 너 여자지?" 하고 물으면 아이는 "아니야, 난 남자야. 나 고추 있어."라고 대답한다. 하지만 계속해서 "있으면 한번 보자, 어디 한번 보자."라면 철들은 녀석들이야 달아나겠지만 어린 것들은 그냥 바지를 내리고 보여준다. 우리 서민이 지금 이런 아이의 꼴이 되었다. 정부가 어떤 안건을 내놓고 새로운 이슈를 만들어도 흔들리지 말자. 멍청하게 고추 보여주지 말자. 계속 이슈를 만들더라도 고추 보여주지 말자. 자발적으로 열심히 일할 사람은 일하게 두라. 하지만 계속해서 "너 고추 있냐, 없지?" 그렇게 물으면서 우리를 돌리지 말라. 우리 서민들은 이제 쉬고 싶다. 제발 이제 우리를 편히 쉬게 해 다오. 내 고향으로 날 보내 주. 누런 들판으로, 복숭아꽃 살구꽃 피는 고향으로.

43
키스 특구

"서로의 20cm 앞까지 다가가세요. 고개는 15도 각도로 꺾으세요. 시선처리는 30도 아래. 마지막으로 입과 입은 35도 각도를 유지하세요. (키스한다) 참 잘했어요. 키스, 배워서 남 주자." 무슨 영화의 대본 같지만 사실은 TV에 등장했던 상품의 CF다. 이 CF의 키스학 강의는 여기서 끝나지 않는다. 이제는 다양한 장소에서 보기 민망할 정도로 심한 키스를 소개한다. 버드 키스, 다시 말해 새부리 키스는 자동차 안에서, 햄버거 키스는 도서관에서, 슬라이딩 키스는 카페 안에서, 캔디 키스는 케이블 카 안에서 한다. 에어클리닝 키스는 공원에서 하고, 레슬링 키스는 방 안에서 한다. 이 CF의 제1강은 자세에 대해서만 가르쳐주고 나머지는 개개 장소까지 명시한다. 물론 시청자들의 눈도 있고 해서 제1강만 노출이 되고 나머지는 상상에 맡겨 버리지만 우리는 키스가 장소에 따라 달라진다는 점을 알 수 있다.

파우스트의 아름다운 여인 그레첸이 홀로 남게 되자, "내 가슴은 짓눌려오고, 내게 평화는 사라졌다. …… 아! 그의 키스"라고 한숨짓는 장면을 보면 키스가 얼마나 우리 신체에 깊이 각인되는지를 알 것이다. 두 남녀가 사랑의 정감과 욕동으로 서로의 입과 혀를 주고받는 순간, 체내에선 강한 변화가 일어난다고 한다. 심장이 뛰고 맥박이 두 배로 빨라지고 혈압이 오르면서 췌장에서 인슐린이 분비되고 부신은 아드레날린을 배출한다. 이런 화학 물질은 스트레스 호르몬을 방해하고 면역기능을 강화하여 발병의 기회를 차단한다. 그래서 키스를 많이 하는 사람은 장수한다는 이론들이 홍수처럼 쏟아져 나온다. 그러나 인류가 시작하면서 언제부터인가 성애의 표현으로써 자연스런 키스를 시작하였겠지만 그것이 문화적 기호가 되면서 숨기느냐, 드러내느냐에는 큰 차이가 있다. 가령 서양에 비해 보수적인 우리나라는 그런 모습을 잘 용인하지 않는다. 물론 동물의 키스, 모자간의 키스, 볼에 하는 뽀뽀는 다르겠지만 말이다. 그런데 요즘 서울 도심에는 이런 남녀들을 위한 키스 구역이 속속 만들어지고 있다고 한다. 이름만 들어도 알만한 도심에 키스 존이 만들어진 셈이다. 33층 양식당에서, 키스 브리지에서, 카페에서, 한강 다리 위에서 키스 특구가 만들어진다. 꼭 키스를 하기 위해 자동차 안으로 가거나 도서관이나 케이블 카, 또는 한적한 공원이나 러브호텔로 도망갈 필요가 없게 된 것이다.

　　이쯤 되면 독자들은 왜 하필이면 집에 가서 하면 될 키스를 남이 보는 데서 하느냐고 흥분을 할 수도 있다. 하지만 그런 사람은 '금지가 욕망을 낳는다'는 말을 이해하지 못한다. 그리고 우리의 기억이 순간적인 분위기, 즉 장면을 기억하지 진행되는 일련의 삶의 과정을 기억하지 않는다는 사실도 모른다. 이는 키스의 기호학에도 마찬가지로 적용된다. 분위기 있는 순간에, 그리고 여러 사람이 지켜보는 공공의 공간에서 키스를 한다는 것은 신세대들에게 특별한 감정을 만들어준다. 내친 김에 말하지만 장사도 잘 되지 않는 엑스코나 수성구의 식당 구역에 '키스의 역사', '키스의 문화', '키스의 문학', '키스의 상품'이 있는 키스 특구를 만들어 문화 콘텐츠로 개발하는 것은 어떨까? 키스, 배워서 남 주고 싶다.

44
요리 못하는 사람의 특징

과거에 스크린쿼터의 축소로 영화계가 시끄러웠지만 정부에서는 막무가내식으로 밀어부쳤다. 자유무역협정FTA을 따름으로써 우리나라가 이득을 본다고 주장했다. 이르다는 사람들도 있었고 우리 영화가 국가경쟁력을 가졌다는 자신만만함을 보이는 사람들도 있었다. 실미도, 태극기 휘날리며, 웰컴 투 동막골, 올드보이, 왕의 남자 등 그 관객이 수백만을 넘어서거나 넘어섰던 영화가 많았으니 그런 자신감이 생기지 않을 리도 없다. 하지만 이런 팡파레의 이면에 아직 넘어설수 없는 한국영화의 유치함이 그대로 잔재함을 보고 경악을 금치 못할 때가 많다. 과거에 개봉된 영화 중에 그 대표적인 경우로, 〈외출〉이나 〈사랑을 놓치다〉라는 영화를 꼽을 수 있다. 영화의 서사가 대체무슨 말을 하려는지, 그리고 영화적 기호가 무엇을 의도하는지 불분명한 것이 너무 많다.

이런 진부한 영화를 볼 때마다 나는 요리 못하는 사람의 다섯 가지 특징이 떠오른다. 그 첫 번째는 있는 대로 그릇을 다 끄집어낸다는 것, 두 번째는 음식재료를 여러 가지 쓴다는 것, 세 번째는 갖은 양념과 소스를 다 친다는 것, 네 번째는 요리의 순서를 빼먹거나 바꾼다는 것, 그리고 그 마지막은 백미다. 남이 뭐라고 말하든 자기 입에는 꼭 맞는다는 것이 그것이다. 이런 특성은 비단 영화뿐 아니라 정치에도 적용되고 논술에도 적용되고 우리 같은 사람이 하는 강의에도 적용되고 장사에도 적용된다. 어디 한번 대입해 보라. 그냥 애인이 떠나는 걸 가만히 보고 있다가 버스가 떠나면 이제야 손을 흔들고 따라가며 안달을 낸다든가, 걸핏하면 폭력을 한다든가, 어떤 사소한 장면에서 이유 없이 시간을 끌어 긴장을 깬다는 것은 요리 못하는 사람과 너무 흡사하다. 이런 사람들은 좋은 영화는 돈이 많이 든다고 생각한다. 소금만 가지고도 얼마든지 좋은 요리를 만들 수 있다는 것을 모른다. 반찬 없이 밥만 잘 되어도 좋은 요리라는 것을 모른다. 우리가 왜 영화의 인물을 캐릭터라 하는가. 그것은 성격과 특성을 가진다는 뜻이다. 그러므로 배용준이나 손예진, 설경구와 송윤아 같은 인물을 캐릭터로 잡으려면 그 인물이 문제성을 가져야 한다. 가령 배용준이 치명적인 도벽이 있다든가, 손예진이 시한부 인생을 산다든가 그런 가운데서 스토리보단 플롯이 살아나게 되고 관객은 흥분하는 것이다. 이들의 얼굴을 보려고 영화 보는 사람은 일본인 아줌마들 밖에 없을 것이다.

지리멸렬한 영화들의 공통점은 한결같이 이런 메타포나 부정 같은 미학의 법칙을 잊어먹고 있다는 점이다. 스토리가 긴장감을 유발하지 못하거나 소재를 여러 가지로 늘어놓거나, 그 소재가 진부하거나, 구성이 치밀하지 못한 영화는 온갖 음식 재료를 다 쓰고 갖은 양념으로 꾸며대는 멍청한 요리사와 같다. 그 뿐만 아니라 문제성의 제시도 첫 부분에서 해야 할 것을 뒤에 가서 한다면 요리의 순서를 바꾸는 것과 같다. 그래도 이런 정도를 알고 망한다면 그나마 다행이다. 비극적인 것은 감독이나 작가가 그런 영화를 만들고도 자신의 입에는 딱 맞는 요리이니 결국 망한 이유는 스크린쿼터 때문이라고 비난하는 경우이다. 그래도 한국 사람들은 착해서 보기 민망한 영화를 보면서 웃음으로써 애써 마음을 달래는 경우가 많다.

45

녹은 쇠를 먹어 버린다

옛날에 나이 많은 한 남자가 죽었다. 그의 부인이었던 미망인이 정절을 지킬 요량으로 자신의 충직한 몸종과 함께 사랑하는 남편의 묘실에 가서 같이 죽기로 마음을 먹었다. 사랑과 정절의 표본이 아닐 수 없다. 이 미망인은 영원히 자신의 행실이 기억되기를 바란 것이다. 그녀는 속으로 이렇게 생각하였다. '사람들은 나를 영원히 기억하게 될 것이다. 어쩌면 예배당에 나의 흉상이 세워질지도 모른다. 그래서 정절을 지키지 못하는 못된 부인들이 그 옆을 지날 때마다 부끄러워할 것이다.' 그런데 그 묘실 옆에는 십자가가 셋이 있었는데 각기 죄수한 사람씩을 매달고 있었다. 거기에는 한 묘지기가 지키고 있어 시체가 주인에 의해 도난당하지 않도록 감시하고 있었다. 이 묘지기에게 묘실에서 굶어 죽으려 하던 두 여인이 눈에 띄지 않을 리가 있었겠는가. 여인들이 굶은 지 한 닷새쯤 되었을까, 이들에게는 차츰 다른 생각이 들기 시작했다. 배고픈 것도 참을 수 없는 일이고 이렇게 죽은들 그것이 누구를 위한 것이며 과연 그렇게 죽은들 누가 기억을 해줄 것인가 하는 생각이 들었던 것이다. 반면 묘지기는 늘 호의적인 말과 간소하게나마 성의 있는 음식을 가져다주며 이들에게 삶에 대한 의욕을 부채질하였다. 두 여인은 가져다준 음식을 먹기 시작했다. 그러자 차츰 이 미망인은 그 묘지기와 가까워지고 결국 그 묘지기와 사랑에 빠지게 된다. 그리고 얼마 되지 않아 그 묘지기를 남편으로 맞아 행복한 삶을 꾸려간다. 음식을 먹자 기억을 잊어먹었던 것이다. 그런데 이 부인이 죽은 남편의 묘실에서 사랑에 빠지는 동안 십자가에 있던 시신 한 구가 도난당하는 일이 발생한다. 이것은 현재의 남편이 된 남자에게는 죽음을 의미하는 것이다. 그래서 그녀는 발칙한 발상을 하게 된다. 즉, 남편의 시신을 대신 십자가에 매는 것이다. 얼마 전까지도 그 죽음을 비통하게 생각하고 죽음으로 정절을 각오했던 남편의 시신이 범죄자의 십자가에 매달린 것이다. 하기야 산 사람을 위해서 죽은 자가 이 정도 봉사야 못하겠는가. 죽은 사람은 죽은 사람이니까. 이 이야기는 '에베소의 귀부인 이야기'란 부제가 붙은 페트로니우스의 『사티리콘』의 내용이다.

박근혜 정부를 보니 즉각 이 이야기가 생각났다. 복지를 위한 장밋빛 발상으로 나는 내 죽은 남편에게, 즉 서민에게 정절을 바치겠노라고 서민들을 위한 복지정책을 펴면 사람들이 대통령을 칭송할 것이라고 생각했을 것이다. 이제 그 남편인 그 서민은 간 곳이 없고 복지를 위한 세금폭탄 연금개혁 같은 일만 열심히 하고 있다. 차츰 서민과 민주주의에 대한 정절은 잊어버리고 삶의 욕구인, 권력을 유지하는 데 온갖 힘을 다 쏟은즉 죽은 남편의 시신까지 갖다 십자가에

매다는 꼴이 되었다. 욕망이 시시때때로 변하는 것이야 삶의 근원이
니 누가 부정하겠냐마는 페트로니우스의 이 이야기야말로 현실에 대
한 풍자 중의 풍자다. 오늘은 문득 "녹은 쇠에서 나오지만 쇠를 먹어
버린다"라는 법구경法句經의 말씀이 생각난다.

46
세련된 공격성

그 사막에서 그는/ 너무도 외로워/ 때로는 뒷걸음질로 걸었다/ 자기 앞에 찍힌 발자국을 보려고/ 파리 지하철 공사에서 공모한 시 콩쿠르에서 8천 편의 응모작 중 1등으로 당선된 오르텅스 블루라는 사람의 '사막'이란 시다. 몇 천대 일의 경쟁을 뚫고 당선된 시라는 점을 넘어 이 시는 외로움에 비트적거리는 현대인의 자화상을 그렸다는 점에서 전율을 느끼게 한다. 사람이라면 누구나 그 발자국이 거울에 비친 자기모습이라는 것을 알 것이다. 얼마나 외로우면 자기의 모습이라도 보려고 했겠는가 하는 점에서 이 시는 우리에게 큰 메시지를 보낸다. 그런데 이런 인간, 즉 영장류Primates를 넘어서 침팬지, 보노보 같은 유인원 또한 거울에 비친 자기 모습을 안다고 한다. 원숭이 사육사들은 원숭이를 실험용으로 따로 사육할 경우 축사에 꼭 거울을 하나씩 준비하는데 그 이유는 원숭이가 외로움 때문에 죽지 않게 하기 위해서

다. 하지만 원숭이를 제외한 유인원들은 거울이 소용이 없다. 왜냐하면 거울 속의 모습이 자신인 줄 알기 때문에 거울로써 외로움을 달랠 수는 없기 때문이다.

그런데 이런 자기 분화가 가능한 인간과 유인원은 자신의 종족에 대한 공격성을 가지고 있다는 공통점을 지니고 있다. 특히 침팬지의 공격성에 대한 연구는 인간이 나치와 같은 범죄를 정당화하게 하는 데까지 이른다. 인간의 공격성은 선천적인 것이며, 인간의 종을 지켜주는 메커니즘이라는 것이다. 그렇게 보면 오늘날 우리가 접하는 사회적 문제의 대부분은 이런 공격성으로부터 출발하지 않은 것이 없다. 우울, 중독, (성)폭행, 집단 따돌림, 장애, 콤플렉스, 이 모두 사실은 공격성과 밀접한 관계에 있다. 학자들은 인간의 경우 대부분 수컷들에게서 공격성과 폭력성이 있다고 지적하는 데 내가 보기에 거기에는 무리가 있는 듯하다. 전쟁과 같은 흉포한 공격성이 수컷의 전유물이라는 것은 일견 타당한 견해 같지만 잘 들여다보면 꼭 그렇지도 않다. 오히려 여성들에게서도 공격성을 찾아볼 수 있고 나아가 우울증과 자살 같은 상대에 대한 공격이 유턴하여 자신에게 향한 간접적 공격성 또한 흔히 찾아볼 수 있기 때문이다.

그러면 이런 공격성은 왜 생기는 것일까? 랭검과 피터슨 같은 이들은 소규모 집단의 형성이 원시인들에게서 생존전략으로 자리 잡았다는 데서 그 이유를 찾고 있다. 다시 말해 동족에 대한 공격성은 집단이 작게 형성하는 조건이 많이 발생할수록 더욱 더 강화된다는 것이다. 그렇다면 인간이 혼자 남게 되는 경우가 많은 현대 사회에서 공격성은 더욱 강화될 것이다. 소규모 집단을 형성해 먹을거리를 찾아 '이데올로기'와 '코드'라는 이름을 갖고 '사막'으로 나서는 것이 공격성의 다른 이름이 아닐까. 이런 세련된 공격성을 통해 유리한 짝짓기를 유지하고 복잡한 정치적 술책을 조장하는 것이 공격성의 다른 이름일 테다. 결국 침팬지나 인간의 사회가 가급적 소규모 집단을 형성하면 할수록 공격성의 수위를 높이지 않을 수 없고, 또 그렇게 하면 할수록 다른 집단의 공격성을 유발하지 않을 수 없다.

47
축적장애

씻고 또 씻고, 확인하고 또 확인하고 그래도 마음이 놓이지 않는다면 우리는 그것을 강박이라 표현한다. 수십 차례 혹은, 수백 차례 반복되는 문단속, 손 씻기, 가스밸브 확인, 주차확인, 물건 정리, 물건수집 등 우리는 주위에서 셀 수도 없이 많은 강박증의 유형들을 본다. 어디 그뿐인가. 그 반대도 마찬가지다. 어떤 사람도 믿을 수 없기 때문에 집에 비가 새든 집이 무너지든 형광등이 고장 나든 그냥 둔다. 심지어 어떤 사람은 부엌의 수도가 고장 났다고 그냥 6년이나 방치하는 사람도 있다. 기도를 하지 않으면 불안하여 계속 기도만 하는 사람도 있고 아이의 안전에 대한 강박 때문에 아이 휴대폰으로 끊임없이 전화하는 사람, 홀수에 불안을 느껴 온통 짝수로 옷을 사는 사람도 있다.

이렇게 다양한 강박증의 현상은 오히려 강박증이 정녕 무엇인지 헷갈리게 하고 결국은 어떤 특정한 것만이 강박증이라는 결론을 내게 만든다. 오늘 우리가 살펴보려고 하는 축적장애라는 것도 마찬가지일 것이다. 우리는 보통 자신의 의지와는 상관없이 어떤 사고나 행동을 반복하는 것을 강박적 사고 또는 강박적 행동이라 한다. 프로이트는 그의 저서 정신분석강의에서 "어떤 불합리한 생각이나 관념이 떠오를 때 그것을 제어하려고 취하는 생각이나 행동"이라고 정의한다. 그러므로 축적장애에서도 중요한 것은 그 행위보다 그 행위의 앞에 떠오르는 불합리한 관념이 더 중요하다. 그렇지 않으면 손 씻는 것과 방치하는 것, 물건을 모으는 것이 너무도 다르기 때문이다. 이런 불합리한 관념은 보통 불안에서 시작한다. 가령 '이 물건은 중요한 것이다'라고 생각하고 그것이 없으면 살기 힘들다(이 순간 심리적으로 불안이 든다)는 생각을 하면 아무것도 버릴 게 없다. 백화점에서 온 광고 나부랭이부터 할인권, 식당 할인권, 카드이용명세서, 이웃집에서 버린 코모드, 성탄절 때 쓰던 크리스마스트리, 이미 한물간 입지도 않는 가죽 옷, 한 번도 읽지 않은 누렇게 변질된 소설 전집, 듣지도 않는 LP판, 구형 텔레비전, 수십 년 된 냄새나는 담요, 그림 도구, 온갖 그릇 등등 아무것도 버릴 것이 없다. 별로 쓸모가 없는 물건들을 버리지 못하고 무조건 모으기만 하는 탓에 집안을 온통 잡동사니로 가득 차게 만드는 사람들이 의외로 많다.

이런 축적장애는 비단 벼룩시장에만 국한하는 것이 아니다. 명품 쇼핑에 몰입하는 사람도, 재산을 축적하는 사람도, 권력을 가진 사람도 마찬가지다. 그런데 재미있는 것은 축적장애로 인해 집이 거의 창고로 전락하면 그 주인은 한결같이 집의 구석이나 집 밖의 정원에 있는 의자에서 잠을 자게 된다. 이런 사람들처럼 자기 집에 많은 것을 모아둔 사람도 구석에서 잠을 자거나 밖에서 더 많이 잠을 잔다는 사실이다. 집은 단지 박물관 역할밖에 할 수 없게 된다. 오로지 자기가 아는 사람으로만 가득 채운 코드 정부의 경우 또한 축적장애의 변이종으로서 국민들은 결국 나라의 구석에서 잠을 청하거나 아니면 나와서 지방정부라는 정원에서 잠을 잘 수밖에 없다. 마치 홍수가 나면 마실 물이 귀해지듯이 집엔 물건이, 정부엔 권력이 많으면 사람은 소외된다. 우리 모두 불안을 견디지 못해 이런 정신-사회적 축적장애에 시달리는 것이다.

48
일본과 텅 빈 말

우리는 보통 인사치레로 하는 말을 빈말이라 한다. 마음에 없는 말이거나 살짝 떠보는 말, 모르면서 아는 척 하는 말, 어쭙잖은 아부, 다보이는 거짓말, 헤픈 감정을 내보이는 말, 머리 굴리는 말 등을 가리킨다. 그렇다면 일본 수상이 신사참배를 할 때 주변국들에게 내키는 대로 하는 말, 독도를 자기네 땅이라고 우기는 말, 30년 간 자기네 야구를 이길 엄두를 못 내게 하겠다고 하는 말, 한 점도 안 주겠다는 투수의 말은 무엇인가? 빈말인가? 그렇다면 우리가 대응할 가치조차 없는 말일 텐데 우리가 긴장하는 것을 보면 빈말은 아닌 것 같기도 하다. 왜 일본 사람들은 이런 말을 내뱉는 것일까? 그것은 아마 다른 방법으로 보는 것이 편할 것이다. 겉으로 설명이 불가능한 말은 정신분석의 방법이 좋을 듯하기 때문이다.

　우리는 꿈이 전달하는 내용을 보고 깜짝 놀랄 때가 있다. 그 꿈에는 얼토당토않은 일이 벌어지기 때문이다. 분명히 자신이 꾼 꿈임에도 그 내용이 너무 생소해서 우리는 그것을 부정해버린다. 그 내용이 알려지면 위험에 처할 수 있기 때문이다. 그런 나머지, 그것은 엉뚱한 사람이 이야기하는 것처럼, 귀신이 이야기하는 것처럼 무시해버린다. 하지만 무의식 속의 자신이 자기에게 전달하는 그 내용은 꽉 찬 말이다. 자신의 무의식이 요구하는 진실한 욕망이라는 뜻이다. 하지만 우리가 온종일 떠들어대지만 오히려 아무런 진실도 포함하지 않은 텅 빈 말일 뿐이다. 불안하거나 꽉 찬 말을 할 수 없을 때 우리는 겉도는 텅 빈 말을 할 뿐이다. 꽉 찬 말을 하면 내게 어떤 위해危害가 올지 모르므로 불안하기 때문이다. 30년간 어쩌구 하는 말도 마찬가지다. 한국 야구를 잘 아는 이치로가 그런 터무니없는 말을 할 리가 없다. 그러므로 이는 그가 불안하고 일본야구가 불안하고 일본이 불안하다는 증거를 텅 빈 말로 내뱉은 것이라 할 수밖에 없다. 일본의 정치가들 또한 마찬가지다. "한일합방을 한국이 원해서 했다"라는 이시하라 도쿄 도지사의 발언 또한 불안해서 나온 소리다. 한 민족을 완전히 말살하려 했던 그들의 원죄가 불안을 만들지 않는다면 신은 너무도 불공평할 것이다. 자신들이 일으켰지만 그들에게 전쟁은 악몽일 것이다. 아니 악몽이 되어야 한다. 그러므로 이런 원초적 불안은 그런 상황만 되면 가라앉은 침전물이 올라오듯 수면 위로 부상하는 것이다.

앞으로 일본은 계속 망발을 할 것이다. 축구에 관해서도, 야구에 관해서도, 반도체에 대해서도, 정치에 대해서도 시간만 나면 망발을 할 것이다. 하지만 우리는 움직일 필요가 없다. 우리가 좋아하는 이승엽 선수처럼 묵묵히 연습을 하면서 '아직은 일본이 한 수 위입니다'라고 말하는 여유가 필요하다. 그들의 말은 경계하되 너무 그들의 말에 신경 쓸 필요가 없다. 밤길을 걸어갈 때 불안해서 소리를 친다한들 불안이 가시지는 않기 때문이다. 그리고 불안한 사람이 공격성을 보이는 것과 마찬가지다. 맞기 전에 먼저 공격한다는 논리다. 그들이 우리에게 저지른 범죄는 반드시 되갚음을 받을 것이라는 것을 그들 역시 잘 알고 있다. 나는 오늘도 월드베이스볼클래식에서 한국야구의 실상을 보며 그런 생각을 해 본다. 그리고 일본인과 그들의 텅 빈 말을 생각해 본다.

49
문학과 치유

우리는 많은 상처를 지니고 산다. 그 이유는 상처가 지우려 해도 지워지지 않는 기억으로 남기 때문이다. 그러므로 상처를 치유한다는 것은 곧 기억을 지우는 일이다. 그러면 기억은 어떻게 지울 수 있는가? 많은 학자들은 기억을 지우는 것은 창의적인 일을 통해서 가능하다고 한다. 이렇게 보면 문학이야말로 치유에 적격이다. 문학적 창의성은 자발성에서 나오고 자발적인 순간 우리는 기억을 지울 수 있고 기억을 지우는 것이 곧 치유되는 과정이다. 외상이나 결핍, 장애, 갈등과 같은 상처는 곧 어떤 기억에 고착되어 한 가지 시각밖에 가질 수 없게 된다는 뜻이다. 이런 의미에서 보면 문학은 상처 치유의 기본이라고 할 수 있다. 읽고 듣고 쓰면서 문학적 메타포는 창의성을 활성화시키고 기억을 지우며 상처를 치유한다. 브레인스토밍이나 독서, 글쓰기나 연행演行이 모두 그런 힘을 가지고 있다.

개미와 베짱이 이야기를 살펴보자. 우리가 잘 아는 버전의 '개미와 베짱이' 이야기는 여름 내내 열심히 일하는 개미를 주인공으로 삼고 베짱이를 몹쓸 상대자로 만들고 있다. 그러나 새로운 버전의 이야기는 베짱이를 주인공으로 삼고 있다. 여름 내내 몸을 혹사한 개미는 병이 나서 모아둔 돈을 모두 치료비로 써 버리는 빈털터리가 되었다. 그러나 개미가 일할 동안 노래나 부르고 놀았던 베짱이는 '가요 톱10'의 인기가수가 되었다. 어쩌면 황당하기 짝이 없는 이런 이야기가 창의성의 본질인데 이런 다른 시각의 창조가 바로 치유의 본질이기도 하다. 상처치유는 놀이를 통하여 퇴행Regression을 가능하게 한다. 놀이를 통해 인간은 다시 만들어질 수 있기 때문이다. 그러므로 창의력의 기원은 원시적 제의에서 보듯이 놀이에서 시작한다. 매일 반복되는 심리적 고착에서 우리는 진정한 창의적 역동성을 발견할 수 없다. 주스 잔에 빨대를 꽂아놓고 어른들에게 어떻게 이 주스를 마실 수 있느냐고 물으면 대부분이 빨대를 빨아 주스를 마신다고 대답한다. 어른에게 빗자루를 주고 빗자루로 무엇을 할 생각이냐고 물으면 한결같이 청소한다고 대답한다. 냉장고와 고양이의 공통점을 물으면 글자가 세자라고 대답한다. 물론 그렇다. 빗자루는 청소하기 위해 있는 물건이고 빨대로 주스를 마신다. 그러나 놀이를 하는 아이들은 다르다. 빗자루를 쥐어주면 아이들은 그 빗자루를 타고 심지어는 하늘을 날기도 하고 빨대를 코에 끼어 코로 주스를 마실 수도 있다고 답한다.

이것이 바로 상상력과 창의성의 본질이다. 그럴 때 우리는 과거의 기억에서 해방되며 상처가 치유된다. 그러나 가치평가와 판단, 해석은 이런 상상력을 죽인다. 아버지나 어머니, 선생님 말씀만 잘 듣고 살아가게 된다면 아이는 자기만의 고유한 독창적인 이야기를 배우지 못한다. 그 순간 그는 배운 것만 기억하고 아는 루트로만 다닐 것이다. 배운 것을 지워버려야 새로운 것이 만들어지고 그 순간 상처가 치유되는데 그는 이런 능력을 키울 기회를 박탈당하고 마는 것이다. 그에 반해 시를 읽거나 글을 읽어 보라. 그러면 뇌가 활성화된다. 그리고 전혀 다는 각도에서 사물을 관찰하게 되고 새로운 것이 눈에 보인다. 이때 기억의 고착이 지워지고 상처가 치유된다. 정말 그런가? 한 번 읽어보자. "얼굴 하나야 손바닥 둘로 폭 가리지만 보고픈 마음 호수만 하니 눈감을 수밖에" 정지용의 시 「호수」다.

50
보이지 않는 것

옛날에는 출세했다 하면 그 아이가 어릴 때부터 부지런하고 효성이
지극하다고 했다. 아버지는 가난으로 일찍 돌아가시고 어머니는 재
래시장에서 그날그날 끼니를 벌어오고 아이는 동급생을 가르치며 공
부를 해서 일류대학에 합격하고 고시를 해서 판사가 되었다. 가난한
농부의 아들로 태어나 갈 곳이 없어 육사에 입학하고 그래서 대통령
이 되었다. 그랬던 시절이 있었다. 그 다음에는 머리가 뛰어나지만 공
부를 접고 정의롭지 못한 한국 사회를 위하여 민주화 투사가 되고 감
옥에 들락날락하다가, 또는 선술집을 경영하다가 민주주의의 꽃인
대중을 잘 조직하고 연설을 잘 하여 민심을 움직이고 그래서 국회의
원이 되었다. 그런 것이 화제가 되었다. 하지만 지금은 다르다. 지금
은 어릴 때부터 책을 많이 읽고 글을 많이 쓰고 상상력을 키워 미국
의 좋은 대학에 수석으로 졸업하고 대기업의 상무가 되었다. 그런 것

이 시선을 끈다. 그만큼 세상은 많이 변한 것이다.

그런데 한 가지 궁금함을 자아내는 것은 이곳 내가 있는 대학의 학생들이 벤치에 앉아 책을 읽는 것을 보지 못한다는 점이다. 이곳 '한때 일류 대학'에서 예전에는 벤치에 앉아 책을 읽는 모습을 많이 보았는데 지금은 보지 못한다. 그보다는 장난 치고 롤러 블레이드 타고, 사물놀이하는 사람으로 대학에 가득하다. 그리고 캠퍼스 안에는 확성기 갖다 대놓고 '무엇을 각성하라'라며 소리치는 사람들로 가득하다. 방안에 들어가면 게임하는 사람, 고스톱치는 사람, 야구나 축구 보느라고 정신없는 사람들, 연예가 중계나 개그 콘서트를 보는 사람들, 〈아침마당〉이나 보고 아침부터 눈물 훌쩍거리는 사람들로 가득하다. 아파트 값이나 오르지 않을까 부동산을 기웃거리는 사람들, 늘 주식 시장이나 로토 대박을 꿈꾸는 사람들로 가득하다. 그나마 그것은 다행이다. 온종일 백화점에서 죽치고 앉아 브런치다, 연극이다, 콘서트다 이런 것 보는 사람들은 도무지 다른 사람들이 그 시간에 일을 한다고 생각하는지 의문스럽다. 그들에게 내가 만약 책을 읽으라고 하면 아마도 영상 세대에 무슨 책이냐고 툴툴거릴 것이다. 볼 것이 많고도 많은데 말이다. 하지만 인간의 본질은 보이지 않는 데 있다.

산을 보는 사람은 산을 보는 동안은 산을 상상하지 않는다. 사랑에 빠진 사람들도 사랑에 빠져 있는 순간은 적어도 사랑에 대한 느낌이나 의미를 곱씹지 않는다. 영상에 빠진 사람들의 상상력이 고갈되는 이유가 바로 여기에 있다. 모두 같이 별을 보고 있지만 별을 연결하는 선은 다르다. 어떤 사람은 큰곰자리를 만들고 어떤 사람은 북두칠성을 만든다. 그리고 운 좋으면 은하계의 혜성을 만날 수도 있다. 책을 읽으면 우리는 이렇게 보이지 않는 것을 볼 수 있다. 이 보이지 않는 미정성未定性을 두고 스피노자는 "나는 사월의 과일나무처럼 그 종말이 확실치 않은 인간을 좋아한다"고 말하였다. 문학 속에서 우리는 그런 보이지 않는 것, 가능성을 찾아 배울 수 있다. 하지만 보이는 것에는 실패만이 도사리고 있을 뿐이다. 토인비는 '역사적 성공의 반은 죽을지도 모를 위기에서 비롯됐다. 역사적 실패의 반은 찬란했던 시절에 대한 기억에서 비롯됐다'고 지적했다. 독자들이 찬란한 문화를 보지 말고 보이지 않는 것에서 상상력을 자극 받아 소위 말하는 '출세한' 자가 되었으면 한다.

51
상상의 관중

우리는 자주 단체의 장이나 대표를 뽑는 일을 경험하게 된다. 그런데 대통령 선거나 국회의원 선거, 자치단체의원 선거 같은 것은 큰 집단이어서 잘 모르겠지만 대학 총장이나 학장 선거를 보면 재미있는 현상 하나를 발견하게 된다. 그것은 다름이 아니라 가령 투표인수가 500명인 단체에서 후보들이 자기 표라고 주장하는 가능성을 모두 합하면 투표인 수가 1,000명도 넘는다는 것이다. 그리고 객관적으로 전혀 당선 가능성이 없는 사람이 출마를 하는 경우도 본다. 물론 모든 사람이 꼭 당선되기 위해서 나서는 것은 아니지만 말이다. 꼭 당선되지 못한다는 것을 알면서도 몇 번씩 출마하는 성향을 보고 우리는 '상상의 관중'이란 말을 새겨보게 된다. 상상의 관중이란 청소년의 자기중심적 사고를 가리켜 하는 말인데 잘 생각해 보면 입후보하는 이들이 출신 중고등학교를 내세우는 것과 무관하지 않다. 청소년기에 어른에 대한 환상이 그녀로 하여금, 또는 그로 하여금 상상의 관중을 보게 한다.

청소년기의 사람들은 또는 청소년들은 자기가 다른 사람의 의도를 다 안다고 생각한다. 이때의 아이들은 가령 어떤 아이가 쳐다만 보아도 기분 나빠 하면서 폭력을 하는 경우가 있는데 이는 자기가 상대방의 눈빛만 보아도 그가 무슨 생각을 하는지 다 안다는 생각에서 나온 행동이다. 짝사랑하던 이성 친구에게서 무시를 당하면 집에 와서 부모에게 화를 내는 경우를 보게 되는데 이 또한 상상의 관중 심리가 작동하기 때문이다. 아마도 마음에서는 "어머니도 뻔하잖아요, 다 알고 있잖아요, 내가 거절당한 아이라는 것을요."라고 생각한다. 자기 혼자 생각하고 자기 혼자 거절당한 것을 모든 사람이 보고 있다고 생각하는 것, 그것이 바로 상상의 관중을 만드는 것이다. 모든 사람이 나를 쳐다보고 있다고 나르시시즘에 빠지는 것이나, 모든 사람이 나를 쳐다보고 있다고 수치심을 가지는 것 모두 상상의 관중이 빚어낸 일이다. 이런 사람들은 선거가 끝나고 나면 자기를 찍어준 사람까지도 찍지 않았다고 몰아가는 경향성이 많다. 자기가 이성 친구에게 거절당하고선 부모에게 거절당했다고 생각하는 것이나 마찬가지다. 다시 말해 이들은 자기가 거절당한 것은 곧 부모 때문이라고 생각한다. 그리고 자기가 낙선한 것은 곧 유권자들 때문이라고 생각한다. 그보다 더 나쁜 것은 당선이 되고 난 뒤에 자기를 찍지 않은 사람들에게 보복하는 사람들이다.

우리는 살면서 여러번 선거를 경험한다. 그럴수록 나는 이들의 보복이 두려울 때가 많다. 선거를 뭣 때문에 하는가 하는 생각이 들때도 많다. 어차피 되고 나면 나에게 군림할 사람들을 뭣 때문에 찍는가 하는 생각도 든다. 선거가 끝나고 아무 이유 없이 외면당하고 원수가 된다면 우리는 선거를 할 필요가 없을 것이다. 경력을 부풀리고 출신학교를 대고 당파를 만들고 되는 사람 밀어주자는 식의 행동과 사고방식이 상상의 관중에서 도출된 것이라는 점이라도 알았으면 이런 일은 벌어지지 않을 것이다. 블로그를 만들고 디카와 폰카로 얼굴을 찍고 심지어 자기의 벌거숭이 몸까지 찍어 인터넷에 올리고 상대에 대한 분노만 있으면 언제나 까발리고 폭력조직을 만들고 특정 가수의 열혈 팬이 되어 자기가 노래하는 것으로 착각하는 청소년의 행동을 요즘은 어른들이 닮아가고 있다.

52
어둠

그리스말로 밤, 즉 어둠은 닉스Nyx다. 이 어둠을 낳은 자는 카오스다. 영어로 밤은 night, 독일어로 Nacht, 불어로 nuit라고 하고 야상곡을 뜻하는 녹턴nocturn이라는 말도 모두 닉스란 신의 이름에서 비롯되었다. 밤의 여신 닉스는 검은 날개를 펄럭여 바람을 일으키고는 거대한 알을 낳았는데 이 신이 바로 그리움의 신 에로스다. 그리움의 신 에로스는 생산하는 신이다. 그리고 나중에 나오게 될 불화의 신 에리스의 딸 레테(망각)도 이 어둠의 가문이다. 그런데 우리가 처음부터 신들의 가계를 짚어보는 이유는 무엇인가? 그것은 바로 어둠과 밤, 망각이야말로 대지의 신 가이아만큼이나 생산적이라는 말을 하기 위함이다. 밤은 쓸모없이 만들어지지 않았다. 밤이야말로 쉼을 주고 꿈을 주고 만물을 성장하게 하기 위해 만물을 망각하고 만물을 동경하는 중요한 시간이다.

밤에 불빛이 많으면 농사가 잘 되지 않는다는 사실을 누구나가 안다. 훤히 밝혀진 공장이 있는 들판의 벼는 영글지 못한다. 벼를 영글게 하는 것이 어디 여름의 작열하는 햇볕뿐이던가. 칠흑같이 깜깜한 어둠이야말로 그 벼를 영글게 한다. 그리움의 신이자 생산의 신 에로스처럼 어둠도 생장에 밀접한 간여를 하는 만큼 삼라만상 어느 것 하나 못 쓰는 것 없도록 만든 조물주의 이치가 새삼 놀랍다. 그런데 인간만이 계몽이라는 이름으로 어둠의 질서를 깨뜨리고 말았다. 밤에도 환한 불을 켜고 나이트 아닌 나이트에서 일을 한다는 것은 깜깜한 산길을 별빛과 달빛에 비추어 걸어가던 사람에겐 낯설기 그지없다. 산사山寺 골짜기에 가보면 깜깜한 어둠 속에서 울어대는 개구리 소리에 어린 시절의 아련한 추억이 묻어난다. 하지만 도회의 우리는 빛으로부터 너무 방해를 받고 있다. 그래서 우리는 쉴 수 없고 성장할 수 없다. 성장호르몬도 저녁 열시에서 새벽 두시 사이에 배출된다고 하는데 아이가 밤 12시까지 학교에서 공부를 한다면 성장하지 못한다는 말이다. 어디 육체만 성장하지 않겠는가? 정신적으로도 마찬가지다. 기억의 신 므네모시네의 딸들 뮤즈들이 만든 온갖 실용적인 것들은 나날이, 그리고 매순간 레테의 강에 씻겨져 잊혀질 때만 새로운 창조가 이루어진다. 어둠이 잊어줄 때 아침은 새로운 것을 창조한다는 데 이의를 제기할 사람은 없다.

만약에 두 사람이 싸운다면 그들은 같은 일을 하고 있다. 그것은 그들 둘이 싸운다는 사실이다. 나아가 이들이 같은 종류의 사람인지도 모른다. 그것은 바로 이들이 '싸우는 사람들'이라는 점이다. 하지만 그들은 왜 싸우는가? 그들은 아마 같은 종류의 것을 사랑한다는 것을 감추기 위해서 싸울 것이다. 어둠과 빛, 낮과 밤이 싸운다면 그것 또한 마찬가지의 일이다. 우선 낮과 밤은 어느 것도 소홀히 할 수 없는 자연의 본질이다. 우리에게 낮과 밤이 서로 충돌한다면 그것은 두 가지 모두를 사랑한다는 것일 게다. 기억 없이는 망각이 없고 망각 없이는 기억이 없다. 낮이 없으면 밤이 없고 밤이 없으면 낮이 있을 수 없다. 이런 원리를 무시하면 우리에게는 재앙이 온다. 이제 9시만 되면 불을 끄고 쉼과 꿈의 세계로 가자.

53
사람 죽이는 방법

참 죽는다는 말만큼 우리의 마음을 잘 나타내주는 말도 없을 것이다. 보고 싶어 죽겠다, 행복해서 죽겠다, 열 받아 죽겠다, 목이 빠져 죽겠다, 안타까워 죽겠다, 애가타서 죽겠다는 말들이 그것이다. 어디 그뿐인가 죽이고 싶은 사람은 얼마나 많은가. 회사 부도났다고 돈 갚지 않는 사람, 혼수 적었다고 두고두고 괴롭히는 시어머니, 30년간 폭력을 휘둘러대던 남편, 회사일 핑계대고 새벽이 멀다하고 술 취해 들어오는 아내, 학교에 가기가 싫도록 만드는 찐들, 이 모두가 죽이고 싶은 사람들일 게다. 그런데 우리말의 '죽다, 죽이다'는 영어의 'die-murder'와는 달리 어근이 같은 형식을 갖고 있어서 그런지 같은 의미로 사용되는 것 같다. "정말 죽인다"는 말과 "정말 죽겠다", "나 죽는다"는 말과 같은 뜻을 가지고 있는 것을 보면 말이다.

　이런 말들을 잘 이용해서 항간에 '사랑하는 여자 죽이는 일'이라는 화제가 되는 말들이 있다. 얼마나 기발한가. 듣고 난 뒤 정말 기가 차서 죽는 줄 알았다. 말하자면 사랑하는 여자에게 한 번도 사랑한단 말을 하지 못한 경상도 남자가 귀에 대고 사랑한다고 말을 하면 그 여자 귀가 막혀 죽는다. 아니면 어느 날 술에 취해 다른 여자한테 사랑해 하고 말했다면 그 여자는 기가 차서 죽는다. 자기에겐 한 번도 하지 않은 숫총각 같은 말을 다른 여자에게 해?! 나 다른 지방으로 전보 발령 났어 하는 거다. 미리 그 여자가 보고 싶어 죽는다. 뽀뽀만 하고 키스는 안 해준다. 애가 타서 죽는다. 매일매일 웃겨준다. 배꼽 빠져 죽을 것이다. 사랑하는 결정적인 순간에 다른 여자의 이름을 부른다. 열 받아 죽는다. 호수 같은 검은 눈으로 사랑하는 사람의 눈을 쳐다보라. 그 여자 그 눈에 빠져 죽는다. 평소에 안 해봤거든 생일에 장미 백송이 선물해 보라. 그 여자 깜짝 놀라 죽는다. 비 오는 저녁 평소완 다르게 먼저 팬티만 입고 야시시한 말을 해댄다. 어이없어 죽는다. 신차 나오거든 말없이 하나 빼서 저녁에 화장대에 키를 얹어 둔다. 그러면 기절해 죽을 것이다. 죽을 듯 일을 열심히 하라. 그리고 월급 통장째 갖다 바쳐라. 그러면 애가 타서 죽을 것이다. 이렇게 죽여준다면 사랑하는 여자들은 별로 싫어하지 않을 것이다. 이래도 안 죽거든 그냥 데리고 살아라. 그러면 행복해서 죽을 것이다.

이런 말들이 나오는 것을 보면 이제 우리 사회가 여유가 있어진 것 아닐까? 하는 생각이 든다. 정말로 미워하는 사람이 있거든 용서하려 하지 말고(용서는 참으로 어려운 일이다.) 이런 방식으로 죽여라. 30년간 폭력을 휘둘러대던 남편을 살해한 사람이 집행유예로 풀려났다고 말들이 많다. 그 여자도 그 남자도 서로 때리지 말고 서로 칼로 찌르지 말고 갑자기 잘해주어 기절해 죽도록 하였으면 좋았을 것을, 그런 생각이 든다. 혼수 적었다고 괴롭히는 시어머니 매일매일 돈 벌어 계속 혼수를 해드려라. 그러면 어안이 벙벙해서 죽을 것이다. 돈이 최상의 행복을 가져다주지 않고 가난이 우울증의 원인이 아님을 누구나 다 아는 데도 많은 사람들은 부를 최상의 행복으로, 가난을 최대의 불행으로 생각한다. 하지만 세상 뒤집어 보면 우리말의 구조처럼 죽이는 것이 곧 죽는 것이고 죽는 것이 곧 죽이는 것이리라.

54
아우라

자신의 아이가 바이올린 발표회에서 연주하는 음악을 들으면 어떤 느낌이 온다. 하지만 대학 졸업생 연주회에 가서 듣거나 교수들의 음악회에 가서 피아노 소리를 들으면 그 느낌이 별로인 경우를 종종 경험하게 된다. 그뿐이 아니다. 내가 쓴 시를 후일 읽어보면 어떤 잔잔한 감동이 콧날을 시큰하게 만들 때가 있지만 어떤 시인의 시를 읽으면 별로 느낌이 와 닿지 않는 경우가 있다. 어떤 극단적인 경우는 자신의 이성 친구나 아내, 또는 남편이 상당히 미인이거나 미남인데도 별로 인물이 좋지 않다고 생각하는 경우가 있다. 그것은 아마도 우리가 공중파에서 선남선녀들을 늘 보기 때문일 것이다. 그리고 좋은 음반에서 일정한 패턴의, 그야말로 잘 연주하는 소리만을 듣기 때문일 것이다. 늘 알프레드 브렌델의 피아노 소리만 듣던 사람은 다르게 연주하거나 연주의 솜씨가 모자라면 비판적으로 되기 일쑤이다.

정말이지 오늘날 음악과나 미술과, 문예창작과, 모델과의 교수를 하기가 너무 힘들 것 같다. 현대 사회에 복제품 귀명창들과 시각적 거장들이 많기 때문이다. 이런 시대를 두고 우리는 아우라Aura가 사라진 시대라고 한다. 발터 벤야민이라는 독일의 철학자는 아우라를 두고 예술 작품에서 예술가가 자신의 혼을 불어 넣어 만든 작품들에서 느껴지는 특별하고도 일회적이며, 고고한 분위기를 가리키는 말이라고 했다. 가령 우리가 교과서나 모니터 안의 모나리자 그림 앞에서 느낄 수 없는 그러한 감정을 루브르에 있는 '라 자콩드(모나리자, 즉 라 조콘다의 프랑스식 이름)'에서 느낀다면 그것이 바로 아우라다. 다빈치는 무엇을 보면서 저 그림을 그렸을까? 다빈치가 그린 그림 앞에 서 있을 때, 바로 그 명작 앞에서만 느낄 수 있는 종교적 분위기를 아우라라고 한다. 이것은 바로 기술적인 재생산품에서는 느낄 수 없는 감정이다. 이렇게 보면 우리는 '그' 유일한 감정을 그 사람이나 자신의 체험, 즉 기억 앞에서만 느낄 수 있는 것이다. 자신의 아이가 연주한다면 그 아이의 인격, 고통, 변화를 그 연주에서 느낄 수 있다. 하지만 어떤 사람의 연주는 기술 복제품에 의해 방해를 받기 때문에 그런 아우라를 느낄 수 없다. 성형이나 화장을 통해 매일 천사 같은, 카메라의 앵글에 의해 왜곡된 분위기를 느끼는 사람은 자신의 사람들에게서 그와의 또는 그녀와의 유일한 분위기를 잊게 한다. 그래서 현대는 아우라가 상실된 시대이다.

우리 시대의 병폐는 사람의 개성과 만나지 못한다는 것이다. 개성이 아니라 이미지와 만나고 그것도 그 사람에 대해 나만이 가진 독특한 이미지가 아니라 상업화 되고 복제된 상품으로서의 이미지만 가진다는 것이다. 그렇기 때문에 피와 정열과 고통과 기억으로 얼룩진 그런 피부, 그런 얼굴, 음악, 그림, 글이 아니라 잘 다듬어진 누구나가 좋아하는 알프레드 브렌델의 피아노 소리에, 누구나 볼 수 있는 교과서의 모나리자에 자신을 맞추고 살아가는 것이다. 누구나 쉽게 감정이입할 수 있는 사람이나 사물에서 우리는 인간성 상실을 경험할 뿐이다. 잘 보자. 나의 가족과 나의 친구는 그 어떤 영화나 TV에서도 볼 수 없는 아주 독특한 아우라를 갖고 있다. 이런 아우라는 복제품이나 대량생산된 상품에서는 경험할 수 없는 것이다.

5 5
카리스마

카리스마라는 것은 무엇인가? 한마디로 대답하기는 참으로 어렵다. 그래서 대답하기 어렵지만 존재하고 있는 매력을 우리는 카리스마라고 통칭하나보다. 그렇다면 우리는 정치가나 학자, 배우나 운동선수에게서 카리스마를 찾아볼 필요가 있다. 가령 강한 눈빛을 뿜는 김용옥 교수의 강의나 조용기 목사의 설교를 카리스마의 전형으로 꼽는 사람들이 있고, 최민수나 강수연의 연기를 두고 그들이 카리스마가 있다고 하는 사람도 있다. 개성 강한 김선아와 쿨한 연기를 하는 배종옥을 두고 카리스마가 있다고 하는 사람도 있다. 이렇게 보면 영웅적 리더십뿐만 아니라 강력한 이끌림 현상을 두고 카리스마라 하는 것 같다.

일반적으로 카리스마란 리더의 자극에 대해 자부심과 신뢰감을 얻고 주어진 의무 이상으로 일을 수행하려는 동기 부여 정도를 가리킨다. 하지만 이렇게 카리스마란 말의 뜻이 일정하지 않고 또 세대에 따라 변질되어 가는 것은 원래 카리스마의 어원이 그랬기 때문이기도 하다. 신약성서에서 먼저 찾아볼 수 있는 카리스마란 말은 원래 당시 그리스에서 '거저 베푸는 호의'란 뜻으로 사용되었다고 한다. 이 말을 바울(파울루스)이 성령의 은사, 즉 '하느님의 선물'을 뜻하는 말로 사용했다. 바울의 생각, 즉 그리스도교의 교리에 따르면 하느님의 성령은 같으나 그것을 받아 하는 역할은 다르다는 뜻이다. 풀어서 설명하자면 어떤 사람에게는 병 고치는 능력을 주고 어떤 사람에게는 강연을 잘 하는 능력을 주고 어떤 사람에게는 배우로서의 능력, 어떤 사람에게는 공부 잘하는 능력을 준다는 뜻이다. 이렇게 누구에게나 있는, 초기 기독교에서 소명召命이란 의미의 카리스마를 막스 베버는 확대 해석하여 사회과학의 개념으로 확립시켰다. 베버는 인간의 지배형태를 셋으로 분류하였는데 그것은 법률에 따른 지배(합법적 지배), 관습에 따른 지배(전통적 지배)와 카리스마적 지배였다. 베버는 보통과는 다른 초자연적, 초인간적 능력을 통해 맺어지는 지배와 복종의 관계를 카리스마적 지배라고 이름 하여 지배형태의 하나로 만들었는데 어쩌면 후기 역사에서 전설처럼 열리게 될 과일, 카리스마를 지적했는지도 모른다.

후일 유치원Kindergarten을 처음으로 실시한 프뢰벨의 은물恩物도 카리스마와 같은 뜻을 가지고 있는데 어린 아이에게 장난감이야말로 한없는 카리스마일 것이다. 자발적인 분위기는 학생들이 원하는 교사의 카리스마일 것이고 지식에 굶주린 사람에게 김용옥은 신앙일 테고 도시의 공해로 찌든 서울 사람들에게 청계천은 카리스마일 것이며 남자에게 굴종을 강요당한 이 땅의 여성들에게 배종옥은 카타

르시스의 카리스마일 것이다. 배용준 같은 배우들이 특히 일본인 여성들에게 가진 매력, 여성 정치인들에 대한 부드러운 리더십의 기대, 이 모두 카리스마의 다른 형태일 것이다. 초기 기독교에서 베버의 근대로, 근대에서 후기 산업사회로 세월이 변하면서 카리스마의 형태는 수없이 사라졌지만 카리스마의 전형은 지금도 남아 있다. 당신은 그 어떤 카리스마를 선물로 받았는가.

56
아니 땐 굴뚝에

우리가 세상을 살다보면 본의 아니게 헛소문에 시달릴 때가 많다. 그런데 때리는 시어머니보다 말리는 시누이가 더 밉다는 말처럼 그때 꼭 나오는, "아니 땐 굴뚝에 연기 날까"라는 말을 들을 때가 더 기분 나쁘다. 이 말은 사실 관계를 짚는 말인 것 같으면서도 누가 누군가를 비판하기 위한 말임에 틀림없다. 그런데 이런 말로 누군가를 비판할 때는 대개 상대방의 특수한 사건을 보편적인 사건으로 몰고 가거나 완전히 생뚱맞은 사건으로 파악하려고 하는 저의가 보인다. 아니면 논의 중인 사항과 거의 공통점이 없는 쪽으로 확대 해석하여 상대방을 비판하려고 하는 의도임에 분명하다.

아니 땐 굴뚝에 연기나지 않는다. 소문은 연기다. 고로 무엇인가가 불 지핀 것이 있다. 불의 내용이 소문 자체인지 실제적 사건인지도 파악하지 않은 채 그 말을 하는 사람뿐 아니라 말을 듣는 사람들은 아무렇게나 상상한다. 이것은 가령 '흑인은 검다. 그러나 그들의 치아는 희다. 그러므로 흑인이 검은 것은 아니다'라든가, '모든 빛은 꺼질 수 있다. 오성은 빛이다. 그러므로 오성은 꺼질 수 있다'라는 명제들과도 같은 확대해석의 경우라고 할 수 있다. 보건복지부 장관도 그런 말을 한 적이 있다. '국가는 일자리를 만들어야 한다. 하지만 모든 사람의 일자리를 다 만들 수는 없다. 그러므로 일자리는 각자가 알아서 찾아야 한다.' 그러나 이런 말을 듣는 당사자들은 그 사람이 나에게 논쟁으로 이기도록 두지 않는다. 그 대신 적개심을 되돌려줄 뿐이다.

　한참 유학을 하던 독일에서의 일이다. 어느 날 같이 유학을 하던 분이 나와 내 친구를 저녁식사에 초대하였다. 그날따라 영화가 주제였고 영화 속의 천사에 대한 얘기가 나오다가 천사의 성이 독일 말에서 여성이라고 박박 우겨대는 것이었다. 워낙 남한테 지지 않는 성미라서 나도 참지 않고 남성이라고 반박했고, 그는 농담 삼아 문학하는 사람이 문법실력이 없다는 둥 빈정대기도 했다. 그래서 결국 친구에게 심판을 요구했지만 친구는 의외로 그 초대한 사람의 손을 들어주었다. 다수결 민주주의의 참담한 결과였다. 초대 받은 사람에게 예의가 아닐 것 같아 꾸역꾸역 밥을 먹고 집으로 돌아오자마자 사전을 꺼내들었다. 분명 남성이었다.

　나중에 안 사실이지만 그 친구는 초대한 사람의 기분을 생각해서 그의 손을 들어준 것이었다. 내가 이겼다고 친구가 편들어주었더라면 그날 분위기가 어떻게 되었을까를 생각하니 아찔했다. 꿀 한 방울이 쓸개즙보다 더 많은 파리를 잡는다는 카네기의 말이 떠올랐다. 누군가에게 잘못된 소문이 나면 "아니 땐 굴뚝에 연기 날까"란 말을 운운하지 말자. 그러면 당신은 적을 하나 더 만드는 것이다. 차라리 그냥 있는 편이 낫다. 기실 그 연기가 연기인지 수증기인지도 알 수 없는 일 아니던가. 이런 말을 하는 사람들은 대체로 아이나 배우자가 전화를 받지 않으면 교통사고가 났을 것이라고 추측하는 사람들이다. 그것도 아니면 교통사고 날까봐 노란 옷만 입고 다니는 사람들일 것이다. 서울에 가면 그런 사람들이 특히 눈에 띈다.

57
다듬이질 소리

지금은 잊혀졌지만 내가 어릴 때 즐겨 들었던 다듬이질 소리는 아이 우는 소리, 글 읽는 소리와 함께 우리 선인들이 꼽은 세 가지 즐거운 소리 중의 하나였다. 나무와 천과 침석砧石이 어우러지는 둔탁하고도 경쾌하며 울부짖는 듯 달래는 소리를 어찌 오늘날의 난타나 오케스트라의 북소리와 비교할까. 봄이면 개구리들의 합창을 동반하였고 여름이면 녹음방초綠陰芳草의 풀벌레들과 협주를 하였고 가을이면 귀뚜라미들의 솔로에 리듬을 더해주었으며 겨울이면 눈 오는 서정의 아리아를 더욱 그립게 하였다. 어디 그뿐이랴. 다듬이질 소리는 사람과 사람이 대화하는 공간이었다. 이웃과 이웃이, 시어머니와 며느리가, 딸과 어머니가 서로 말 없는 소리로 소통하는 공간이었다. 거기서는 울분과 원망이 녹았으며 사랑과 조화의 건강한 생명력이 눈을 뜨고 일어났다.

그러면 어째서 수십 년이 지난 소리가 이리도 정확하게 그때의 정경과 더불어 간직될 수 있을까? 그것은 아마 청각이 미각, 촉각과는 달리 지각할 대상을 선택할 권한을 갖지 못한다는 데서 오는 것 같다. 우리는 어떤 사물을 보지 않을 수도 있고 또한 자세히 볼 수도 있다. 그러나 어떤 소리를 듣지 않거나 지나간 소리를 자세히 들을 수도 없다. 다듬이질 소리가 이처럼 원초적으로 우리 마음속에 대상성으로 자리 잡고 있기 때문에 우리는 그 소리를 잊을 수 없으며 때로는 원하지 않더라도 그 소리가 지배하는 감정과 기억의 공간으로 빠질 수 있다. 소리의 힘은 원시의 흔적을 고려하면 더욱 신비하다. 원시인의 악기를 잘 살펴보면 다듬이질 같은 타악기로 만들어져 있다. 아프리카의 대부분의 부족에 있어서 타악기 연주는 성적 행위를 상징한다. 이 행위의 상징성으로 인해 기독교에서는 타악기의 연주가 금기시되었다. 지금도 세속화된 한국의 기독교와 원시적 문화 속에 있는 아프리카를 제외하곤 타악기는 교회 안에서 쓰이지 않는다. 성적 상징을 다른 관점에서 본다면 타악기는 폭력의 상징일 수도 있다는 점에서 다듬이질은 성과 폭력을 해소하는 좋은 도구이었음을 알 수 있다. 현대의 젊은이들이 좋아하는 락이나 사물놀이는 이런 관점에서 보자면 타악기 금기를 깨트리는 것이고 성의 자유와 개방, 또는 폭력의 허용을 상징한다고 생각할 수 있는데 이미 우리의 조상들이 유효적절하게 사용하고 있었던 것이다.

　　지금도 기억이 난다. 아니 다듬이질 소리만 들으면 보인다. 풀먹인 이불 호청을 빨랫줄에서 걷어다가 입으로 물을 뿜고는 바로 잡고 또 대각선으로 잡고 고모와 장난스럽게 당기기를 했던 그리움이 보인다. 적당한 크기로 접고는 보에 싸서 한참 동안 발로 밟아 빨래의 굵은 주름을 펴고는 다듬이 돌 위에 놓고 다듬이질하는 모습이 보인다. 다듬이질 소리에서 말로 할 수 없는 농사일의 시름을 덜어내는 건강한 소리가 들린다. 토닥토닥 타닥타닥 소리의 절정에서 우리는 동지섣달 긴긴밤에 아이를 잠재우던 소리 너머의 소리를 들을 수 있다. 다듬이질 소리에서 말로 할 수 없던 서방님에 대한 그리움을 삭이던 여인들의 애절함과, 매서운 시집살이의 말할 수 없는 분노를 삭이던 아낙들의 대화를 엿들을 수 있다. 창호지와 문살에 비친 다듬이질 소리의 신비한 그림자를 어찌 필설로 다할까?

58
범칙금

실로 오랜만에 부부가 드라이브를 나갔다. 그런데 갑자기 아내가 소피가 마렵다고 하지 않는가. 그 말에 남편도 '나도 그런데 그럼 잠시 차를 세울까?' 하고 주위를 둘러보았으나 화장실은 보이지 않는다. 차도 세운 김에 길 근처에 있는 숲진 곳으로 들어가 소피를 보는데 경찰이 오지 않는가. 나오던 소피를 그칠 수도 없고 다 누고 나오니 길에서 경찰관 두 사람이 기다렸다는 듯 거수경례를 하고는 노상방뇨로 범칙금 스티커를 발부할 테니 면허증을 제시하라고 하였다. 스티커를 발부받은 남자가 따지듯이 되물었다. 어째서 노상방뇨 범칙금이 이렇게 높습니까? 거기다가 아내는 범칙금이 8만 원인데 나는 16만 원이라니요. 그러자 그 경찰관은 이렇게 말했습니다. 원래 4만 원인데 '아주머니는 앉아서 소피봤(피박)고 선생님은 서서 소피봤지요. 그래서 두 분 다 피박, '따불'이 되었구요. 그리고 선생님은 소피를 본

후 흔들었잖습니까? 그래서 네 배가 되었습니다. 물론 농담이다.

　　나도 몇 주 전 우연히 비슷한 일을 겪었던 것이 생각난다. 아침 일찍 회의가 있어서 급한 나머지 유턴하는 지점에서 50미터는 앞서 유턴을 했다. 중앙선 침범이라는 범법행위를 한 것이다. 그런데 좀 과잉단속이라는 생각이 들었던지 말없이 운전면허증을 내민 나에게 그 교통경찰관은 소위 말하면 싼 딱지를 끊어주었다. 너무나 친절한(?) 경찰관에게 감사하다고 인사를 몇 번이나 하고 학교에 왔다. 바빴던 나는 그 다음 날 조교 선생님에게 은행에 가는 길에 내 범칙금 납부를 해달라고 부탁을 하였다. 그랬더니 그 조교 선생님이 씩 웃으면서 "교수님 끼어들기 하셨군요. 그런데 어쩌죠? 은행 직원들이 워낙 유명한 분의 이름을 다 알 텐데요?" 하는 것이 아니겠는가? 조교 선생님은 언젠가 자신도 노상방뇨로 딱지를 끊긴 적이 있어 그런 시선을 억울하게 당한 적이 있다는 말을 해서 우리는 함께 웃었다. 난폭운전, 고성방가, 고인 물을 튀게 하는 행위, 유아, 동물을 안고 운전, 쓰레기 무단 투기 등으로 끊어주면 정말 곤란한 경우가 있다. 그래도 안전띠 미착용은 나은 것인가? 이제 이런 이름의 범칙금 제목은 사라졌으면 좋겠다. 제발 범칙금 납부서에 그런 인격권을 침해하는 내용을 안 썼으면 한다. 국민의 기본권이 침해당하지 않았으면 좋겠다. 정말이지 이름을 붙이려면 어디 이뿐이랴. 팬티 미착용, 핫팬츠 착용 차내 풍기문란, 맨발 운전, 흡연 운전 등 이루 말할 수 없이 많을 것이다.

　　범칙금이란 일상생활에서 흔히 일어나는 경미한 범죄행위를 행한 자에게 벌금, 구류, 과료 등을 부과함으로써 경미한 범죄행위를 사전에 막으려는 데 그 목적이 있다고 한다. 하지만 국가적, 사회적, 개인적 주요 법익에 대한 침해 행위인 범죄에 대해서 법익을 보호하려는 데 목적이 있는 형법이 이런 사소한 부분까지 간다면 그것은 국익을 위해 바람직하지 않을 것이다. 간통죄처럼 개인의 사랑까지 형법으로 규정하려 드는 우리나라에서 이런 법을 개정하는 효과적인 방법이 당분간 없겠지만 그런 범죄를 짓지 않는 사람이 절대 다수가 되어야 가능할 할 것이다. 그러면 그런 재미있는 이름으로 스티커를 발부받지는 않을 것이다. 경찰관의 친절한 수치 범칙금을 '따불'로 내지 않도록 우리 모두 남 보는 데서는 피도 보지 말고 흔들지도 맙시다.

59

테세우스의 분노

번개가 치고 천둥이 치면 우리는 신이 분노하는 것이라고 말한다. 왜냐하면 분노하는 사람들의 소리와 눈빛이 번개, 천둥과 닮았기 때문일 것이다. 그런데 이런 사람들의 분노는 내면에 아이가 있기 때문이고 그 아이의 기분을 부모가 들어주지 않았기 때문에 발생한 것이다. 자주 분노를 표출하는 어른들에게 '당신은 왜 분노합니까?' 하고 물으면 반드시 외부적인 이유를 늘어놓게 된다. 아들이 대든다고 방에 연탄불을 집어 던진다든가, 가장 노릇을 못한다는 이유로 아내를 살해한다든가, 면도기가 부러졌다고 여관에 방화를 한다는 식으로. 하지만 그것이 근본적인 이유는 되지 않는다. 그보다는 오히려 아이 때부터 부모가 자신의 말을 들어주지 않아서 그것을 분노로 표출한 것이다. 그러니 분노는 뒤집어 읽으면 '답답하다'란 뜻이 될 수 있다. 그 사람에게 그림을 그리라면 미로 같은 것을 그리기가 쉽다. 또는 따로 떨어져서 혼자 있다는 글을 지어내는 경우도 있다.

그리스 신화에 보면 영웅 테세우스가 있다. 아테네 사람들은 크레타 왕 미노스에게 조공을 강요당했기 때문에 큰 고통을 당하고 있었다. 그 조공이라는 것은 미노타우로스라는 괴물의 밥이 되기 위해 매년 조공으로 바쳐지는 소년소녀들이었다. 그 괴물은 대단히 억세고 사나운 짐승으로서 미로 속에 갇혀 있었는데, 누구라도 이 미로에 들어가면 혼자 힘으론 탈출하지 못했다. 우리는 이 이야기에서 이미 분노를 상징하는 괴물과 그 분노에 함몰되면 빠져나올 수 없다는 인간의 원형을 읽을 수 있다. 그러자 테세우스는 죽을 각오를 하고 이 재난으로부터 국민을 구하려고 결심했다. 그래서 테세우스는 아버지의 만류에도 자진하여 희생될 포로들과 함께 크레타로 떠난다. 테세우스가 크레타에 도착하자 미노스 왕 앞으로 나갔는데, 마침 그 자리에 임석한 공주 아리아드네가 테세우스의 모습을 보고 첫 눈에 반해 버린다. 그리하여 아리아드네는 테세우스에게 괴물을 찌를 칼과 미궁에서 빠져나올 실 한 타래를 주었는데, 테세우스는 괴물을 죽인 다음에는 실타래의 실을 따라 무사히 라비린토스, 즉 미로에서 빠져 나올 수 있었다. 분노하는 사람은 뒤에 빠져 나갈 궁리를 하지 않는다. 아리아드네의 사랑과 지혜가 테세우스를 살렸다.

이렇게 분노라는 미로에서 빠져 나올 수 있게 하기 위해서 우리는 분노 감정을 체험할 아리아드네의 칼이 필요하다. 분노 감정이 떠오를 때 누가 떠오르는지, 나는 어떤 답답함을 가지는지 그것을 간접적으로나 상징적으로 표현할 수 있어야 하고 또 하도록 해주어야 한다. 그 다음에 필요한 것이 아리아드네의 실이다. 이 분노한 테세우스가 자신의 용기만 믿고 분노, 즉 괴물을 처치할 수 있을지언정 자기

삶으로 되돌아올 수는 없다. 아리아드네의 실은 바로 자각을 의미한다. 자신의 감정을 자각하고 현실로 돌아오게 하려면 가족의 관심이 필요하다. 이렇게 해도 잘 되지 않는 경우라면 가까운 곳에 있는 정신과 의사나 심리치료사, 상담전문가들에게 도움을 받으면 좋다. 그렇지 않으면 그가 정녕 괴물을 죽일 수 있을지언정, 집이 불타고 가정이 파괴되고 감옥이 되는 바로 그 미로에서 빠져나올 수 없을 것이다.

60
할 수만 있으면

특정 종교에 대한 호好, 불호를 떠나 성인들이 말하는 것들은 언제나 남다른 의미와 상징이 숨겨져 있는 것 같다. 십자가에 죽기 전에 예수는 겟세마네 동산에서 "할 수만 있으면 이 잔을 내게서 거두어 주시옵소서"라고 인간적인 소원을 말한다. 절박한 상황에서 나온 이 소원의 기도는 수천 년간 우리 가슴에 감동으로 다가오는 장면이다. 나도 만약 이런 기회가 온다면 이 세상, 나의 조국 대한민국에서 이런 시간이 주어진다면 이렇게 기도하고 싶다. 할 수만 있으면 대한민국의 축구 감독을 외국에서 데려오듯이 대한민국의 대통령과 검찰총장, 교육부총리만은 외국에서 데려올 수 있게 하여 주소서, 이렇게 말이다. 하지만 난감한 문제는 축구 감독은 대한민국 사람이 아니어도 되지만 대한민국 헌법에 대통령과 검찰총장, 교육부총리만은 대한민국 국민이어야 하니 이 일을 어쩌시렵니까?

그래도 만약 대통령을 용병傭兵할 수 있다면 어느 나라 대통령이 좋을까? 나라면 인구 300만의 작은 나라 싱가포르를 아시아의 작은 용으로 일으켜 세운 인물이자 냉철한 현실감각과 능수능란한 정치술, 대중적 인기에 영합하지 않는 확고한 신념을 가진 리콴유李光耀를 데려오겠다. 그는 케임브리지 대학 법학과를 나올 만큼 공부도 많이 했다. 공산주의와 사회주의를 거치면서도 오히려 자유시장주의자로 탈바꿈한 대단한 개혁가이다. 그렇다면 아마도 한국의 아마추어적 정치를 획기적으로 바꿀 것이다. 똥배짱 내미는 오기 정치는 하지 않을 것이다. 그리고 만약 교육부총리도 용병할 수 있다면, 과거에 우리나라와 서울대학교를 방문했던 셜리 티먼 프린스턴 대학 총장 같은 사람을 데려오면 어떨까? '학생을 선발하는 데 있어 중요한 것은 국내외를 통틀어 다양한 배경을 가진 학생들을 뽑는 것이다'라는 탁월한 생각을 하고 실천하는 사람, '사회 경제적 배경이 대학 교육을 받는 데 장애가 되어서는 안 된다'라고 말하는 이런 사람을 교육부총리로 데려온다면 우리는 행복할 것이다. 마지막은 바로 검찰총장이다. 1990년대 이탈리아 부패사정의 장본인으로 세계의 이목을 집중시킨 디 피에트로 검사 같은 사람을 모셔오는 일이다. 그는 그 부패사정을 두고 "우리의 작업은 단순히 '더러운 손 솎아내기'가 아니라 사회의 썩은 부분을 모두 도려내 투명하게 만드는 일종의 구조혁명이었다"라고 말했다. 수사대상을 6,000명으로 잡고 그중 국회의원이 440명이었던 이 혁명을 완성했던 디 피에트로를 데려온다면 우리는 정치 청결 우승후보로 꼽힐 수 있을 듯하다.

아직은 16강이나 8강 정도를 바라보고 있는 대한민국 축구 팀이지만 그 용병들은 대단한 일을 한다. 대한민국을 자랑스럽게 한다. 지난 2002년을 뜨겁게 만들었던 히딩크, 토고를 이기고 프랑스와 비기는 아드보카트 감독의 특별한 능력 때문에 우리는 늘 용병에 대해 생각해 보지 않을 수 없다. 주여, 할 수만 있으면 제발 대한민국 사람이 아니더라도 대통령이나 교육부총리, 검찰총장을 용병으로 쓸 수 있게 해주소서. 그리하여 제발 이 나라를 잘 살게 하고 교육의 기회균등이 이루어지고 부패가 없는 나라가 되게 하소서. 사람들이 축구 감독에게 보내는 크기의 신뢰만큼이나 대통령과 교육부총리, 검찰총장에게도 신뢰를 가져서 수비 불안을 갖지 않고 정치를 대할 수 있게 하소서.

61
도둑에게서 배울 점

유태교의 신비주의자인 랍비 주시아는 도둑에게서도 다음의 일곱 가지를 배울 수 있다고 말했다. 첫째, 도둑은 밤이 늦도록 일한다. 둘째, 도둑은 자신이 목표한 일을 하룻밤에 끝내지 못하면 다음 날 밤에 또다시 도전한다. 셋째, 도둑은 함께 일하는 동료의 모든 행동을 자기 자신의 일처럼 느낀다. 넷째, 도둑은 적은 소득에도 목숨을 건다. 다섯째, 도둑은 아주 값진 물건도 집착하지 않고 몇 푼의 돈과 바꿀 줄 안다. 여섯째, 도둑은 시련과 위기를 견뎌낸다. 그런 것은 그에게 아무것도 아니다. 일곱째, 도둑은 자신이 하는 일에 최선을 다하며 자기가 지금 무슨 일을 하고 있는가를 잘 안다. 도둑과 도덕이라는 말이 가지는 비슷한 발음만큼이나 도둑에게서도 도덕적인 것을 찾을 수 있을 듯 하다.

그중에서도 셋째, 넷째, 다섯째와 일곱째 항목은 해석을 필요로 한다. 도둑이 함께 일하는 동료, 즉 세상 사람들이 말하는 공범의 모든 행동을 자기 자신의 일처럼 느낀다는 말은 깊이 명심해야 한다. 우리는 늘 나만 잘하면 된다고 생각하지만 그렇지가 않다. 공범이 잘못 되면 그들 모두가 잘못 되듯이 동료가 잘못 되면 내가 잘못되고 우리 축구 팀이 잘못 되고 나라가 잘못 된다. 그러므로 양극화 현상 같은 것은 도둑 세계에서는 찾아볼 수가 없다. 그들은 절대적으로 동료가 나보다 더 잘하기를 바란다. 그리고 도둑은 적은 소득에도 목숨을 건다는 표현은 매우 아이러니하지만, 일하는 것에 집중하라는 뜻으로 보면 무리가 없을 것이다. 경우에 따라 천 원짜리 한 장 때문에 사람 목숨을 위협하는 경우를 보면 1킬로미터 거리에 있는 17층짜리 아파트에 자장면 한 그릇 배달하는 일도 마다하지 말라는 뜻으로 받아들일 수 있다. 도둑이 아주 값진 물건도 집착하지 않고 몇 푼의 돈과 바꿀 줄 안다는 말은 깊이 생각해 보아야 한다. 그들이 필요로 하는 것은 돈이지 금붙이 같은 패물이 아니다. 하지만 우리들은 우리에게 필요하지 않은 것들을 얼마나 많이 소유하고 있는가. 치지도 않는 그랜드 피아노를 들여 놓았다면 다시 생각해 보아야 한다. 내게 필요한 것을 갖고 있자는 것이 바로 도둑에게서 배울 점이다. 마지막으로 자기가 지금 무슨 일을 하고 있는가를 알아야 경계에 실패하지 않는다. 장사를 하면서 거기서 친구와 어울려 술판을 벌인다면 그가 지금 무슨 일을 하고 있는지 모르고 있는 것이다.

진리는 항상 가까이 있지만 그림자 속에 들어 있어서 발견할 수 없는 경우가 많다. 시시하거나 사소한 것에서, 또는 도덕적으로 비난받을 만한 곳에서 우리는 우연히 인생의 진리를 만날 때가 많다. 이제 도둑에게서 배우자. 그들이 하는 행동만 빼놓고 본다면 그들의 행위는 우리의 스승이 될 수 있다. 그들처럼 밤이 늦도록 일하고 다시 도전하고 시련과 위기를 견뎌내고 자신의 일에 최선을 다하자.

62
이야기의 배후

며칠 전, 어떤 사람이 내게 일상적인 이야기가 인터넷에 올라가니 정말 이야기 거리가 되더라면서 너스레를 떨었다. 우리는 그런 경우를 주위에서 많이 본다. 크게 놀랄만한 일이 아닌 것도 인터넷에 올리면서 보태지고 이야기가 되고 전설이 된다. 하지만 그 동기를 밝히는 경우는 적다. 우리는 오늘 그런 이야기를 만드는 다소 엉뚱한 동기가 무엇인지 이야기를 뒤집어 읽어 보아야 한다. 우리는 전형적인 예로 「천일야화」를 꼽는다. 우리가 아는 「천일야화」는 밤마다 침소에 드는 여자를 죽이는 아라비아의 왕으로부터 살아나려고 지혜를 발휘해 천일 하고도 하룻 밤마다 이야기를 하는 셰에라자드의 이야기가 전부다. 그러나 이 이야기의 원본에서 밝히는 잔혹한 동기는 더욱 재미있다.

옛날 아랍의 대제국을 훌륭하게 통치하던 왕이 있었는데 그에게는 두 아들이 있었다. 아버지가 죽고 나자 큰 아들은 바그다드를 중심으로 작은 아들은 사마르칸트를 중심으로 각기 한 왕국을 다스리고 있었다. 한번은 우애가 돈독하던 형이 동생을 자신의 왕국으로 초대하였는데, 보고 싶은 나머지 급히 서둘었던 동생이 출발하고서야 형에게 줄 선물을 깜빡 잊었다는 사실을 알고 자신의 궁전으로 돌아갔다. 그런데 거기서 그는 자기 부인이 아직도 자신의 체온이 가시지도 않은 침소에서 흑인 노예와 정사를 벌이는 것을 목격하게 된다. 이에 노한 왕은 부인과 노예를 그 자리에서 죽이고 다시 가던 길을 재촉했지만 그의 슬픔은 가시지 않았다. 수심이 가득한 채 형의 나라에 도착한 동생을 보고 있던 왕은 그를 위하여 사냥대회를 벌였으나 동생은 심신이 피곤하다는 이유로 따라가지 않았다. 홀로 남은 동생은 왕을 제외한 어떤 남성도 출입이 금지된 하렘을 바라보다가 우연히 형수가 분수대 옆에서 흑인 노예와 공공연히 정사를 나누는 장면을 목격하게 된다. 동생은 이제 형도 자신과 마찬가지로 부인에게 기만당하고 있다는 사실을 알고 기분이 나아지게 된다. 사냥에서 돌아온 형이 동생의 기분이 좋아진 것을 알고 사실을 꼬치꼬치 캐묻자 동생은 모든 사실을 말한다. 결국은 모든 것에 환멸을 느낀 형제가 권력과 부를 버리고 본인들보다 더 불행한 사람을 만나기 위해 길을 떠난다. 도중에 바닷가 근처에서 마신魔神을 만나는데 이 마신마저 미녀에게 기만당하고 있다는 사실을 알고 이 세상에서 믿을 만한 여자는 아무도 없다는 사실을 알고 각자 자신의 나라로 되돌아가고 만다.

　　형은 궁으로 돌아오자 곧바로 왕비와 노예를 죽이고 대신으로 하여금 매일 밤 새로운 처녀를 공납하라고 명령한다. 첫날밤 왕은 처녀성을 빼앗은 후, 다음 날 바로 죽이기를 3년간이나 계속했다. 나라는 온통 원성으로 가득했고 처녀는 씨가 마르게 되었다. 계속되는 왕의 요구에 대신은 마지막으로 자신의 딸인 샤흐르자드(우리에게는 세에라자드로 알려짐)와 둔야자드를 왕에게 보낸다. 샤흐르자드는 영특한 처녀로서 많은 이야기와 역사와 전설을 알고 있었다. 살기 위해 샤흐르자드의 이야기는 천일 밤 동안 지속된 것이다. 하지만 그녀의 즐거운 이야기보다 그 뒤에 있는, 아무도 믿지 못하게 된 왕의 상처로 촉발된 잔혹한 사건이 더 중요할 듯하다.

63
자연산

자연산에 대한 의문은 끊임없이 일어난다. "이 광어 정말 자연산이에
요?"라고 물어보면 파는 사람은 "예, 먹어보면 압니다"라고 하고, 같이
간 친구는 "자연산이 요즘 어디 있나, 그냥 그런 줄 알고 먹지"라고
한다. 얼굴에 있어서도 자연산 논란은 끊이질 않는다. "칼질한 양식이
라서 몰라볼 정도가 되었어"라는 말이 성형했다는 뜻이라고 한다. 상
황이 이 정도이니 과연 자연산이 맛있다, 또는 멋있다를 떠나 자연산
이 아니라서 죽고 난 뒤 하느님도 몰라본다는 말이 나오는 것은 당연
할지도 모른다. 언젠가는 아예 하느님이 아무도 몰라 볼 날이 올지
모른다. 이런 일은 비단 얼굴이나 회에 국한된 것만은 아닐 것이다.
대화를 할 때도 자연산은 이미 사라진 것 같다. 목소리를 들어보아도
어딘가 백화점 엘리베이터걸 목소리가 나든가 아니면 교장선생님 목
소리가 나니 이 또한 자연산 논쟁을 부추길 뿐이다.

우리는 자연산으로 대화를 하는 사람과 양식養殖으로 대화를 하는 사람을 구별할 수 있다. 후자는 자기주장만 강하게 한다. 그리고 자신의 견해를 놓치는 것을 두려워한다. 양식의 회를 파는 사람처럼 성형의 얼굴을 한 사람처럼 말이 많다. 말 많은 것 자체가 바로 자신이 양식이란 뜻이다. 이들은 자기의 값을 매겨 놓고 대화를 시작한다. 이유는 거기에 얼마가 들어갔는지 얼마 받아야 남는지, 어떻게 고쳐야 팬들을 끌어들이고 상대에게 구혼을 하고 회사에 취직할 수 있는지 명확하게 알고 있기 때문이다. 실제보다 자신의 그런 경력을 말하는 사람의 대화는 대체로 자연산이 아니다. 내 친구가 장관인데, 사람들이 나 보고 탤런트 이영애 닮았다 하던데, 나는 서울대학교에 최고로 많이 보내는 학교 나왔는데 하면 그 대화는 자연산이 아니다. 일방적인 판단, 규격품 같은 대화는 양식이다. 하지만 자연산은 다르다. 자연산은 그냥 얻을 수도 있다. 입에 넣어보지 않아도 알 수 있다. 자연산의 대화는 조금 모자라도 오히려 그것 때문에 풍성해진다. 그렇기 때문에 자연산은 자신을 망각하고 자신의 지식을 망각하고 자신의 지위를 망각하고 생산적으로 대화를 한다. 대화를 하기 위해 무엇을 동원하지 않는다. 상대방이 질문하면 그 자리에서 그 질문에 대답한다. 내 체면이 저런 질문에 대답해도 되는가, 내가 이런 말을 하면 품위가 떨어지는가 망설이지 않는다. 양식은 증거나 증명에 의존하지만 자연산은 자신이 존재한다는 것과 용기에만 충실하고 새로운 무엇이 탄생될 수 있다는 사실에 자신을 내맡긴다.

우리의 주위에 양식이 너무나 많다. 얼굴에도 회에도 대화에도 모두가 양식이 되어간다. 이웃과 이웃 사이에, 교수와 학생 사이에, 정부와 국민 사이에, 나라와 나라 사이에 자연산의 대화는 이제 찾아

볼 수 없게 되었다. 예명만 가져도 그 친구가 옛날 같지 않는데 얼굴을 고치면 그 사람과의 정이 유지될 수 있을까? 우리의 대화가 전에는 진실했는데 이제 칼질한 양식으로 변했다면 우리가 서로 온전히 소통할 수 있을까? 보이지 않는 것이 보이는 것보다 인간을 더 많이 지배하고 인간이 과거로부터 도피할 수 없는데 우리가 양식으로 얼굴을 바꾸고 회를 치고 대화를 꾸민다고 우리가 바뀔 수 있을까? 우려하는 것은 나의 이런 언어 또한 이미 '짱나는' 양식養殖이 되어 버렸다는 사실이다.

64
유혹의 마법

브레히트의 「코이너 씨 이야기」에 이런 에피소드가 나온다. 코이너 씨가 친구와 길을 가다가 우연히 이름난 여배우를 만난다. 그때 친구가 "저 여자는 예뻐서 성공한 거야"라고 하자 코이너 씨는 대뜸 "아니야, 성공했기 때문에 예쁜 거야"라고 대꾸한다. 그렇다. 우리는 사랑하기 때문에 심장이 뛰는 것이 아니라 심장이 뛰기 때문에 사랑한다. 자연이 아름다워서 감동하는 것이 아니라 감동하기 때문에 자연은 아름다운 것이다. 누군가 유혹을 하기 때문에 유혹에 넘어가는 것이 아니라 내가 유혹당하길 원하기 때문에 그 사람이 유혹하는 것처럼 보이는 것이다. 누군가 나를 유혹한다고 생각하면 그것은 상대방이 나를 유혹하는 것이 아니라 내가 상대방을 유혹하는 것이다. 내가 유혹될 때를 생각해 보면 가슴에 찡한 그 무엇이 닿을 때이다. 바로 이 순간에 몸을 던져도 좋을 것 같은 순간이 있다. 그래서 우리는 거기에 인생을 거는 것이다.

그러므로 자연을 대하거나 무슨 일을 만날 때 끊임없이 불평을 하는 것은 자신의 심장을 멎게 하는 일이다. 자신의 말만 계속해대는 것 또한 거의 중금속 오염에 가깝다. 자기 이야기만 늘어놓을 때 우리 영혼은 깨기를 거부한다. 그보다는 상대방에 대한 나의 반응을 얘기해야 한다. 하지만 이것 또한 오래 가지 못한다. 우리가 산을 보고 있는 동안 산에 대한 상상을 하지 않기 때문이다. 별이 지고 난 이후에야 별빛을 기억하고 꽃이 지고 난 이후에야 그 향기를 기억한다. 사람도 가고 사랑도 가고 난 이후에야 사람과 사랑에 대해 이야기할 수 있다. 그러므로 우리는 항상 가슴 뛰는 말을 발견해야 한다. 이렇게 보이지 않는 부분을 이야기하지 않고 살아간다는 것은 마치 물을 거슬러 올라가는 배가 노를 젓지 않으면 떠내려가듯 우리의 삶도 일상이라는 무미건조 속으로 떠내려가고 만다.

유혹의 마법을 위해 진지한 대화나 의견일치가 중요한 것은 아닌 듯하다. 그보다 중요한 것은 사소한 일상에서 미소 지으면 같이 미소 짓고 말을 하며 응답을 해주는 따듯한 반응이 더 중요한 것 같다. 문학치료를 하다보면 그 사람의 글을 좋게 평가한 경우에도 오히려 불안감을 가중시키는데 잘 쓰지도 않은 글에 대해 새로운 것을 찾아줄 때, 그리고 그것을 따듯하게 말할 때 행복감을 느끼는 경우를 본다. 평가하지 말고 판단하지 말고 해석하지 말라. 상대가 한 말을 단순히 되풀이하기만 해도 상관없다. 중요한 것은 한 사람이 뭔가를 알릴 때 내가 거기에 참여하여 그 사람의 생각에 동의해주고 그의 존재를 확인해주는 것이다. 다시 말하면 그의 말에 흥분하는 나의 가슴이 필요하다. 사랑이 흥분을 갖고 오는 것이 아니라 흥분이 사랑을 갖고 오기 때문이다.

　　그런데 말이 모두 유혹의 마법을 가지고 있는 것은 아니다. 말은 메타포로 만들어질수록 더 깊은 유혹을 할 수 있다. 아이들이 아니라면 내가 행동한 대로 녹화한 비디오를 볼 때 수치심을 느끼지 않을 사람이 있겠는가. 마찬가지로 나의 말을 있는 대로 흉내 내고 나의 콤플렉스를 있는 대로 지적한다면 말은 옳을지언정 유혹은 되지 않는다. '그림자가 배가 고파서 혓바닥을 내어 땅을 핥는다', '석양이 바다 위에서 초밥을 먹는다', '초승달이 하얀 맨발로 눈짓을 한다', '눈물이 활활 책을 태운다', '손으로 별빛을 하나 훔쳐 몰래 가슴에 넣어 두었다', '슈퍼마켓에서 공기 오백 원어치를 산다', '식당에서 가난을 주문한다. 제일 맛있는 것으로', '침묵으로 시를 쓴다' 등. 이렇게 은유로, 넌센스로, 시적 언어로 상대에게 유혹을 당해 보라. 상대에게 있어서 나는, 내게 있어서 상대는 유혹의 마법이 될 것이다.

65
아이스크림

아이들을 자주적으로 그러니까 자유의지를 가진 아이로 키우기 위해 우리는 어떻게 해야 할까? 아이가 꼭 이를 닦아야 하는가 하는 문제에 봉착한다면 우리는 그저 이는 꼭 닦아야 하는 상식이거나 아니면 누구나 이를 닦기 때문에 닦아야 한다고 강요하기가 쉽다. 이를 닦지 않으면 입 안에서 박테리아가 우글거리고 있다는 사실을 안다면 훨씬 더 쉽게 이를 닦을 수 있다. 올바르게 행동하기가 쉬울수록 더 행복해진다. 강요가 아니라 이해를 통해서 우리는 자유로운 인간이 되기가 쉽다. 가령 아이의 친구가 아이스크림을 먹는 경우 우리 아들은 무조건 아이스크림을 먹고 싶어 할 것이다(물론 이것은 새로운 스마트폰을 사달라고 조를 때도 마찬가지다). 여기에 가능한 반응으로 세 가지 경우가 있다.

1. 사준다. 그러면 문제는 가장 쉽게 해결된다.
2. "아이스크림은 절대 안 돼!" 아이스크림을 사주지 않으면 아들이 시무룩해지거나 또는 떼를 쓰는 것을 참고 견딘다.
3. 아이에게 질문을 한다. 인간이 돼지와 다른 점은 무엇일까? 돼지는 다른 돼지들이 "꿀꿀!" 하고 소리치면 그대로 따라 하면서 먹이통에 달려들지! 그러나 사람은 달라!

　그래도 아들은 욕심을 굽히지 않고 고집 부려 결국 부모가 팔구십 프로는 케이스 1이나 2로 후퇴할 수가 있다. 그러나 일이십 프로는 케이스 3이 성공할 때도 있다. 이것이 자유에 대한 교육이다. 무더운 날 다른 아이가 먹고 있는 아이스크림을 보고 아들이 침을 꿀꺽 삼키지만 꾹 참으면서 재미를 느끼기도 한다. 그러니까 아이가 새 스마트폰을 사고 싶어 할 때마다 "꿀꿀!"이라고 말하는 것은 자유의지에 대한 하나의 신호가 될 수 있다.

　근대화가 늦은 우리는 어른이든 아이든 항상 이런 문제에 대해 예민해진다. 어떻게 하는 것이 사회적으로 바람직한 행위가 될 것인가? 우리의 감정과 충동은 어느 정도까지 제어할 수 있고 제어되어야 할 것인가? 이성만능주의(물론 그런 것은 없다)로 치닫는 문화는 바람직한가? 종일토록 스마트폰에 매달려있는 아이는 장차 어떤 모습일까? 그렇다고 책에만 매달려있는 교수는 바람직한가? 시월드나 고부 스캔들 같은 프로그램에 나오는 출연자들은 이런 이성과 감정 생활에서 바람직한 말들을 쏟아놓는가? 그렇게 나는 수도 없이 물어본다. 하지만 아이는 다시 떼를 쓴다. "아빠 나 학교 가기 싫어요! 공부로 안 나가고 다른 방향으로 나가면 안 되나요?" 나는 끝없이 고민해야 한다.

변학수

　　문경 출생. 경북대학교를 졸업하고 독일로 건너가 슈투트가르트 대학교에서 문학과 철학으로 석사 학위(M.A.)를 받았다. 아데나워재단의 장학생으로 공부했으며, 같은 대학교에서 1993년 문학박사(Dr.phil.) 학위를 받았다. 1999년부터 문학평론가로서 활동했고, 계간지 〈시와반시〉 기획위원이며, 〈다층〉 편집위원을 역임했다. 현재 중앙일보와 조선pub에 칼럼을 게재하고 있다. 한국문인협회 회원이며, 문학치료에 관심을 두어 2004년 경북대학교에 학과 간 협동과정으로 문학치료학과를 창설하였고, 독일 프리츠 펄스 연구소에서 문학치료사 훈련가 자격을 얻었다. 한국연구재단 전문위원과 한국통합문학치료학회 회장, 한국아데나워학술교류회 회장을 역임하고, 현재 경북대학교 사범대학 독어교육과 교수로 재직하고 있다.

　　저서로는 에세이집 『앉아서 오줌 누는 남자』(시와반시사, 2003), 평론집 『토르소』(글누림출판사, 2014), 『잘못보기』(유로서적, 2003) 외 『문학적 기억의 탄생』(열린책들, 2008), 『내면의 수사학』(경북대학교 출판부, 2008), 『문학치료』(학지사, 2007), 『통합적 문학치료』(학지사, 2006), 『문화로 읽는 영화의 즐거움』(경북대출판부, 2004), 『프로이트 프리즘』(책세상, 2004), 『Hermeneutische und ästhetische Erfahrung des Fremden』(Iudicium, 1994) 등 다수가 있으며, 역서로는 『니체의 문체』(책세상, 2013), 『신들의 모국어』(경북대출판부, 2014) 『제국의 종말 지성의 탄생』(글항아리, 2008), 『기억의 공간』(그린비, 2005), 『독일문학은 없다』(열린책들, 2004), 『릴케 전집-헌시·시작노트』(책세상, 2001), 『보리스를 위한 파티』(성균관대출판부, 1999), 『시와 인식』(문학과지성사, 1993) 등이 있다.

을의 언어

초판 1쇄 발행 2014년 10월 21일
초판 2쇄 발행 2015년 12월 07일

지은이 변학수
발행처 박문사
발행인 윤석현
등 록 제2009-11호

주소 서울시 도봉구 우이천로 353 성주빌딩 3층
전화 (02) 992-3253 (대)
전송 (02) 991-1285
전자우편 bakmunsa@daum.net
홈페이지 http://www.jncbms.co.kr
편   집 최현아
책임편집 김선은

ⓒ 변학수, 2015. Printed in KOREA.

ISBN 978-89-98468-39-2 03070   값 15,000원